Rencontres

Rencontres

Edward C. Knox
Middlebury College

HARCOURT BRACE JOVANOVICH, INC.
New York Chicago San Francisco Atlanta

ISBN: 0-15-576602-3

Library of Congress Catalog Card Number: 70-190657

Printed in the United States of America

ACKNOWLEDGMENTS

The editor wishes to thank the following for their kind permission to reprint selections appearing in this volume.

BERGER-LEVRAULT, PARIS. For "Pour la démolition de Paris," from *Pour la démolition de Paris* by Pierre Dufau.

GEORGES BORCHARDT, INC., NEW YORK. For "Le Français tel qu'on le visite" by Christiane Sacase, "L'Express interroge la Nouvelle Vague," "Le Tiers Monde à domicile" by Henri Trinchet, "Nous, on a..." by A. Durtroit, "La Langue n'est pas tout" by Monique Mounier, "Ce qui fait pleurer la France" by Pierre Billard, from *L'Express;* "La Face cachée de Houston" by Pierre Bénichou, "Vous n'êtes pas des hommes de gauche" by Ilia X., "Je ne peux plus être professeur" by Patrice Buriez, "Les Visiteurs sans bagage" by Michèle Kespi, from *Le Nouvel Observateur;* the two selections entitled "Un Ouvrier parle" from *Un Ouvrier parle* by Juliette Minces (Editions du Seuil); "Quelle Université? Quelle société?" from *Quelle Université? Quelle société?* (Editions du Seuil).

EDITIONS CALMANN-LEVY, PARIS. For "L'Intérêt général prime l'intérêt particulier," "La Femme trouve sa liberté (sa dignité) dans le travail," "Place aux jeunes," "La Machine est un objet neutre dont l'homme est le maître," from *Exégèse des nouveaux lieux communs* by Jacques Ellul.

BERNARD CAZES. For "Le Malaise dans la consommation" by Bernard Cazes, from *La Nef* (Tallandier).

EDITIONS DU CERF, PARIS. For "Rio Bravo ou le sublime du western," from *Romance Américaine* by Henri Agel.

CLAUDE CHAUVIGNE. For "La Mission culturelle de la France" by Claude Chauvigné, from *La France d'aujourd'hui* (University of Maine Press).

PIERRE DANINOS. For "Le Major tricolore," from *Le Major tricolore* by Pierre Daninos (Hachette).

EDITIONS DENOEL, PARIS. For "Le Défi américain," from *Le Défi américain* by Jean-Jacques Servan-Schreiber, © 1967 by Editions Denoël, Paris; "Dimanche et lundi," from *Dimanche et lundi* by Bernard Charbonneau, © 1966 by Editions Denoël, Paris. (Acknowledgments continued on page 240.)

Introduction

Rencontres is intended to serve as a jumping-off place for conversation classes at the intermediate and advanced levels; it is a collection of texts in French dealing with topics or problems that I hope will prove worthy of discussion. I have chosen and assembled the texts and illustrations around topics of common intellectual interest and have tried to provide more than one point of view on each subject.

Rencontre refers to encounter with the foreign language. In the plural it also refers to the many contacts and even confrontations we have in life with what is different from ourselves. French should therefore be taken here as both symbol and key, and I trust it will open at least a few (symbolic) doors.

It is also true of course that such a collection of texts has willy-nilly a "civilization" dimension. The different points of view do share to some extent the same foreign (to us) context, be it geographical, social, literary, or whatever. You will want to keep in mind and perhaps even document certain recurrent themes, motifs, and perspectives. Indeed, I was very consciously looking for French points of view on, for instance, the United States, culture, the past, the affluent society, and so on — not only points of view, but ways of writing as well, from the calm, sober presentation of a Valabrègue to the less easily absorbed efforts of, say, Agel, Bénichou, or Ellul. Remember, however, that while some texts may seem more "French" than others because their styles are less familiar to us, you should consider each one individually and not assume that any one selection represents the thoughts of fifty million Frenchmen speaking as one. (It should be noted that two of the writers, Rioux and Vallières, are from Quebec, and that Chauvigné teaches in the United States.)

The texts are graded with one to four asterisks to indicate increasing difficulty. You will have to find your own level within that gradation, remembering that the simplicity or length of a passage is no guarantee of the quality or even facility of a discussion.

The pedagogical apparatus is progressively diminished, to be replaced by your increasing ability to deal with the texts without help. Some words and expressions you would do well to know are indicated, chosen according to the level of difficulty of the text and with many repetitions because you will probably not cover all the texts in the anthology. Generally speaking, they are either words that will help you discuss the subject or abstractions that will increase your ability to express conceptualizations.

The vocabulary includes words not in the *Français fondamental, 2e degré,* defined as they appear in the context of the book; it also defines titles, place names, and abbreviations not explained in the footnotes. A special effort has been made to distinguish among the various levels of language (correct usage, *langue parlée, familier, populaire, argotique,* and *vulgaire*), since even today the distinction is much clearer in French society than in the comparable American setting. Remember as rules of thumb that you may use colloquial language (*familier*) with your contemporaries but would not normally use it with their parents; and that only *complete* mastery of French allows an American to use slang or vernacular naturally as far as the French are concerned.

In addition to the usual dictionaries (*Petit Larousse, Petit Robert, Larousse Français-Anglais*), you may want to consult Michel and Eleanor Levieux, *Cassell's Beyond the Dictionary in French* (Funk & Wagnalls, 1967), which has a good compilation of the most frequently used slang expressions, and M. J. Leitner and J. R. Lanen, *Dictionary of French and American Slang* (Crown Press, 1965), which contains a good discussion of the differences between the levels of language.

Once problems of comprehension have been dispensed with, you will want to begin talking about the "meat" of a particular selection. The *Discussion* section is there to help you identify what strikes the writer as important so that you can then add your own analysis and comments. You may also want to compare a selection with others in the same chapter, and elsewhere in the collection if possible. Since French writers are usually discussing a French situation, there is always a potential for comparison with the United States. (This is necessarily true of chapter 2, since you probably don't know France well enough to judge fully the accuracy and relevance of what is being said.) It is, of course, always your right to second-guess any passages which seem inadequate or dated. This is equally true of the illustrations and of my own work in assembling the collection.

As far as the instructor is concerned, the aim of a conversation class is simple: to get the students talking. This is why I preferred more or less socially oriented texts to literary ones (with the notable exception of the passage by Montesquieu). In the most general way, the aim is to have the students replace the instructor as focus or authority. In order to get the students used to hearing their own voices talking in a foreign language about matters of interest to them, I suggest that the instructor adopt a graded approach, beginning with a five-minute *résumé* or *exposé* by a student, to which may be added questions, and which may finally become a thirty- or forty-minute block of time assigned to a student *animateur* to do with as he sees fit. (Usually he will have prepared a list of questions or topics to keep the conversation going. Digressions should be welcome, as they usually are in conversation.) I further suggest that the instructor join in the conversations, but more as a participant than as a linguistic authority, since the latter role often tends to inhibit by creating a kind of psychological vacuum when not supported by a more personal presence. Finally, my own classroom experience with many of these texts suggests that they may serve equally well as subjects for compositions, perhaps to be discussed the day they are due, or as an adjunct to a newspaper sub-scription, affording students a convenient way to pursue in depth major topics of interest that arise in their reading.

Talking together is not only fun, it's important. I hope these texts will help you get started.

E. C. K.

Colleagues and friends who have made suggestions, large and small, about the project are really too numerous to mention, but I hope they will find something of themselves here. For help in preparation of various stages of the manuscript I am most grateful to Isabelle Camelot, Trudy Gottlieb, Janine Laurent, Anne Lovell, Tim Scanlan, and Gerry Thomas.

Special thanks are due Nancy Regalado for tough but fair reading, the greatest of encouragements.

Most of all I remember countless conversations with Olivier Berton, and how well it all went one spring in Cleveland.

E. C. K.

pour celle que j'ai rencontrée

Table des matières

* assez facile
** assez difficile
*** difficile
**** très difficile

A appareil pédagogique

1
Les Etats-Unis et des Français

Renée Pierre-Gosset

Chers Amerloques

Préface

Lorsqu'on fait métier d'écrire, il existe toujours une bonne raison, vénale ou non, d'écrire un livre de plus.

Cette fois, je n'ai pu résister au désir de m'adresser à tous ceux qui, sans y avoir jamais mis les pieds mais cultivant avec ferveur l'idée reçue, jugent l'existence en Amérique stéréotypée et ennuyeuse, les enfants américains insupportablement mal élevés, la jeunesse délinquante, les nègres[1] sans espoir, les femmes des poupées gâtées, la vie familiale inexistante et les hommes — incultes, il va sans dire — à la poursuite perpétuelle et trépidante du dollar.

Sans oublier, diable, le plus durable des clichés. De « grands enfants »...

Je sais. Il n'est pas de mode aujourd'hui en France d'aimer les U.S.A. ni les Américains. On baisse la voix pour l'avouer. Mais je suis incapable de baisser la voix pour parler des gens que j'aime.

Et après avoir passé dix-huit mois dans cette Amérique si merveilleusement vaste et belle, si facile à vivre, si naturellement aimable et détendue et, en même temps, la tête dans les étoiles, si hardiment engagée dans l'avenir, si vibrante de l'aventure du monde moderne, après l'avoir quittée et y être revenue, je me suis aperçue, en effet, combien, après en avoir vu cent autres, j'aimais ce pays, le plus vivant, le plus passionnant de notre époque.

Mes chers Amerloques, ceux que j'ai rencontrés, connus, que je présente ici en des circonstances généralement cocasses de leur vie quotidienne, ont certes leurs défauts, et leurs ridicules parfois agaçants pour nous qui n'en avons point.

Mais ils sont toujours des personnages colorés, pleins de relief, les plus accueillants, les plus ouverts des hommes aux idées neuves, les plus amicaux, les plus optimistes, les moins suspicieux, les plus heureux de vivre

---

[1] **nègres** Terme péjoratif sans doute employé ici plutôt sous l'influence de l'anglais. *Dire* : noir.

3

et, littéralement, les plus dénués de malice. Leur vocation au bonheur est irrésistible.

Si tout cela doit en faire de grands enfants à nos yeux, serait-ce parce que nous, sans nous en apercevoir, sommes devenus de petits vieux ?

.   .   .

Les citoyens aînés

Dans sa maison de poupée semblable à cent autres autour d'elle, Cynthia W... portait au cou un bavoir orné du mot « PIG ». Et cette grand-mère aux cheveux blancs s'est mise à rire de ma surprise :

— C'est la punition des goinfres dans notre Club de la Santé, lorsqu'on n'a pas maigri dans la semaine. Rigolo, non ? Ah ! l'on s'amuse bien entre amis à Loisirville !

Hormis le désir de maigrir, je lui demandai ce qui l'avait amenée ici.

— Un jour de mars, j'en ai eu assez. Mon pauvre Dave était mort en octobre. La neige stagnait depuis décembre dans mon jardin du Connecticut, mais déjà la haie avait besoin d'être taillée. Ma maison vide, trop grande, devenait un cauchemar à entretenir. Quand ma feuille d'impôts est arrivée, ça a été la fameuse paille, vous savez bien, qui, ajoutée au reste de son faix, brise le dos du chameau. J'ai vu un placard de publicité pour Loisirville. J'ai décroché mon téléphone. Et me voilà...

La même annonce qui a aguiché ma curiosité et qui m'amène ici :

« *Senior citizens, je vous offre de la compagnie, la sécurité, le confort, le soleil, la liberté de tout souci, dans votre propre home, pour une somme raisonnable...* »

Loisirville se trouve en Californie, mais au soleil de Floride ou de l'Arizona aussi se sont mises à proliférer ces villes de poupées pour vieillards, pardon pour « citoyens aînés ». En Géorgie, ce sont de grands vieux hôtels monumentaux, où les contemporains de Théodore Roosevelt prenaient leurs vacances, qui se sont reconvertis en appartements pour retraités.

Que l'Amérique n'appartienne qu'aux forts, qu'aux dynamiques, bref qu'aux jeunes est une légende qui a la vie dure. L'Amérique d'aujourd'hui est faite sur mesure pour les vieux. Le seul pays au monde où les vieux aient un avenir...

— Avec leurs trois gosses, m'explique la vieille dame, mes enfants n'avaient pas de chambre pour moi. Prendre un appartement en ville signifiait quitter cette communauté où, à force de vivre depuis si longtemps, je connaissais tout le monde...

— Mais vous en êtes aujourd'hui à quatre mille kilomètres, de votre communauté du Connecticut !

— Oui, mais, ici, j'en ai retrouvé une autre, fit Cynthia W..., avec un clin d'œil juvénile.

En achetant — service compris — pour le prix d'un loyer à verser jusqu'à sa mort cette maisonnette pimpante, toute neuve, aux boutons de porte ultra-légers pour arthritiques, aux prises électriques à un mètre du sol pour rhumatisants, aux barres auxquelles s'agripper dans la salle de bains, à la table de cuisine à hauteur d'une chaise roulante, bien plus que toutes ces commodités, toute cette sécurité matérielle, c'est le confort moral inclus dans le forfait que Cynthia s'est offert à Loisirville.

To join, to belong, appartenir à un groupe où l'on s'appelle par son prénom, baigner dans la cordialité facile de la vie collective devient une nécessité impérieuse pour l'Américain vieillissant, soudain placé devant la menace terrifiante de se retrouver, sans son métier, les mains libres et le cerveau vacant, seul avec lui-même.

La grande peur américaine de la solitude se mue à soixante ans en véritable angoisse.

Dans tous ces Loisirville qui prolifèrent aujourd'hui partout où il fait soleil, bien plus que des soins médicaux assurés, il retrouve surtout son Country Club. Une clinique modèle, certes, mais avant tout l'usage gratuit des *greens* de golf. Ceux qui entourent Cynthia W... usent infiniment plus des piscines et des hectares de bois pour la chasse et la pêche que des médecins gérontologues dont on leur offre les services. Et j'allais oublier le pasteur qui, tous les soirs, charme son petit monde dans la chapelle...

— Notre problème est simple, m'a dit le fondateur de cet îlot paisible. La sénilité est une maladie contagieuse. Pour garder leur jeunesse à nos vieillards, il faut les occuper sans cesse par des activités organisées.

J'ai donc visité le club de bridge, le club d'échecs, le club démocrate et le club républicain des *senior citizens* de Loisirville. Le cercle des philatélistes. J'ai vu au centre artisanal des grands-pères apprendre la menuiserie, des grands-mères recouvrir des fauteuils de chintz à fleurs. D'autres, en blouse blanche, barbouillaient des toiles ou pétrissaient la glaise, au centre d'art. J'admirai le bowling, le cours de photographie, l'orchestre symphonique...

— Moi, c'est le cours de coupe, me dit Cynthia W... Le soir, je vais au *bingo,* sauf les jours où je délaisse le loto pour ma leçon de danses modernes. A présent, excusez-moi, j'ai rendez-vous avec mon groupe théâtral. Nous montons une pièce de Shakespeare.

Sa punition sans doute terminée, elle retira son bavoir d'infamie et enfourcha un tricycle. Dans toutes les allées ombragées de Loisirville, d'autres vieilles dames pédalaient comme elle en sécurité sur trois roues. Par la fenêtre ouverte, me parvenaient les échos d'une chorale...

— On n'a le temps de rien faire tant on est occupé, me jeta joyeusement Cynthia W... en s'éloignant.

Exactement comme au jardin d'enfants.

. . .

Dorothy l'anti-mythe

—Je suis, dit Dorothy, complètement découragée. Tout simplement *disgusted*...

Ai-je jamais vu Dorothy B... sans ses gants de caoutchouc ? Je m'en souviendrais. Aujourd'hui, elle est vêtue, de surcroît, de blue-jeans délavés coupés au dessus du genou et effrangés et d'un chemisier genre nappe rustique à carreaux rouges et blancs.

J'ai choisi avec soin son heure creuse pour venir faire avec elle mon brin de causette en voisine. Dans la paix du matin, sans les deux machines qui ronflent déjà dans la cuisine, tandis que Dorothy enfourne hâtivement la vaisselle du petit déjeuner dans une troisième; sans l'aspirateur déjà branché qui gronde dans le salon et sans les deux petits derniers qui poussent au fond de la pelouse, près de l'écurie, des beuglements de Sioux cernés par les bisons, on entendrait presque chanter les petits oiseaux dans la ramure.

J'aime bien Dorothy. Je l'aime parce qu'elle me stimule. Elle éveille en moi de très vieux désirs : si j'en avais le loisir, je me ferais montreuse d'ours comme je l'ai toujours souhaité et j'exhiberais Dorothy dans les foires en Europe, afin de détruire une fois pour toutes l'image de la poupée américaine sous cellophane, déodorisée, vitaminisée, ointe de baumes, parfumée, maquillée, shampooinée, gainée, laquée et hygiénique, les veines emplies de chlorophylle, évoluant dans un univers de chromes au volant de sa décapotable, définitivement affranchie par les machines-miracles de tout travail domestique.

Je montrerais l'anti-mythe, la femme américaine telle qu'elle est : harassée.

Soyons sérieux, hélas ! Si j'aime Dorothy, c'est en réalité parce que, sujette au vertige, j'ai une passion pour les garde-fous. Entourée de son formidable arsenal de machines ménagères à cuire, à geler, à réchauffer, à battre, à trancher, à laver, à râper, à sécher, à frire, à humidifier, à mélanger, à vaporiser, à repasser, à griller, à dégivrer, à moudre, à rôtir, à fouetter les œufs ou à divertir les enfants (alors que le contraire serait tellement plus utile), à tondre la moquette, savonner le gazon, cirer les gaufres, faire cuire les parquets et faire sauter les plombs en ouvrant une boîte de conserves, l'exemple de Dorothy m'a retenue de succomber au vertige de la vie américaine.

La seule machine réellement indispensable pour moi demeure la machine à écrire qui me permet de payer le salaire d'un agrégé de lettres[2] à une bonne espagnole qui consent à faire marcher pour moi, cinq jours par semaine, toutes ces merveilles.

Malgré ses cinq enfants, Dorothy n'a pas, elle, d'aide ménagère (comme on dit ici).

— Vous, Renée, m'a-t-elle expliqué, votre œuvre c'est votre métier. Moi, mon œuvre, c'est ma maison. Je ne veux pas qu'on y touche...

En plus de faire fonctionner ses robots, Dorothy taille donc ses rideaux et ses couvre-lits, coud les robes de sa fille aînée, fait elle-même ses permanentes, « trois heures perdues chez le coiffeur, vous pensez... » —, mène les enfants au musée, la tortue chez le vétérinaire, rapporte du supermarché le quintal de nourriture hebdomadaire, déniche chez le quincaillier une nouvelle lame rotative perfectionnée et conclut en apothéose par la confection d'un gâteau aux amandes, son triomphe.

Il s'agit là, bien entendu, d'une journée moyenne.

La lame rotative est pour la scie électrique avec laquelle elle meuble à la fois ses loisirs et sa maison. Le bureau dans sa chambre, le tabouret du piano, les armoires encastrées de sa cuisine et le comptoir-bar de formica sur lequel la maisonnée prend ses repas, à côté du fourneau électrique, tout cela est son œuvre. Comme elle dit...

Il y a huit jours, je la trouvais sur une échelle, repeignant la façade de son cottage :

— Il faut bien, s'excusa-t-elle, faire un peu de propreté avant l'été.

Cet été au cours duquel elle fera pousser des fleurs dans les parterres, nourrira ses lapins et ses trois chevaux, binera les framboisiers et cueillera tomates, fraises et melons avec des arrière-pensées hivernales. Car Dorothy n'est évidemment pas femme à voir une prune sans la mettre dans un bocal.

— Je suis, répète aujourd'hui Dorothy, complètement découragée.

Je pense *in petto* qu'on le serait à moins et qu'il n'est que temps. Mais non :

---

[2] **un agregé de lettres**   A peu près l'équivalent du Ph.D. américain.

— Ned, enchaîne-t-elle, vient d'être désigné par son administration pour aller passer un an à l'université de Harvard et y présenter une thèse. On nous installe dans une villa toute meublée. Avec une bonne une fois par semaine, Renée. Et qu'est-ce que je vais devenir moi ?

Je lui dis ce qu'on dit dans ces cas-là. Qu'il y a des compensations. Tout de même, Harvard !

— Je sais bien, Renée, fit-elle en passant machinalement d'une main une brassée de linge de la machine à laver à la machine à sécher tandis que de l'autre elle déclenchait le premier cycle de la machine à faire la vaisselle. Je sais bien. Je me suis déjà inscrite aux cours de russe et de suédois...

Pour la requinquer, j'attirai son attention sur la philologie romane. Mais je sentis bien qu'il en faudrait davantage pour remplacer dans son cœur la varlope...

Extrait de *Chers Amerloques,* Julliard, 1965.

Jean-Jacques Servan-Schreiber

Le Défi américain

Conclusion

Pour les sociétés, comme pour les hommes, il n'y a pas de croissance sans défi. Le progrès est une bataille, comme la vie est un combat. Ces évidences n'ont jamais été perdues de vue parce que l'histoire des sociétés humaines s'est à peine distinguée, jusqu'à présent, de l'histoire militaire.

Aujourd'hui, les sociétés avancées (Etats-Unis, Union Soviétique, Europe) parviennent au terme de cette Histoire-là. Des affrontements militaires, entre elles, ne seront plus que virtuels ou thermo-nucléaires. Cette deuxième hypothèse, celle de l'anéantissement, n'est pas, bien entendu, à exclure. Mais l'hypothèse historique qu'il nous faut prendre comme point de départ, pour la réflexion et pour l'action, c'est la paix atomique. C'est-à-dire la guerre industrielle.

Résidu, absurde et barbare, de l'époque des croisades, le conflit au Vietnam touche forcément à sa fin. Il paraît inconcevable qu'avant la prochaine élection à la Présidence des Etats-Unis ne s'élève pas, comme chaque fois dans l'histoire de ce grand peuple, une voix claire qui redresse le débat politique et emporte l'adhésion de la majorité des Américains, qui l'attendent, pour en terminer avec cette expédition dont le seul objectif rationnel est depuis longtemps atteint : arrêter le débordement de l'impérialisme chinois sur l'Asie, comme autrefois celui de Staline sur l'Europe.

Alors commencera visiblement ce que les guerres coloniales, depuis vingt ans, en occupant les discours et les esprits n'ont pas permis à tous d'apercevoir : l'affrontement des civilisations se déroule désormais dans le champ clos planétaire de la technologie, de la science, de la gestion.

Le Corps Expéditionnaire américain quittera le Vietnam, où il n'a plus rien à gagner et tout à perdre. Mais l'industrie américaine ne quittera pas l'Europe, où elle ne cesse d'avancer ses conquêtes et d'accroître sa puissance. Cet aiguillon n'existerait pas que nous devrions trouver en nous-mêmes la force de créer, le goût de façonner une « société post-industrielle » plus intelligente et généreuse. Les duels techniques, les prouesses d'organisation, nous plaisent, mais nous captivent moins que la perspective d'une plus haute civilisation. Le défi américain ne fait ainsi qu'ajouter une pression extérieure à la nécessité intérieure.

Devant ce défi, sans précédent, nous serons seuls, et tard éveillés, mais non sans ressources. Du temps où la puissance s'exprimait par le nombre d'homme en armes, par le nombre des Légions, l'Europe fut au premier rang. Quand vint la puissance mécanique de l'industrie, de la transformation des matières premières, l'Europe garda la tête. En 1940 encore, rien n'aurait pu vaincre une coalition de l'Allemagne, de la Grande-Bretagne et de la France, si elles avaient été unies. Même livrée, par la folie hitlérienne, à sa plus grande guerre civile, cette Europe saignée dans son corps et aliénée dans son esprit, connut, après 1950, un redressement d'une telle vitalité qu'elle pouvait encore prétendre aux premiers rôles. Ce qui a manqué à nos dirigeants, dans les années qui ont suivi, c'est une ambition rationnelle, c'est-à-dire réalisable.

Nos débats politiques, durant les années mêmes où commençait la conquête par l'industrie américaine de toutes les positions dominantes de la technologie, montrent assez que nos responsables ont perdu de vue et les réalités nouvelles et les conditions de l'espérance. Si bien que la Grande-Bretagne et la France se retrouvent au même point que les pays vaincus de la dernière guerre, comme l'Allemagne et l'Italie, face au vrai vainqueur qui a su exploiter son succès et entame maintenant la grande conquête.

Cette nouvelle forme de conquête répond presque parfaitement à la définition d' « *immatérielle* » — ce qui explique sans doute qu'elle ait échappé à nos dirigeants habitués à compter en tonnes d'acier, en outillages et en capitaux.

Ni les légions, ni les matières premières, ni les capitaux ne sont plus les marques, ni les instruments, de la puissance. Et les usines elles-mêmes n'en sont qu'un signe extérieur. La force moderne c'est la capacité d'inventer, c'est-à-dire la recherche; et la capacité d'insérer les inventions dans des produits, c'est-à-dire la technologie. Les gisements où il faut puiser ne sont plus ni dans la terre, ni dans le nombre, ni dans les machines — ils résident dans l'esprit. Plus précisément dans l'aptitude des hommes à réfléchir et à créer.

On l'admet du savant. On le réalise mal du politique, du fonctionnaire, du chef d'entreprise. Dans cette notion de profit, dont il est de bon ton de faire l'éloge indiscriminé aujourd'hui, l'économiste français M. François Perroux montre bien qu'on fait tout entrer : la rente de situation, le gain du monopole, les fruits de la spéculation. Or ce qui est profit sain, profit réel, pour l'entreprise comme pour la société, *c'est le fruit de l'innovation*.

La formation, le développement, l'exploitation de l'intelligence — telle est la ressource unique. Il n'en existe pas d'autre. Le défi américain n'est pas brutal comme ceux que l'Europe a connus dans son histoire, mais il est peut-être plus dramatique : il est le plus pur.

Ses armes sont l'emploi et l'affinement systématique de tous les instruments de la raison, non seulement dans le domaine de la science qui ne connaît pas d'autre outillage, mais aussi dans celui de l'organisation, celui de la gestion, où les Européens se sont accoutumés au règne de l'irrationnel : fétichisme des préceptes transmis de père en fils, pesanteur des routines, droit divin de l'autorité, priorité abusive du « flair » sur la pensée méthodique. A côté de ces tabous pesants, la raison humaine est souple, légère, mobile.

La renaissance, que nous ne pouvons plus guère nous permettre d'attendre, ne répondra pas à l'éloquence patriotique ni aux sonneries de clairon du temps des grands affrontements physiques; mais à la finesse de l'analyse, à la rigueur de la pensée, à la précision du raisonnement. Elle appelle donc une race particulière de chefs politiques, de chefs d'entreprises et de chefs syndicalistes.

Combien de temps leur reste-t-il pour arriver ? Il serait absurde de fixer une date. Mais on sait, car chaque secteur se prête à certaines mesures, que le point de non-retour existe, et qu'il est proche. Il reste encore quelques années. Si l'on prend comme indicateur le secteur électronique, il en reste peu.

Pour une partie du front, il est d'ailleurs déjà trop tard : l'Espace lourd, par exemple, voire le transport supersonique. Mais ce ne sont pas là des secteurs vitaux. C'est à partir des Systèmes d'Information, et de leurs méthodes d'utilisation, que des frontières nouvelles pour la création humaine, dans tous les domaines, et que les Américains eux-mêmes n'ont pas encore reconnues, apparaîtront. C'est vers elles qu'il faut aller avant qu'elles soient tenues pas d'autres.

Jouer cette partie est une immense affaire. Il s'agit d'amener à l'exercice et à l'application de l'intelligence tous les hommes valides que notre société est capable de former et d'équiper. Et il s'agit surtout qu'ils y arrivent. resolus à lutter jusqu'à la limite de leur valeur, ou de leur génie, c'est-à-dire *pour leur compte*. C'est bien le problème politique par excellence.

Dans une société de liberté comme la nôtre, il n'y a pas de voie unique en politique. Chacun doit indiquer ses propositions, nous avons donné les nôtres. Ensuite le débat fait la lumière, et crée la force. A la seule condition que l'objet même du débat soit clairement reconnu, et admis, par tous. Cette fois c'est assez simple, nous n'avons pas à le choisir, il nous est imposé : c'est le défi américain. Nous avons seulement à le comprendre, à le cerner, à l'étudier.

Extrait du *Défi américain*, Denoël, 1967.

Vocabulaire utile

le défi
la croissance
le point de départ
forcément
se dérouler
du temps où
au premier rang

prétendre à
un dirigeant
face à
réaliser (se rendre compte)
le fonctionnaire
le domaine
se permettre de

Discussion

Etes-vous d'accord avec Servan-Schreiber sur les points suivants ?

« Le progrès est une bataille. »

« La paix atomique, c'est-à-dire la guerre industrielle. »

« Le conflit au Vietnam touche forcément à sa fin. » (1967 : *ce grand peuple, une voix claire, l'adhésion de la majorité des Américains,* etc.)

« La force moderne c'est la capacité d'inventer — l'aptitude des hommes à réfléchir et à créer. » Qu'est-ce que cela implique pour vous ? pour vos études ? pour vos parents ?

S'agit-il pour Servan-Schreiber de la France ou des Etats-Unis ?

Voit-il bien les Etats-Unis ?

Y a-t-il, selon vous, un défi américain pour les Américains ?

Alain Bosquet

Les Américains
sont-ils adultes?

Avant-propos

Nous connaissons trop les Américains; nous ne connaissons pas assez les Américains. Des centaines d'ouvrages et de films nous livrent des visions délirantes : nous courons tout de suite à l'exagération, au paroxysme, au pittoresque facile. Nous sommes fascinés par un continent, dont nous nous disons qu'il nous doit, à nous Européens, à nous Français, ses origines, mais qui s'est trop vite émancipé. Nous l'admirons avec une sorte de frayeur, et beaucoup d'envie. On nous dit que les Américains sont violents, imprévisibles, costauds jusqu'à la sottise. Nous aimons assez qu'ils nous bousculent, et point du tout qu'ils veuillent nous faire la leçon, ce dont ils s'abstiennent le plus souvent. Alors, c'est nous qui la leur faisons; il serait temps, chers amis, de grandir, de mûrir, d'apprendre à vivre par l'esprit, de comprendre la complexité de la planète, qui n'est pas encore américaine.

Ils nous étonnent; nous en redemandons : il faut qu'ils nous étonnent davantage. Nous ne prenons pas le temps de nous demander ce qu'ils sont quand ils portent des pantoufles, enlèvent leur chapeau de cow-boy, jettent leur chewing-gum, déposent sur la commode leur portefeuille bourré de dollars. Bref, nous les aimons en représentation. Un peuple ne peut pas vingt-quatre heures sur vingt-quatre, faire le clown. Demandons-nous comment ils raisonnent, se comportent — ou tout simplement de quelle manière ils vivent — dans leur existence quotidienne. Ce livre répond à un souci très simple : est-il possible d'analyser les faits et gestes, les pensées et la fuite devant la pensée de l'Américain entouré d'Américains, chez lui ? Oh ! il ne s'agit pas de l'Américain tranquille,[1] mais de l'Américain désormais inquiet, et toujours incapable d'apprivoiser son inquiétude.

Non, l'Amérique n'est pas seulement un peuple de névrosés, de robots

---

[1] **l'Américain tranquille** Titre de la traduction française du *Ugly American*.

de pauvres Blancs qui haïssent les Noirs, de Noirs qui se convertissent à l'Islam par mépris des Blancs, de prédicateurs charlatans, de hippies, de beatniks, de consommateurs de L.S.D., de milliardaires qui peuvent se permettre de faire et de défaire des dictatures latino-américaines, de collectionneurs fous, de stars détraquées, de monstres sympathiques. Les Américains n'existent pas seulement pour nous divertir, ou nous exaspérer. Sont-ils adultes ? L'Histoire leur a-t-elle appris les inextricables contradictions de la sensibilité ? Connaissent-ils les avantages de l'interrogation — voire, de l'introspection — sur les certitudes, qu'ils manient avec sans-gêne ? Le cynisme, l'intuition, les grands élans inexpliqués, en ont-ils eu le goût ? Enfin, sont-ils libres de cette immense liberté collective qui est leur trésor le plus cher, mais où l'individu se sent traqué ?

Quelles que soient les réponses fragmentaires de ce petit essai, il est évident que nous continuerons d'avoir pour eux les sentiments de toujours : plus nous leur ressemblerons, plus ils nous apparaîtront comme des êtres incompréhensibles. C'est que nous aspirons à vivre comme eux : entourés des mêmes objets, et avides des mêmes conquêtes tangibles. Il reste ce dont ils ne se doutent point : notre mythologie moderne est une mythologie américaine. Nous pensons que Buster Keaton est un génie; eux, que c'est un amuseur parmi cent autres. Nous avons pleuré à la mort de Marilyn Monroe; eux, ont pensé qu'il était sot de se supprimer en plein succès. Nous continuons à créer autour de Kennedy une légende, et attendons le Corneille ou le Shakespeare qui lui donnerait une dimension digne de lui; eux, avec à peine du malaise, se disent qu'il n'a pas eu le temps de faire ses preuves. Peut-être, en fin de compte, assumons-nous l'Amérique, intérieurement, plus que les Américains, qui la métamorphosent sans relâche.

Ceci est aussi une lettre d'amour : ironique et sévère, nous la voulons ainsi.

$$\cdot \quad \cdot \quad \cdot$$

...Les Américains, bien sûr, ironisent sur leur propre patience à l'égard de leurs enfants, et les théories les plus ancrées de la puériculture comme de l'éducation connaissent de multiples sursauts. Le propre de ce peuple est, même dans ce domaine, de croire aveuglément en une série de préceptes aux « réponses » nettes, jusqu'au jour où, à force de publicité et de persuasion, de philosophie à l'estomac et de conférences télévisées, des professionnels décidés renversent les tabous, élaborent de nouvelles théories, parviennent en quelques mois à transformer les sensibilités et les habitudes. Aux Etats-Unis, qu'il s'agisse de l'enfance ou d'autres problèmes graves, on change d'opinions comme on change de lessives : la vérité aussi est une denrée dont on finit par se lasser....

L'équilibre mental, lui, consiste à penser de la même façon que tous les autres Johnny du voisinage. L'école maternelle n'a pas pour but de briser les individus et d'éliminer les talents en herbe; elle consiste, plus subtilement, à ne laisser au caractère original (et originel) qu'une marge réduite par rapport au commun dénominateur. L'exception est toujours dangereuse; il s'agit de la rendre acceptable aux autres, donc de l'utiliser sans lui permettre de se distinguer outre mesure. Il importe de souligner, auprès des tout jeunes enfants, l'importance d'un travail et de loisirs en commun, et réduire autant que possible la solitude, source de paroxysmes douteux, y compris la personnalité exacerbée. Les jeux à plusieurs, les scènes de théâtre, les équipes sportives : rien de tel pour créer la joie et la responsabilité. La santé mentale est alors assurée, sans qu'on aille, bien entendu, jusqu'à enrégimenter les petites âmes : un certain degré de liberté et de laisser-aller est nécessaire. Il convient à tout moment de se défouler et de se sentir à l'aise avec tout le monde : c'est la façon démocratique, la démocratie étant une notion magique que personne ne définit précisément et que chacun éprouve sans avoir à l'apprendre. Dès que l'individu a la moindre occasion de se replier sur soi, ou de devenir la proie de ses fantasmes, même s'ils ne sont pas dangereux, il est suspect, et cela à cinq ans comme à cinquante. La cure psychanalytique, psychique ou de forme plus nuancée, consiste à ramener Johnny ou Jenny au niveau des autres. Comme dirait un spécialiste, il est souhaitable qu'on diffère du voisin, de quelque cinq pour cent; il est excitant qu'on diffère de lui, de dix pour cent; à partir de vingt pour cent, il faut appeler les blouses blanches. La santé mentale, c'est dire que deux et deux font quatre, avec la faculté de se distinguer jusqu'à prétendre, mais pas davantage, que deux plus deux font trois plus un.

L'équilibre moral est la preuve des deux autres équilibres : il est dans la notion du bien et du mal, que l'enfant doit acquérir très vite pour prendre sa place parmi ses semblables. Cet instinct lui est donné avec une farouche énergie, de la part de ses éducateurs comme de ses parents. La maman de Johnny ou de Jenny ne les couve pas sous ses jupes, et leur papa se garde bien de les tyranniser ou de disposer d'eux de façon péremptoire. Ils sont libres, pratiquement dès l'âge où ils cessent de ramper à quatre pattes : d'abord de boire ou de ne pas boire, de manger ou de ne pas manger, de dormir ou de ne pas dormir, de jouer ou de ne pas jouer, d'aimer ceci ou cela, de détester un tel ou un tel. La première éducation est de pouvoir se débrouiller dans la vie, et comme le traduit si bien l'un des dictons les plus populaires, de savoir se protéger de la pluie. . . .

Au milieu de ces gentilles perspectives, demandons-nous ce qui manque aux Brown,[2] à supposer qu'on puisse les comparer à un couple français, ou, dans un sens un peu plus large, à un couple d'Europe occidentale. Que leur niveau de vie matérielle et que les commodités dont ils sont entourés soient

---

[2] **les Brown** M. Bosquet a défini plus haut John L. Brown : 29 ans, courtier en assurance, gagnant entre 800 et 900 dollars par mois, habitant au faubourg de Chicago, dans une maison qu'il a payé quarante mille dollars et dont il doit encore les trois quarts.

uniques au monde, nous l'admettrons facilement, comme nous admettrons que leurs revenus correspondent à peu près au double de ce qu'ils seraient, pour le même travail, aussi bien en Scandinavie qu'en Allemagne, en France, en Suisse ou en Angleterre. Le coût de la vie étant, dans l'ensemble, plus élevé qu'en Europe, nous serons dans le vrai, grosso modo, en admettant que leurs revenus sont entre 50 et 60 pour 100 plus considérables. Cela leur laisse des loisirs, et leur permet une liberté assez grande, du moins en théorie. En fait, nous nous apercevons très vite qu'ils sont beaucoup plus esclaves de leurs petites ambitions matérielles que nous ne pourrions le penser. Cela tient, en premier lieu, à la persévérance inlassable dont John L. Brown doit faire preuve dans son travail. Assureur sur-assuré, dès qu'il termine sa tournée ou sort de son bureau, il lui faut faire preuve d'ingénuité pour ne pas se laisser dépasser par ses collègues, ce qui signifie, entre autres choses, que ses heures de loisir sont des heures de calculs et de *planning,* aussi bien pour ses affaires que pour l'avenir concret de son bien-être ménager.

Il doit être en forme, et l'exercice — la nage, la gymnastique, le tennis; plus tard, ce sera le golf — lui semble obligatoire. Le reste du temps, il le passe devant son poste de télévision, en état de réceptivité presque totale. Il se détend, et il a besoin de sept ou de huit heures de sommeil. Ses collègues sont comme lui, et si la détente a lieu en leur compagnie, les idées échangées restent vagues et ne concernent, d'habitude, que des faits tangibles pour éviter de s'élever au niveau où les généralités dégénèrent en philosophie. Il faut être pragmatique, ou, au contraire, se réfugier derrière les préceptes des grands sociologues. Une trop forte personnalité engendre des conflits qui, fatalement, se retournent contre elle, dans ce continent de compromis idéologiques et de bonne entente entre consommateurs souriants. A quoi bon remettre en cause la vie, l'amour, la société, puisqu'il s'agit avant tout d'accepter l'*autre,* bien plus que de devenir un solitaire à la recherche d'une vérité exacerbée ? Compromis, *modus vivendi,* commun dénominateur, crainte de déplaire, élan collectif : on peut appeler cette manière d'être de noms divers, il n'en demeure pas moins que le devoir de vivre avec l'autre — avec tous les autres — est celui que tout Américain accepte le plus spontanément; bien plus, il y voit l'un des fondements indiscutables de la société où il fait son trou.

Les principes sont acquis une fois pour toutes, et ils sont aussi simples que le permet un pragmatisme fier de ses changements, de ses oublis successifs, de ses retournements brusques. Tout individu est d'abord un citoyen : il ne l'oublie pas. A cela, il convient d'apporter un correctif d'importance : il arrive, dans l'histoire de la collectivité, que de graves changements soient nécessaires : ils sont ressentis par elle, et elle n'ose pas les préparer au grand jour, de peur de contrecarrer les intérêts privés; c'est alors qu'elle aspire à se laisser persuader par un esprit aventurier, un homme dévoué, un insurgé qui milite pour le bien de tous. A ce moment, et non à un autre, il est souhaitable qu'un individu courageux aille à contre-courant, ou fasse semblant de balayer des principes qu'au fond de soi, chacun est prêt à abandonner. Après tout, l'Amérique est aussi bien une démocratie, qu'un pays de pionniers. A assez brève échéance, pourtant, il est indispensable que la vérité nouvelle soit endossée par une minorité assez puissante, qui deviendra bientôt la majorité. Si l'initiative ne fait pas d'adeptes, c'est toute la collectivité qui finira par étouffer l'individu trop entreprenant.

Sans qu'il s'en doute, le couple Brown est incapable de formuler des généralités de quelque envergure. Ce n'est pas qu'on puisse l'accuser de sottise : il a le jugement sain, l'habileté naturelle, l'intelligence en parfait accord avec les problèmes quotidiens à quoi il lui faut faire face. D'instinct — et sans calcul trop malin — il s'est mis au niveau de ceux qui l'entourent : disons, pour rendre hommage à ses ambitions, qu'il se veut légèrement supérieur aux voisins, ne fût-ce que pour gagner en réputation et pousser ses avantages dans toute la limite de la décence. La compréhension sans les inconvénients des analyses trop ardues — et trop hardies — le mutisme là où il est payant, l'altruisme dans les petites choses, le sens civique, l'optimisme, la certitude qu'une foi bien réglée facilite le commerce entre semblables et le commerce tout court : voilà le gros de sa philosophie, en quoi il ne prétend nullement se singulariser. Il se réserve cependant le droit de surprendre l'univers ambiant par de petites manies sympathiques, simple passe-temps à quoi on peut reconnaître son ingénuité. Par exemple, il peut bricoler en faisant l'admiration de tous, le dimanche : John confectionnera des bateaux miniatures et Suzy tapissera un coin de la chambre à coucher en timbres-poste des colonies portugaises exclusivement, ou bien elle étudiera par le menu les règles du yoga. Ces bizarreries-là divertissent les voisins et ne peuvent les gêner. John sera même un jour invité à dire, devant quelque trente admirateurs du voisinage, quel repos des nerfs il trouve à manipuler de minuscules haubans et de microscopiques hublots, tandis qu'au milieu des gentilles couseuses de l'après-midi, Suzy fera un véritable petit cours sur les bienfaits de la philatélie : elle connaît maintenant par cœur le nom de la capitale de l'Angola, n'est-ce pas tout à fait merveilleux ?

Généraliser, c'est s'amener peu à peu à repenser le monde. Pour l'Américain, le choix est fait, et ne demande pas de remises en cause déchirantes; l'Amérique en perpétuel devenir est l'image même de la réussite en marche. Il n'y a pas lieu de chercher un idéal plus palpable. C'est dire qu'il abdique une grande partie de son initiative intellectuelle : la République rêvée est à peine plus riche, plus aimable, plus belle que celle où il vit. Son domaine, dans un ensemble qu'il juge acceptable, reste l'action professionnelle, et aussi l'action morale où il peut apporter quelques progrès, dans le cas où les préceptes de la Constitution ne lui sembleraient pas suivis avec assez de vigueur. Celle-ci n'ayant pas changé depuis plus d'un siècle et demi, lui paraît immuable, flexible au point de convenir à toutes les situations, et en tout cas un point de ralliement pour les consciences sociales.

. . .

Nous avons fait de John L. Brown un être qui met la volonté prudente au-dessus des autres vertus. Nous le voulions calculateur, affable, et conscient de ses limites : à l'image de ceux qu'il pourrait servir et qui peuvent le servir. Cela ne doit pas paraître veule, ni antipathique. Au contraire, c'est supposer que ce type même d'homme fait confiance aux autres, et ne manque pas de qualités peu ostensibles. Il suffit de le laisser vivre dans un milieu qu'il connaît, où il ne détonne pas. Alors apparaissent ses côtés les plus engageants, qui sont nombreux et susceptibles de lui valoir un nombre considérable d'amis et même d'admirateurs, parmi les gens qui, par exemple, viendraient d'Europe lui rendre visite et le voir évoluer parmi ses semblables. Ailleurs, c'est entendu, il est mal à l'aise, et peureux de commettre mille erreurs : il est difficile, en voyage, d'apprendre les formules de politesse, de serrer la main au moindre bonjour et au moindre bonsoir, de ne pas parler au portier comme on parle à son cousin germain, de distinguer le vin rosé du beaujolais, de ne pas faire sonner ses dollars en désespoir de cause. Oui, l'Américain s'exporte mal.

Il reçoit donc un collègue, venu cette fois de Hambourg. Son hospitalité est directe, et n'exige, ni comme en France, ni comme en Grande-Bretagne, ni comme au Japon, un grand appareil de salamalecs. Un étranger, dès qu'il débarque, que ce soit pour quinze jours ou pour quarante ans, est automatiquement chez lui aux Etats-Unis. On n'a pas besoin de le lui signifier : il s'en aperçoit tout de suite, et s'il lui arrive de contrevenir à telle ou telle coutume, on le corrige avec une étonnante bienveillance. Hans Müller a rencontré John L. Brown deux fois dans sa vie : voilà qui suffit amplement pour sympathiser, sans tapes dans le dos (lesquelles ne sont nullement déplacées d'ailleurs) et sans déclarations éloquentes. On se plaît — pourquoi se déplairait-on en fait ? — on se comprend à demi-mots, et Hans Müller est venu passer quelques jours dans les parages. Les Brown ne se sont pas demandé s'il fallait l'inviter à descendre chez eux : puisqu'ils disposent d'une chambre d'amis, au premier étage, ce genre d'interrogation leur est inconnu. John L. Brown, dès qu'il a appris l'arrivée de Hans Müller, lui a dit :

« Vous venez loger à la maison. »

Il l'a attendu en manches de chemise et, Hans n'a rencontré Suzy que plus tard, en bigoudis, sur l'escalier. Elle a fait un petit signe gentil, et s'est contentée de murmurer « hi ! », sans vraiment s'occuper de lui. Il a tout de suite compris que l'hospitalité des Brown était sans contraintes, et qu'elle consistait surtout à le laisser libre de ses va-et-vient. On ne lui imposait aucune corvée. Il participe aux repas, si cela lui chante, et se trouve dispensé des bienséances habituelles. Homme civilisé, il complimente toutefois Suzy sur sa grillade; elle répond que c'est plutôt Johnny le spécialiste des viandes, et qu'elle attache peu d'importance à la cuisine. Cela ne l'empêche pas de s'y essayer, comme ce soir. On ne néglige nullement Hans; d'abord, on veut qu'il se sente chez lui. La bonne, au bout de deux jours — elle ne vient que quelques heures par semaine, la main-d'œuvre domestique étant de deux dollars cinquante par heure — lui demande s'il descendra dîner avec ses hôtes, et il comprend que ce n'est pas une vaine formule : il peut parfaitement prendre ses repas dans sa chambre, ou à un autre moment de la journée, sans que personne s'en offusque. Le lendemain, il choisit en effet cette solution, ayant du courrier à préparer. La bonne l'interroge sur ce qu'il aimerait manger; il est plus facile et plus agréable, n'est-ce pas, qu'il prenne un repas à sa convenance et ne se laisse pas guider par les Brown. Rassuré sur ses droits d'invité, il commande une côtelette d'agneau, des pommes de terre, une crème au caramel.

Maintenant, le courrier de Hans Müller est achevé. Sur sa table, on a déposé du papier, et des enveloppes, aussi bien ordinaires que par avion. A côté, il découvre aussi — délicatesse qui n'est pas exceptionnelle aux yeux des Brown — des timbres-poste. Quand ils se retrouvent tous, pour un verre, ils se montrent des photographies, et agissent comme de grands gosses heureux. Hans Müller songe à faire venir des fleurs pour Suzy; il y renonce finalement : ce serait leur faire croire qu'ils se sont mis en quatre pour lui, alors qu'ils l'ont considéré tout de suite comme l'un des leurs. Suzy lui demande :

« Vous devez avoir d'autres amis, peut-être à Chicago ? Demain soir, voulez-vous en inviter quelques-uns à dîner ? Quatre personnes, cela ira ? »

Cette sollicitude n'est pas excessive. Si on a une maison accueillante, autant la montrer. Si les amis de Hans Müller sont amusants, on s'amusera tous ensemble. S'ils ne le sont pas, du moins lui aura-t-on fait plaisir; et puis, on apprend toujours quelque chose à « voir des gens » : cela exerce l'esprit et accroît le savoir-faire. Hans Müller partira charmé, et on ne peut plus indulgent pour les limites intellectuelles qu'il aura soupçonnées aux Brown; si, en bon Européen, il est assez perspicace, il se dira aussi que ces limites sont acceptées en connaissance de cause, et qu'elles font partie de ce qui lie les Américains entre eux : pas trop d'intelligence, pas trop d'ardeur, pas trop d'originalité, pas trop d'ambition, mais une sorte d'idéale moyenne où — contrairement à ce qui se passe dans l'âme du Russe paramystique, de l'Allemand entre l'obséquiosité et la tyrannie, de l'Italien capable de passer de la dérision totale de soi à la fanfaronnade, de l'Espagnol pour qui le défi et l'excès forment une seconde nature, du Français qui se croit l'être au monde le plus équilibré, ce qui lui permet à bon compte de faire la leçon à la planète entière — chacun retrouve en autrui ses propres aspirations à peine retenues et sa joie de vivre.

. . .

Les Américains sont-ils adultes ? Il serait présomptueux de répondre à ce genre de mise en demeure. Avons-nous le droit de les juger ? Soixante siècles d'histoire ne nous donnent aucun privilège, sauf celui de savoir que tout est vain, que tout recommence et que le passé ni le présent ne comportent de leçon précise. Nous sommes désabusés, et par conséquent disponibles, intellectuellement et sensoriellement; les Américains, eux, ont cru trouver une solution à leur galopade vers le bonheur. Même s'ils ne l'ont pas atteint, ils croient qu'il est en leur pouvoir de s'amender assez pour y parvenir malgré leurs mésaventures du moment. Ils gardent la foi en l'homme, ou plus précisément en l'homme moyen. Nous, nous sommes ou plus sceptiques ou plus déroutants : ni tout à fait dupes, ni tout à fait crédules. Notre galerie d'individus est plus peuplée que la leur. Nos nerfs sont à vif, de sorte que notre imagination est plus fantasque que la leur, et que notre sensibilité enregistre ce qu'ils peuvent prendre pour des byzantinismes oiseux.

Nous aimons l'inutile : l'art, la conversation pour l'amour de la conversation, la dialectique, le raisonnement qui fait semblant de régler tout. Eux, plus lents, moins affolés, moins divers aussi, ils comprennent mieux la concession que chacun fait à l'autre. Ils ne sont pas mûrs car ils espèrent, par principe, aller d'expérience en expérience vers un état de choses où l'homme ne serait plus un loup pour l'homme. Ce genre d'idéalisme-là les expose à mille erreurs. Un petit pays comme la France qui se trompe, c'est un drame; un continent comme l'Amérique qui se trompe, cela peut devenir une loi planétaire. Ils ne demandent qu'à nous comprendre, et n'y réussissent pas. Nous, pour notre part, n'avons pas l'ambition de vraiment les connaître : notre culture et notre finesse, pensons-nous, nous dispensent d'efforts de cet ordre. Ils nous invitent à partager leur sort, qui est enviable; nous préférons être seuls à subir le nôtre : que pourrions-nous faire de grands enfants aux desseins de qui nous ne trouvons aucun mystère ?

Notre esprit est intact, d'avoir été si longtemps malmené; le leur est lourd, de ne pas l'avoir été suffisamment. Ils nous envient nos défauts; nous ne leur envions que leurs objets et leurs machines. Nous sommes pour eux des individus un peu pourris, qui pouvons tout expliquer sans rien résoudre; ils sont pour nous des êtres par millions, dont la sensibilité même se veut collective, c'est-à-dire arrêtée au seuil de sa prise de conscience. Si nous avions leur pouvoir, nous détruirions peut-être la moitié du monde pour rendre l'autre pareille à nous. Ils sont plus modestes, et ne demandent qu'une compréhension que, bien au fond, nous leur refusons. Car nous avons décidé, plus aveugles qu'eux, qu'ils ne sont pas adultes. Nos préjugés, nos ardeurs, nos élans ont plus d'âme. Voilà sans doute pour quelque temps encore une sorte de supériorité. Quand leurs ordinateurs et leurs gadgets nous auront vaincus, nous nous rapprocherons. L'Amérique est en avance d'une génération sur nous, donc nous lui cédons sur certains points. L'Amérique est en retard d'une génération sur nous, intellectuellement et sensiblement. Un continent rattrape-t-il un petit pays ? Un petit pays doit-il rattraper un continent ? Il est enivrant de vouloir combler un abîme.

Extrait des *Américains sont-ils adultes ?* Hachette, 1969.

« On comprend qu'ils aient le sens de la famille... »

Vocabulaire utile

faire la leçon à qqn.
s'abstenir de
détraqué
plus... plus...
en fin de compte
sans relâche
à force de
finir par
se lasser de
par rapport à
autant que possible
y compris
se défouler
se replier sur soi
se garder de
disposer de
le niveau de vie
le coût de la vie

dépasser
remettre en cause
il n'en demeure pas moins que
une fois pour toutes
faire semblant de
à brève échéance
un inconvénient
c'est dire que
que ce soit
se contenter de
se laisser guider par
songer à
en connaissance de cause
se croire qqch.
ne demander qu'à
la prise de conscience
un ordinateur
combler un abîme

Discussion

Analyser et commenter la présentation des Américains par Bosquet.

Quels sont les éléments de cette présentation ?

Y en a-t-il qui vous paraissent typiques ? symptomatiques ?

Lesquels vous semblent éclairer des aspects importants de la civilisation américaine ? Lesquels sont sans valeur ?

Que pensez-vous de l'exemple des Brown ?

Quel usage fait l'auteur des citations indirectes ? (Par exemple : « L'exception est toujours dangereuse. » « A quoi bon remettre en cause la vie, l'amour, la société ? » etc.)

Quel est le sens du mot *adulte* ici ? Trouver des synonymes.

Comment caractériser l'attitude de Bosquet envers les Américains (analyse critique, mépris, condescendance, exagération, etc.) ?

Que nous dit-il des Français ?

Pierre Bénichou

La Face cachée de Houston

Vous connaissez Houston ? C'est la Lune. J'en viens. Près de deux millions d'habitants. 40° à l'ombre à cinq heures du soir (mais il n'y a pas d'ombre). La plus forte concentration de savants du monde. Quatre à cinq cents agressions par nuit. Interdiction de consommer de l'alcool dans les bars (le Texas est un Etat « sec »). Armes en vente libre. Prix moyen d'une chambre au « Warwick hotel » : 60 dollars (300 F).

Taxi devant le « Warwick ». Air conditionné glacé. Un Noir au volant. Il porte un tee-shirt et une casquette plate, bleu marine à liséré rouge. Sur le tableau de bord, des pancartes : « *Drive with pride* ». « *Conduis avec fierté* »; « *Je suis humble et c'est dur de supporter une telle supériorité.* » Bref, rien d'un « *black panther* ». Un mystique, « *gradé d'une secte méthodiste* », dit-il en montrant sa casquette.

« *Neiman Marcus*[1] *? Oh non Monsieur, vous allez perdre votre tête là-bas, de toute façon il est trop tard, ça va fermer, ne vous en faites jamais, il y a des boutiques tout autour...* ».

Arrêt à l'angle de deux énormes avenues. Un dollar 80 au compteur. Moins de dix minutes depuis le Warwick. Tu entres dans la première boutique devant toi parce que, sur la vitrine, il y a, écrit au blanc d'Espagne, « *chaussures de deuxième main* » et que ta traduction inepte te fait rire, toi l'habitué des westerns doublés. Tu achètes (1 dollar 85) un paquet de trois tee-shirts et un caleçon à fleurs — les seules marchandises de première main. Le patron est un juif polonais qui répète pendant que tu paies : « *Nous avons de nombreuses autres choses, de très nombreuses.* » Tu t'arraches.

Sur le trottoir il y a un Noir camé avec un petit chapeau vert et une chemise grise : « *J'ai un peu très faim et je suis un peu très alcoolique aussi*

---

[1] **Neiman Marcus** Le magasin le plus luxueux du monde. Grand comme les Galeries Lafayette. Maison-mère à Dallas. [Note de Bénichou.]

et vous allez me donner un peu d'argent. » Tu as trente-cinq dollars sur toi, tu lui en tends un. Il te prend le poignet et il chaloupe autour de toi et il chante en serrant : « *Et vous allez m'en donner encore un peu, maintenant, tout de suite.* » Tu dégages ta main, tu sens une menace très douce dans son regard rouge, tu penses un centième de seconde qu'il faut vraiment être un chien pour risquer la mort pour trente-quatre dollars mais il est déjà parti, il t'a oublié, il danse en se tenant au réverbère.

Deux pâtés de maisons pour se remettre. Chaleur de phoque. Là, on vend des montres, des appareils de photo et des armes. Le patron, blond, gros, tee-shirt, vingt-cinq ans, joue au poker, debout, derrière son comptoir avec un type de dos dont la main gauche tient un paquet de dollars. Pas un regard pour le client. Enfin — moins de vingt ans, bermuda, nuque épaisse — le vendeur : « *Veux un flingue ?* ». Tu réponds dans un très pur Carpentier-Fialip[2] que tu « *souhaites juste avoir un coup d'œil* ». Alors il décroche une mitraillette, te braque avec un vieux sourire, te balance une giclée de cinéma, te tend l'arme, interroge : « *Et quoi à propos de ça ?* » Tu souris, tu vas dire que non, vraiment, ce n'est pas tout à fait... Mais il a déjà baissé les paupières. L'ennui. Tu vas le fatiguer. Tu sors.

Il est à peine six heures. Ce matin, à 9 h 32 ce même mercredi matin, la fusée Texas-Lune s'est envolée de Cap-Kennedy avec trois hommes dans ses flancs. J'y étais : soleil blanc, ciel blanc, dernière messe époustouflante qui arrache nos vieux cœurs de curés, Johnson, Westmoreland, Spiro Agnew (actuel vice-président des Etats-Unis) là, dans la tribune voisine, à trois mètres, à les toucher, formidable simplicité des vainqueurs, modestie du triomphe, il y a tant à dire sur tout cela, j'y reviendrai...

Tu n'as pas vu entrer la fille. Elle te tourne le dos, parlemente avec la caissière, une petite Mexicaine. Elle est immense et obèse. Minijupe. Cheveux châtains en tresse. Il faut qu'elle se retourne enfin, après avoir manifestement convaincu la Mexicaine, pour que tu voies son regard affolé derrière les grandes lunettes rondes d'écolière, que tu saches qu'elle a quatorze ans. Elle tient son argent à la main, devant elle, elle suit la Mexi-caine vers les lourds rideaux noirs qui séparent la boutique de revues porno de la salle de projection. Baby est si grande qu'elle doit baisser la tête pour passer sous la pancarte « Films réservés aux adultes ». Elle disparaît.

Il y a sous les murs des posters en couleurs, tragiques planches anatomi-ques agrémentées d'un bout de ruban « sexy » et un pédéraste qui porte un filet à provisions veut t'offrir un « *vraiment bon bouquin* ». Tu ne réponds pas, alors tu entends la phrase la plus incongrue de ta vie : « *Ainsi, vous n'êtes donc pas Suédois !* »

Taxi. Retour au « Warwick ». Juste le temps de se changer avant de retrouver pour un dîner texan quelques personnalités américaines et « les

---

[2] **Carpentier-Fialip** Livre de classe pour l'apprentissage de l'anglais.

autres ». Les autres — on prend vite la terminologie agence Cook[3] dès qu'on voyage en groupe —, ce sont une centaine de Français luxueusement invités par « Paris-Match », qui fête ses vingt ans, à assister au départ d'Apollo 11. André Turcat (pilote du « Concorde »), Jacqueline Auriol, le fameux Louis Armand, Wilfried Baumgartner, Bleustein-Blanchet, Sargent Shriver, ambassadeur des Etats-Unis à Paris dans le même charter au milieu d'un groupe de P.-D.G. et deux Altesses Sérénissimes : sur lesquels d'entre eux « France-Soir » fera-t-il sa manchette en cas d'accident ? Les A.S. ou les champions ? L'Académie ou l'Economie ? Il s'agit bien de cela en vérité !

Dans ce motel de Melbourne (Floride) où, sans avoir dormi — nous avons quitté Paris le mardi soir —, nous prenons, à 5 heures et demie, mercredi matin, notre petit déjeuner, il y a, avec nous, le plus illustre des Terriens. *Sa* fusée décolle dans moins de quatre heures. Wernher von Braun est venu là dire bonjour d'un coup de vélo. Il est en manches de chemise, légère trace d'accent allemand dans son américain.

Oui, c'est une journée émouvante pour lui, oui, bien sûr, il y pense depuis l'âge de quatorze ans, oui, oui, il ne s'en tiendra pas là et les stations orbitales où des hommes sans équipement, comme vous, comme moi, pourront aller passer quelques jours, c'est pour demain, dans trois, quatre ans. Un bon coup de fourchette, il aimerait bien rester un peu plus longtemps à causer mais c'est pas tout ça, y a la fusée. Il est reparti dans son hélicoptère et on s'imagine à Paris, osant demander une interview au patron du feu d'artifice sur la Seine un matin de 14 Juillet. Osant déranger l'artificier en chef ou le sous-chef ou même le sous-sous-chef (« *Aujourd'hui même ? Non mais ça va pas la tête, non ?* »)

Elle est bien là, l'Amérique puissamment contradictoire, dans ce savant qui a détruit Londres, qui va, dans trois heures faire marcher ses hommes sur la Lune et qui trouve une demi-heure pour boire une tasse de café au lait avec un group de sympathiques étrangers. Sincérité, bluff ? J'ai été bluffé ? Oh oui !

Et honnêtement, lequel d'entre-vous ne l'aurait pas été lorsque sont arrivés tour à tour Johnson, Spiro Agnew et Westmoreland — et Dieu sait qu'aucun des trois n'a rien qui puisse attirer la sympathie ! — et qu'ils ont pris place à leur tribune au milieu d'autres gens qu'ils ne connaissaient pas, sans escorte, sans flics en uniforme, sans la moindre musique militaire, avec, je le jure, beaucoup moins de décorum qu'un adjoint au maire de Reims faisant son entrée dans un stade de football !

Après tout, quelles raisons auraient-ils de se montrer moins modestes ? Ce petit cigare d'acier planté au beau milieu de ce terrain de hockey ?

---

[3] **agence Cook** Agence de voyage. **Paris-Match** Hebdomadaire illustré. **Auriol** Pilote. **Armand** Savant. **Baumgartner** Banquier et homme d'état. **Bleustein-Blanchet** Homme d'affaires. **France-Soir** Quotidien à gros tirage.

L'avenir de l'humanité, l'homme dépassant l'homme, Apollon porté par Saturne escaladant le Cosmos, tout doux, mignon, tu l'as déja vu dix fois à la télé, ça ne t'a rien fait, jamais. Alors ?

Alors voilà : il n'y a pas eu de discours, pas de speaker vantant la « *stupéfiante avance technologique des Etats-Unis* » ni « *l'extraordinaire tour de force accompli au centre de calculs de la N.A.S.A.* » ni de roulement de tambours. Rien qu'un compte à rebours effectué d'une voix un peu molle tandis que des flammes rose et blanc léchaient la fusée puis, le zéro atteint, une masse de feu blanc et tout a bougé et dix tonnerres ont éclaté et elle a mis un temps fou pour s'arracher et la terre autour de nous haletait et le cœur...

Enfin, rien d'extraordinaire comme vous le voyez. Seulement j'y étais et je ne m'en suis pas remis : ni de ce fabuleux arrachement ni de cet incroyable *naturel* ni de cette sensation profonde que c'est de l'Amérique tout entière, de ses muscles comme de ses furoncles, qu'a jailli cette excroissance fantastique.

Dans le car qui nous amène à l'aérodrome de Melbourne où nous attend l'avion pour Houston, un petit homme prend le micro. Il parle le français avec un accent allemand caricatural. On l'écoute à peine, fatigués, accablés de chaleur, vidés par le spectacle qui vient de se dérouler à Cap-Kennedy. Il dit qu'il est là pour qu'on lui pose des questions, que von Braun lui-même l'a désigné pour nous répondre. Il faut attendre longtemps avant que lui soit posée la première bonne question :

« *Qui êtes-vous ?* »

Réponse : « *Je m'appelle Willy Peter Prasthofer. Je suis né en 1916 à Graz (Autriche). Je travaille avec le docteur von Braun depuis 1940.* »

Un ange passe.[4] Je refais son itinéraire : Peenemünde, Hitler, les V1, les V2, la reddition aux Américains, la N.A.S.A. Son rôle exact ici ? « *Chef du bureau de dessin pour l'étude et l'assemblage des vaisseaux spatiaux et des stations spatiales* ». Je n'oublie qu'une chose, qu'il me révélera plus tard : pendant neuf ans, de 1945 à 1954, il a travaillé au Laboratoire de Recherches aérodynamiques de Vernon. En France...

Il me dira aussi qu'il a su que Hitler était perdu dès 1943, après le bombardement de Peenemünde mais qu'il était Autrichien et que de toute façon, il savait que son pays serait sacrifié... « *Et puis,* ajoute-t-il, *quand vous sentez que tout le bateau va couler, ce n'est pas vrai, vous ne vous mettez pas à faire un trou dans la coque vous-même.* » Oui, il est heureux ici en Amérique. Oui, il croit à l'avenir de l'homme. Oui, les Russes sont très forts, aussi forts qu'eux et la coopération spatiale serait une chose merveilleuse...

« *Mais c'est terrible avec eux, ils ne disent jamais rien. Figurez-vous, je*

---

[4] **un ange passe**   Se dit d'un silence dans la conversation.

suis allé à Paris pour le dernier salon du Bourget,[5] on avait apporté nos vaisseaux, nos fusées, notre L.E.M.,[6] tout. Ils sont restés trois quarts d'heure à prendre des notes, à tout mesurer. On trouvait ça normal, on était venus pour ça. Eux n'avaient rien apporté, on le savait, ils nous avaient prévenus. A la fin de la visite, j'ai demandé à mon homologue soviétique — un Allemand d'origine comme moi — quelle était la taille de leur dernier vaisseau spatial. Très sérieusement, il m'a répondu, alors qu'il avait tout mesuré chez nous au millimètre : « Eh bien, si je tends mon bras comme ça en l'air et que je saute, je touche à peu près le plafond. » C'est ça qu'il m'a répondu. Ils nous prennent un peu trop pour des... pour des cons. »

L'avion atterrit à l'aérodrome de Houston. Houston, Texas. L'Amérique à la puissance 10, l'Amérique de l'Amérique, patrie de Johnson le colon et tombeau de Kennedy le Bostonien où violence et science cohabitent dans le même paroxysme, terre de brutes où campent les esprits les plus déliés du siècle. C'est trop pour ta petit tête morale et rationaliste d'Européen libéral...

Tu as failli t'endormir au dîner texan du Warwick. Une table te fascinait pourtant. Il y avait autour d'elle douze Texans d'une soixantaine d'années dont les visages, les yeux, les ongles ruisselaient d'or. Après le discours d'ailleurs plein d'humour de l'ambassadeur, Sargent Shriver, beau-frère des Kennedy, l'un des *tycoons* s'est levé. Le speaker l'a présenté. C'était le maire de Houston. Il a dit textuellement :

« Mon cher ambassadeur, la dernière fois que nous nous sommes rencontrés, c'était l'époque Kennedy. Le grand problème était alors : comment rendre les gens pauvres heureux ? Eh bien ce soir notre grand problème à tous les deux, c'est — et c'est beaucoup plus marrant — comment rendre heureux tous ces gens riches qui sont ici ? »

Un formidable « *Yeah-eah-eah !* » texan suivi d'un non moins formidable « *O.K. Jo ! O.K. !* » venu de la table des douze milliardaires salue cette entrée en matière. Tu restes là incapable de bouger, « fixé » par cette terrible innocence, par cette vulgarité sauvage. Mais les trois types seront sur la Lune après-demain et c'est ceux-là qui ont payé leur voyage. Voilà ce que tu te répéteras jusqu'à Paris.

A Orly, tu apprends que Merckx[7] est toujours en tête, et le chauffeur de taxi te dit que : « *Pour l'effacer, celui-là, il faudrait une fusée... »*

Le Nouvel Observateur,[8] 28 juillet 1969.

---

[5] **salon du Bourget**   Exposition annuelle.
[6] **L.E.M.**   Module lunaire.
[7] **Merckx**   Coureur cycliste belge (ici, en plein Tour de France).
[8] **Le Nouvel Observateur**   Hebdomadaire de gauche.

Vocabulaire utile

le prix moyen
ne pas s'en faire
s'arracher
un pâté de maisons
la fusée
la pancarte
se changer
décoller
émouvant
s'en tenir là
déranger
au beau milieu
ne rien faire à qqn.

mettre un temps fou à faire
   qqch. (*langue parlée*)
s'en remettre
jaillir
accabler
se dérouler
un ange passe
un homologue
atterrir
à la puissance 10
l'esprit délié
avoir failli faire qqch.
une entrée en matière
être en tête

Discussion

Texte très nettement « informal », parlé, même négligé, pour frapper l'attention. Mélange de style impressionniste, pointilliste; et entretien vif, familier.

Langue parlée : *ça, mettre un temps fou.*

Langue familière : *bouquin, vélo, bon coup de fourchette, micro, terrible;* tutoiement suivi vis-à-vis de lui-même.

Langue vulgaire : *con.*

Argot : *camé, type, flingue, flic, marrant.*

Franglais : *air-conditionné, tee-shirt, poster, charter, motel, interview, bluffer, speaker.*
(A noter qu'il joue aussi : *de deuxième main.*)

La face cachée de Houston. Comparer « la face cachée de la lune ».

Quelle image nous donne-t-il des Etats-Unis ? A-t-il raison de choisir Houston ? Le Texas ? (« L'Amérique à la puissance 10. »)

Agressions.

Interdiction de consommer de l'alcool.

Un Noir au volant.

Rien d'un « black panther ».

Le patron est un juif polonais.

Un Noir camé.

Formidable simplicité des vainqueurs; l'Amérique puissamment contradictoire; de ses muscles comme de ses furoncles; cette terrible innocence.

Une petite Mexicaine.

Films réservés aux adultes; affiches « sexy ».

« Vous n'êtes donc pas Suédois. »

En manches de chemise.

Johnson le colon, Kennedy le Bostonien.

S'agit-il de rendre les gens pauvres heureux ? Peut-on le faire en envoyant des hommes dans la lune ?

Comparer la technologie américaine selon Servan-Schreiber (p. 11) et Bénichou.

Quelle face des Etats-Unis montreriez-vous à un visiteur étranger ? Combien de faces y en a-t-il ?

2
Des Français et la France

Marc Bernard

Sarcellopolis[1]

Les grandes ensemblières[2]

Le moment est venu d'aborder le problème qui a soulevé le plus de passions, de polémiques : celui des femmes dans les cités nouvelles. Mais que l'on permette auparavant de brosser un rapide tableau des mœurs des indigènes en général, car ici tout se tient.

Comme je l'ai déjà dit, ce qui étonne, c'est leur mobilité; que ce soit pour aller du Nord au Sud ou le contraire, les Sarcellois sont toujours en mouvement. Assez curieusement ils appellent cette agitation migratoire : aller à la croûte. Ce qui est non moins étonnant, comme il m'est arrivé de l'indiquer, c'est que si l'on se fiait à l'apparence on pourrait croire que ces transhumances leur procurent un véritable plaisir quand on les voit courir vers la gare. Ce qui est à la fois vrai et faux. Sans altérer le moins du monde la vérité, on peut penser que, bien qu'ils soient de nature casanière, ce sont les circonstances qui les obligent à sortir de leur logéco au lever du jour, et même avant. Mais qu'y feraient-ils s'ils étaient contraints d'y rester, comment supporteraient-ils les loisirs ? C'est ce qu'on est en droit de se demander.

Les trois quarts des Sarcelloises, elles, sont sédentaires; elles attendent que leurs maris reviennent de « la croûte », et il faut prendre ces mots à la lettre, car presque tous, qu'ils soient Blancs, Noirs ou Jaunes, regagnent leur appartement, le soir, avec une baguette de pain à la main. On croit voir un défilé de maréchaux russes.

Et précisément, si 18 % de ces femmes s'ennuient c'est parce qu'elles ne travaillent pas; elles rêvent d'avoir un emploi dans une usine ou un bureau à proximité de Sarcelles, car c'est alors seulement qu'elles auraient l'impression de vivre pleinement. Elles ont des enfants, un logement agréable, mais cela ne saurait leur suffire; l'animation de Paris leur manque. Les distractions, les activités que Sarcelles leur offre ne les intéressent pas.

[1] **Sarcellopolis** Sarcelles : « ville-dortoir » de la région parisienne.
[2] **grandes ensemblières** Femmes qui habitent dans les grands ensembles.

Les cours d'arts ménagers, de coupe, de langues étrangères, de reliure, de tissage, de vannerie sont suivis par deux douzaines de femmes au plus. Ce qui plairait à ces 18 % c'est de remplir des fiches, de faire le même geste devant une machine, tout ou n'importe quoi plutôt que d'être livrées à elles-mêmes.

Peu à peu, quelques-unes, dit-on, tombent dans une sorte de langueur que je n'ai jamais eu l'occasion d'observer autour de moi, mais que l'on décrit à peu près de cette façon : la patiente va au hasard dans les rues; bien loin de trouver un apaisement dans cette promenade, elle sent son angoisse augmenter. Elle a l'impression d'habiter dans une ville morte, située dans un lieu indéterminé, assez pareil aux limbes. Les gens qu'elle rencontre sont des ombres, des spectres. Elle marche d'une avenue à l'autre en croyant être au même endroit, qu'à sa droite et à sa gauche se dressent toujours les mêmes maisons. Elle presse le pas, impatiente tout à coup de rentrer dans son logéco, et se trompe d'immeuble, incapable qu'elle est de reconnaître le sien parmi les autres.

Une fois chez elle son malaise s'accroît; elle vient à la fenêtre et ne voit rien, enfin rien qui vaille qu'elle s'y intéresse, pense-t-elle. Elle se sent retranchée du monde, un peu comme si on l'avait mise dans une couveuse, tel un enfant qui vient au monde avant terme. Tout lui semble trop net, désinfecté, trop silencieux, trop vide; un besoin de bruit, de foule la tourmente. Elle se croit dans une salle géante où le spectacle ne commence jamais; elle attend vainement que l'on frappe les trois coups.[3] Rien ne vient. Sa solitude l'étouffe; le sifflet d'une locomotive, le roulement d'un train l'émeuvent aux larmes. Son logement lui fait horreur; le soleil même qui entre par la baie aggrave son trouble. Tout ce qu'elle voit est faux; les arbres sont trop petits, les enfants ne sont que des jouets, l'avenue est peinte.

C'est alors que lentement, insidieusement, elle entre dans un état que l'on peut appeler médiumnique. Elle se voit dans la foule, sur des trottoirs trop étroits, respirant une délicieuse odeur d'essence brûlée. Elle s'arrête au feu rouge, repart au feu vert, admire au passage les vitrines d'un grand magasin, des affiches de cinéma, des fourrures, le scintillement des bijoux dans une boutique de joaillier, des robes dans celle d'un couturier. Quand un passant la bouscule, elle halète de plaisir; si un chauffeur l'insulte elle sourit. Elle vit d'une vie intense, pleine, dangereuse, où l'imprévu est partout et la paix nulle part.

C'est ainsi, selon certains, qu'il est des Sarcelloises qui sombreraient dans la mélancolie, seraient au bord de la dépression nerveuse, et qu'aux cités nouvelles elles préféreraient le Carmel.

En vérité, je n'ai été témoin d'aucun cas de ce genre; mieux encore, les médecins m'ont dit que ces sortes de troubles étaient plutôt au-dessous de la moyenne constatable dans d'autres villes de style classique. Pourtant

---

[3] **les trois coups** Frappés pour signaler le début d'un spectacle théâtral.

acceptons-les pour vrais, et tentons d'en tirer l'enseignement. Sarcelles est pour l'instant (il faut rappeler obstinément que c'est une ville à demi construite) semblable aux auberges espagnoles; si vous venez les mains vides vous n'y trouverez rien. Ne comptez ni sur le spectacle de la rue ni sur quoi que ce soit que vous n'ayez apporté. On vous loge confortablement, le reste c'est à vous de le fournir, de le trouver, de l'inventer, parfois de le créer; le logéco c'est à vous de l'emplir de votre présence, de votre existence propre. En somme c'est une ville pour « artistes », eux s'y sentiraient à l'aise avec leurs rêves, leur imagination, leurs espoirs; je crois qu'ils ne s'y ennuieraient pas s'ils y étaient entre eux. Non seulement, il va de soi, ceux qui en font profession et qui n'en sont pas toujours les plus dignes, mais les autres, qui le sont à l'état brut, qui n'ont besoin ni d'écrire ni de peindre, auxquels il suffit de vivre d'une certaine manière, dans un certain climat. En ce sens vivre à Sarcelles est une épreuve de force d'âme, un test, mais aussi la découverte d'un monde qui exige votre participation et vous offre des possibilités d'agir que vous ne trouverez nulle part ailleurs.

Il n'y a rien là de contradictoire; tout dépend si l'on choisit de vivre replié sur soi ou de participer à la vie de la communauté, d'y contribuer dans la mesure de ses forces, car dans ce cas le champ est vaste et le deviendra plus encore. Infiniment plus. Mais il est évident que les Madames Bovary s'y sentent peu à l'aise. Et il est vrai qu'une cité nouvelle, telle que celle-ci qui en est la quintessence, peut les troubler profondément, les jeter dans le désarroi. Elle est faite pour une race à venir. Ce n'est pas sans raison que Labourdette dit : « Je n'ai pas créé cette ville pour ceux qui l'habitent, mais pour leurs enfants. »

. . .

Les deux civilisations

...l'un des carrefours de notre civilisation est d'une part le chemin vicinal qui mène tout droit au pavillon, et d'autre part la route qui conduit aux cités nouvelles. L'humanité est à la croisée.

Chacune de ces solutions a ses partisans, passionnés. Les uns, vous montrant la petite maison entourée de gazon, dans un cadre vaguement bucolique, voient en elle le plus sûr rempart contre l'atomisation de la personnalité qui est, disent-ils, la plus grave menace des temps modernes. Quand ils en parlent l'émotion fait trembler leur voix; le bricolage, la tonte de la pelouse, la culture du jardinet, cet accord préservé avec la nature, ils ont des accents virgiliens pour les chanter.

Si vous leur objectez que les modèles que nous offre la banlieue ne sont guère exaltants, que dans le minuscule espace dénommé pompeusement jardin on cultive surtout le sommier rouillé, vous n'ébranlez pas pour autant leur foi. Ils sourient, vous regardent de haut. Il s'agit bien de cela ! Le pavillon de demain sera aussi différent de ces clapiers qu'un dessin de Vinci l'est d'une toile de Meissonier. Il sera moderne, pimpant, sans autre clôture qu'une haie de buis ou de rosiers, de sorte que chaque pavillonnaire aura l'illusion que toute la campagne lui appartient bien qu'il n'en ait payé qu'une petite étendue. De plus, on y sera chez soi, séparé du voisin par un minimum d'espace vital, et non pas entassé dans des bâtiments inhumains, dans ces casernes que certains ont le front d'appeler villes nouvelles, et qui ne sont que des boîtes de chaussures à une échelle gigantesque, où tout a été sacrifié à la maquette. Sans parler de la promiscuité, de la délinquance, des messes noires qui se célèbrent dans les caves.

Enfin, ultime argument, que l'on vous assène à bout portant, comme une botte secrète, on vous dit : c'est ce qui se fait aux Etats-Unis. Or, comme chacun sait que ce qui se fait là-bas est imité ailleurs avec une vingtaine d'années de retard, qu'après avoir bien ri de la mystique du frigidaire, du poste de télévision, de l'automobile et de la machine à laver, tout Européen se les ait offerts dès qu'il en a eu les moyens, la cause vous paraît entendue, et vous êtes prêt à croire que le pavillon vaincra pavillon haut.

Arrivé à ce point du discours, en effet, vous chancelez, vous commencez à trouver que la maison individuelle a du bon, qu'elle est ce qui se fera demain. Une objection vous arrête pourtant à l'instant même où vous alliez vous élancer pour en retenir une : la distance. Vous vous demandez avec un peu de crainte si la vôtre ne se situera pas près d'Amiens ou de Rouen. Pour gagner de là le 7ᵉ arrondissement où vous avez affaire, ou la Maison de la Radio, quai de Passy, cela vous fera un bon bout de chemin. C'est ce que vous faites timidement remarquer, pour vous attirer une réponse cinglante. Vivant dans la deuxième moitié du XXᵉ siècle, à l'âge de l'antimatière, alors que les électrons, les neutrons et protons filent dans les cyclotrons à la vitesse quasi de la lumière, vous vous laisseriez arrêter par une misérable question de kilomètres ? Seriez-vous le seul à ignorer que les distances n'existent plus, que l'on va de Paris à New York en quelques heures ?

Vous vous dites qu'en effet, à la réflexion, il n'y a pas de raison pour qu'une aussi négligeable contingence vous retienne de devenir propriétaire d'un pavillon. Vous vous sentez changé soudain en zèbre, en éclair; le temps d'allumer une cigarette et vous serez dans le bureau de votre éditeur. Il n'y a plus à hésiter, le sort en est jeté, vous aurez votre pavillon et le plus tôt sera le mieux. Il se peut qu'il y ait encore un coin de disponible à une centaine de kilomètres de Paris. Vous vous voyez déjà poussant la tondeuse pour la coupe réglementaire, au double zéro, respirant l'odeur de l'herbe hachée, admirant les couchers de soleil, ramassant des escargots sous la pluie, bref, menant la véritable vie du cultivateur.

Mais à l'instant même où vous allez partir du pied droit dans votre nouvelle existence, une autre voix se fait entendre, celle de l'ennemi du pavillon, du tenant de la cité nouvelle, et vous vous arrêtez net.

Il paraît étonnant à ce contradicteur que vous ne prévoyiez pas les in-convénients de l'aventure dans laquelle vous allez vous risquer. Quelle légèreté est la vôtre ! Comment ! un homme tel que vous irait mener la vie. mesquine d'un banlieusard, de ces gens qui ne sont ni chèvres ni choux, ni citadins ni paysans, qui passent leur vie le cul sur la moleskine des bancs de chemin de fer ? On croit rêver ! Mais le moindre bon sens devrait vous dissuader de faire une sottise pareille. Avez-vous réfléchi que vivre dans un pavillon c'est se mettre au ban de la population, dans un isolement absolu, en quarantaine en quelque sorte. Et quelle vie minable ne sera pas la vôtre dans un lieu qui n'est ni la campagne ni la ville ! Par ailleurs, le pavillon n'est concevable que si vous avez un niveau de vie élevé, sinon c'est la cabane à lapins ou l'hallucinante monotonie de milliers de maisons strictement identiques, telles qu'on peut les voir dans un rayon de cent kilomètres et plus autour de New York.

Il est faux, si vos moyens sont limités, que vous ayez le choix entre deux modes de logements, car si celui qui achète un pavillon gagne insuf-fisamment, il traînera le boulet de sa dette pendant des années. De plus, l'entretien d'une maison individuelle revient beaucoup plus cher que celui d'un immeuble collectif. Vous serez obligé d'avoir non pas une voiture mais deux; votre femme doit aller faire ses provisions, conduire ses enfants à l'école, aller les chercher. Et comme c'est elle qui, tout au long de la journée, devra prendre toutes les initiatives, vous tomberez sous le régime du matriarcat. Comme aux U.S.A. où l'épouse parade aux côtés de son mari quand celui-ci redescend du cosmos, sous la neige des tip-tickets qui transforme New York en station d'hiver au milieu de l'été. Si vous avez un prix littéraire, elle signera vos livres; quand vous divorcerez elle gardera l'argent. Et le pavillon. Vous laverez la vaisselle, elle vous fera porter le tablier tandis qu'elle fumera des *Camel* dans un rocking-chair en regardant les *cartoons*. Vous rentrerez chez vous, le soir, comme dans une auberge; vous aurez l'impression d'être en pension, et en laisse. La solitude, l'isole-ment auront développé chez votre femme des qualités viriles, cependant que le manque d'initiative finira par vous féminiser, par vous rendre craintif et docile.

Evidemment, vous n'aviez pas pensé à tout cela, qui mérite aussi ré-flexion. Il vous semble qu'il y a du vrai là-dessous, et que tout ce que vous abandonnez à la moitié c'est autant de perdu pour vous. Bref, vous voici de nouveau perplexe. Le pavillon vous commencez à le regarder avec méfiance.

Et puis, ajoute le champion des cités nouvelles, les pavillons posent des problèmes d'aménagement, routes, égouts, ramassage des ordures, élec-tricité, eau, gaz, écoles, qui reviennent extrêmement chers à l'Etat, aux municipalités pour les résoudre, qui parfois même sont insurmontables. De toute façon, aucune formule ne saurait remplacer la construction des villes; il y a dans l'homme un besoin de sociabilité, le goût des commodités qui rend la ville indispensable, alors qu'une civilisation du pavillon est inimaginable. La famille étroitement refermée sur elle-même est un non-sens.

C'est alors que d'un coup d'aile votre interlocuteur s'élève aux idées générales.

Ceux qui sont pourvus de biens, vous dit-il, rêvent de gagner à leur cause ceux qui ne possèdent rien; en les faisant accéder à la propriété ils pensent transformer leurs ennemis en complices, en alliés. Et le plus sûr moyen de les corrompre, de les amadouer, croient-ils, est le pavillon. Au rigoureusement égalitaire, et par conséquent utopique partage entre tous du revenu national, ils substituent la part du feu, la cooptation aux moindres frais, selon le principe : un cheval, une perdrix.[4] Ils s'imaginent naïvement — car pour une fois ils sont naïfs — que le pavillonnaire aura tout à coup une âme de capitaliste.

Cette période achevée, l'orateur marque un temps d'arrêt; il souffle. Vous aussi, avec le sentiment que vous dominez un large panorama social, que de nouvelles perspectives se déploient sous vos yeux. Et vous attendez la péroraison, qui ne tarde pas.

Le pavillon, ajoute le théoricien, loin d'affaiblir l'esprit revendicatif l'exaspère, à cause des charges qu'il entraîne, des dettes qu'il crée, des menaces, des incertitudes qu'il fait peser sur celui qui le possède. Ceux qui croient voir en lui un barrage contre le collectivisme se leurrent, il le favorise plutôt.

Et enfin, voici le dernier argument, péremptoire :

D'ailleurs, aux U.S.A. on a renoncé aux pavillons; on revient aux cités nouvelles.

Vous vous dites que dans ce cas il n'y a plus de raison pour que vous alliez vous perdre dans les bois. La petite maison d'arrière-banlieue vous la regardez de haut. Une dernière image vous hante : celle de votre femme, qui se balance dans un fauteuil à bascule en fumant une *Camel* pendant que vous faites la vaisselle.

Plus que jamais vous vous sentez Sarcellois, du côté de la civilisation urbaine. Celle des mâles.

Extrait de *Sarcellopolis,* Flammarion, 1964.

---

[4] **un cheval, une perdrix** Marché inégal.

Pierre Dufau

Pour la démolition de Paris

De même qu'on ne peut croire que les témoins prêts à se faire égorger, on ne peut faire confiance aux défenseurs d'une cause que s'ils sont prêts à payer pour elle de leur personne, de leur poche, au minimum d'un peu de matière grise.

Qui aime Paris ne peut l'aimer qu'au prix d'un certain nombre de sacrifices et d'abord en croyant réellement à son avenir. Cela ne s'exprime pas seulement en écrivant aux journaux, en s'inscrivant à la Ligue urbaine et rurale ou en manifestant une hargne passive. A quoi bon écrire aux journaux, à quoi bon signer des pétitions, à quoi bon regretter le bon temps, à quoi bon maudire toutes les constructions neuves si vous, Parisiens, ne faites rien de réellement positif pour la beauté de votre ville, si toute nouvelle construction vous trouve alarmé et même agressif ? Dès que vous supposez qu'un immeuble va s'élever dans votre voisinage, vous courez à la mairie pour vous opposer à la délivrance du permis de construire. A peine l'architecte connu, vous lui expliquez que vous êtes « mitoyen » et que vous ferez « valoir vos droits », avant même de savoir s'ils sont lésés et même si vous en avez. Encore une chance si, une fois l'immeuble construit, vous ne le mesurez pas pour vérifier s'il n'a pas quatre centimètres de trop, si vous n'ameutez pas le quartier parce que les clients du nouveau restaurant « parlent dans la rue en sortant le soir », si vous ne vous plaignez pas que l'immeuble est « mal habité » — ou trop beau. Cela, je l'ai vu et pour une fois la remarque était juste, la propreté du nouvel immeuble ayant agi comme un révélateur de l'horrible état d'entretien de ses voisins.

Une telle mentalité, qui n'est pas générale il s'en faut, est pourtant assez répandue pour qu'elle donne aux constructeurs le droit moral de vous réclamer aussi des comptes, si vous avez été obligé de vous reconnaître dans ce portrait du Parisien hargneux :

Pourquoi avez-vous l'air aussi renfrogné dans la rue ? Pourquoi secouez-vous vos torchons par la fenêtre ? Pourquoi sont-ce toujours les autres qui doivent faire les efforts et pas vous ? Pourquoi votre concierge ne met-elle pas de couvercle sur ses poubelles ? Pourquoi laissez-vous votre voiture dans la rue, alors que vous pourriez la rentrer ? Pourquoi semez-vous des papiers gras au Bois de Vincennes ? Pourquoi mettez-vous à votre fenêtre des rideaux en macramé ? Parce que c'est votre goût. C'est une raison qui pourrait être suffisante, mais pourquoi sont-ils sales ? Pourquoi ne réglez-vous pas l'échappement de votre voiture ? Pourquoi la cheminée de votre chauffage central crache-t-elle toutes ces scories ? Pourquoi faites-vous hurler votre télévision après dix heures ? Pourquoi laissez-vous votre chien faire ses besoins sur le trottoir ?

Et puisque vous condamnez l'architecture actuelle, quels sont vos critères ? Que savez-vous de l'architecture ancienne? Que préférez-vous, le Panthéon ou les Invalides ? Le Louvre côté Seine ou côté Rivoli ? Pourquoi la rue Mouffetard est-elle plus belle que la rue de Châteaudun ? Et le Grand Palais plus réussi que le Petit Palais ? Pourquoi le boulevard Malesherbes et la rue Etienne-Marcel, entre autres, sont-ils sinistres ? Il y a à ces questions des réponses absolument objectives et qui n'ont rien à voir avec vos sentiments. « Je ne peux pas, dites-vous, avoir la science infuse, mais je suis sûr en tout cas que la construction actuelle est affreuse car je suis sûr d'avoir le goût bon. »

L'enseignement esthétique étant absolument inexistant en France, nous ne pouvons pas reprocher à nos maîtres de nous l'avoir faussé. Notre goût est donc spontané. Il serait convenable de savoir s'il est valable. Ce ne sont pas vingt grands couturiers et cent artisans de génie dans le domaine de la mode qui nous garantissent que notre goût architectural n'est pas faible et dévoyé....

· · ·

Aucun enfant ne quitte plus l'école à onze ans. Nous ne sommes plus tenus de lui enfourner dès son âge le plus tendre des connaissances encyclopédiques puisqu'il a de bonnes chances de rester à l'école jusqu'à seize ans. Apprenons-lui donc, dans les petites classes, l'histoire et la géographie de sa ville. Il apprendra du même coup l'histoire du monde et il l'apprendra mieux parce qu'il se situera par rapport à elle. Les mammouths, pour les écoliers, sont des animaux quasi féeriques dont on retrouve parfois les traces dans les déserts sibériens. Or, on retrouve de temps à autre à Paris, en général dans le sable des anciennes rivières parce que c'est là qu'ils venaient mourir, des débris de mammouth. Les petits Parisiens n'oublieraient jamais, si on le leur racontait, ce que le *Guide mystérieux de Paris* rappelle : « que l'*Elephas primegenius,* vivait sur les hauteurs de Belleville et descendait boire aux bords des bras de la Seine de l'époque néolithique par un chemin qui suivait approximativement l'avenue Mathurin-Moreau, la rue de la Grange-aux Belles et la rue Saint-Denis ». La Guerre des Gaules vue de Lutèce et la bataille désespérée que livra le vieux général

Camulogène, là-bas, du côté de la tour Eiffel, contre Labenius, le lieutenant de César, seraient aussi passionnantes qu'Astérix,[1] si on les racontait d'un point de vue parisien. Un enfant qui connaîtrait ainsi sa ville aurait des racines plus profondes et moins de préjugés qu'un enfant qui a appris vaguement l'histoire du monde, qui n'arrive pas à sentir sa place dans un torrent d'événements dont il est incapable de situer un fait dans l'espace ou dans le temps et qui se replie mentalement sur sa famille et lui-même, seuls points fixes, seules réalités vérifiables dans un monde à trop grande échelle et qui est en train de prendre des dimensions cauchemardesques.

· · ·

Les dévots de Paris préfèrent Paris aux Parisiens. C'est une déviation mentale qui est en train de tuer la ville. On se fabrique un Paris idéal et on le défend contre ceux qui l'habitent. Or Paris n'est ni Angkor, ni New-York, ni Venise, qui sont ou seront des ruines superbes. C'est une ville qui est inséparable de ses habitants. On dit volontiers et avec une certaine pompe que Paris est à la mesure de l'homme, mais on ne veut pas voir qu'en l'occurrence, l'homme c'est le Parisien, terme générique où j'englobe le Parisien de hasard, même provincial, même étranger.

Lorsque Paris sera devenu depuis trop longtemps vraiment insupportable aux Parisiens, Paris, même s'il est encore debout, même s'il a quinze millions d'habitants, sera une ville moribonde. La mission de Paris, c'est de rendre heureux les Parisiens et de leur permettre de s'épanouir. Tout le reste viendra par-dessus le marché. Or ce Parisien est un curieux homme qui a inventé une vingtaine de micro-civilisations différentes. Les Parisiens de Montmartre, de Belleville, de Mouffetard, du XVIe ou de Picpus sont différents. Encore aujourd'hui, il y a une mentalité rive droite et une mentalité rive gauche. Les transfuges sont fréquents, mais on peut faire voler les assiettes dans un dîner mondain en demandant simplement aux convives d'énoncer les avantages respectifs de leur arrondissement. Au dessert, tout le monde se réconcilie sur le dos des Neuillyssois.

...il est encore plus important que l'administration combatte, et elle en a les moyens, tout ce qui tend à la ségrégation du logement. Paris est beaucoup mieux constitué que le bœuf : il a, géographiquement, de bons morceaux partout. Tous les bords de Seine, les flancs de colline bien exposés, les abords de jardins ou de bois, les quartiers historiques peuvent recevoir des résidences de luxe, pas seulement le Sud-Ouest que les embouteillages tendent à rendre invivable. J'encouragerais aussi la création de programmes populaires dans les mêmes quartiers, en autorisant une plus grande densité de construction à condition de faire des logements aux prix plus accessibles, ainsi que le mélange des classes à l'intérieur des îlots ou à l'intérieur des

---

[1] **Astérix** Héros gaulois d'une bande dessinée célèbre.

maisons comme c'était la règle autrefois. Dans les immeubles, somptueux pour l'époque, du quai Voltaire, il y avait des aristocrates, des bourgeois, des commerçants sur la rue; des artisans, des ouvriers, de petits rentiers sur les cours. Tout ce monde-là vivait très bien ensemble. Même aujourd'hui, comment arrive-t-on à mêler toutes les classes de la société dans les grands magasins, les supermarchés, sur les autoroutes, dans les écoles, bientôt dans les universités, et pourquoi n'arrive-t-on pas à les mélanger dans les immeubles ? Cela ne vaudrait-il pas une thèse ?

Pourquoi des différences d'éducation et d'instruction, qui ne sont que trop réelles et que nous devons essayer de diminuer non pas en nous alignant vers le bas mais vers le haut, peuvent-elles être neutralisées au Club Méditerranée[2] où elles ne font plus souffrir personne et ne pourraient pas l'être dans l'habitation ? Parce que nos critères d'habitabilité sont probablement mauvais et qu'ils ont besoin d'être révisés sous un jour nouveau.

Extrait de *Pour la démolition de Paris,* Berger-Levrault, 1967.

[2] **Club Méditerranée**   Grand organisme de vacances.

Pierre Daninos

Le Major tricolore[1]

La meilleure preuve que ce n'est pas commode d'être Français c'est que les Français eux-mêmes n'y arrivent pas toujours.

Quand le premier des Français confie à l'un de ses interlocuteurs que les Français sont des veaux et parle de France *vacharde,* il est bien évident que, malgré l'importance qu'il reconnaît à la vocation agricole, ce troupeau ne correspond que vaguement (ma moitié de fils française dirait *vachement*), à « certaine idée » de la France que le Général[2] s'est toujours faite.

Il y a donc Français et Français. Il importe de distinguer le veau du vrai.

Combien de vrais au juste sur cinquante millions. Le Général ayant été reconduit au pouvoir avec 54 pour 100 des voix, dois-je en conclure, comme le font de mauvais esprits, que si je croise un Français dans la rue il y a un peu moins d'une chance sur deux pour que ce ne soit pas un bon ? Sûrement pas. Ce serait folie.

Mais descendons du général au particulier pour aller rendre visite à mes amis Quinchart. M'étant égaré un jour à la recherche de leur maison de campagne, à quarante kilomètres de Paris, je demandai mon chemin à un jeune cultivateur :

— Quinchart, Quinchart... tu connais ça, toi, Quinchart ? dit le jeune homme à un paysan qui devait être son père.

— Ah ! oui. Ce sont les étrangers qui s'sont installés au bas de la côte, de l'autre côté de la rivière, il y a six mois...

— J'ai peur, dis-je comme nous disons toujours sans rien craindre, que vous commettiez une erreur... M. Quinchart est Français, sa femme aussi.

— Possible, mais enfin c'sont des Parisiens... Pour nous c'est tout comme, c'est pas des gens d'ici, quoi !...

Que ce pays exceptionnel soit un pays d'exceptions, la facilité avec laquelle on tombe sur elles le prouve bien. Non seulement personne ne peut

---

[1] **Le Major tricolore**   Le Major Thompson, anglais francophile, est une création de Pierre Daninos (*Les Carnets du Major Thompson*).
[2] **Général**   Le Général de Gaulle, alors Président de la République.

nier que l'homme qui est à sa tête soit exceptionnel, mais les exceptions courent les rues, les routes surtout.

Cent fois, deux cents peut-être, mon traducteur et ami m'a emmené avec lui dans sa voiture vers sa demeure campagnarde. Que je sois pendu si je mens : il ne nous est *jamais* arrivé de respecter les indications de ralentissement des panneaux, *60... 50... 40...,*[3] sous le charmant petit tunnel qui mène à votre grande autoroute du Sud, sans être dépassés par deux, cinq, dix voitures. Etrangères ? Non pas. Tout ce qu'il y a de plus 75, 92 ou 78.[4] Mais il est clair que ces conducteurs exceptionnels ne se sentent pas soumis à la règle. De même il suffit de se promener un dimanche après-midi dans une de vos belles forêts où l'interdiction de jeter des papiers gras est seulement exprimée dans la langue du pays, pour en conclure que ce ne sont pas des Français qui ont déjeuné sur le terrain.

Quant à vos lavabos, qu'ils soient de trains ou de bistrots, les instructions, sur plaques émaillées, suivant lesquelles on est prié de les laisser dans l'état de propreté où on les a trouvés en entrant, m'ont toujours rendu, je dois dire, perplexe sur ce qui me reste à faire quand j'en ai terminé. Maintenant j'ai compris : un *vicious* sort veut sans doute que j'y aille toujours après un de ces damnés étrangers qui ne savent pas lire le français et souillent vos forêts et vos chasses. Ah ! comme je comprends mieux maintenant votre sifflante exclamation *salétranger* !

Mon premier pas est fait : je commence à partager votre xénophobie.

Xénophobie qui actuellement, reconnaissons-le, ne manque pas d'élévation. On n'en est plus à se brouiller avec Monaco ou Andorre. On vise plus haut.

La politique de grandeur exige de la France, volontiers *anti,* qu'elle ne s'attaque plus à des minorités mais à des majorités. C'est ainsi que, prenant la défense des Noirs aux Etats-Unis, des Québécois au Canada, des Vietcongs en Indochine, elle devient tout bonnement antiaméricaine, antibritannique, voire antiuniverselle, je veux dire antiMachin. Elle pourrait aussi bien devenir demain anticanadienne ou antisoviétique, si l'on sait la prendre.

Cela pour le Pouvoir. Car il faut bien noter que, au moment où il fait tout pour *titiller* la vieille corde anti-anglo-saxonne, jamais les particuliers, les sociétés, la publicité ne se sont davantage anglo-saxonnisés. Cela fait partie des paradoxes du pays de la logique qui, au moment où il se met à dos la moitié de l'univers, proclame qu'il ne se connaît pas d'ennemi. Le Français peut manifester en faveur des Noirs en Alabama, cela ne l'empêche pas de rester chez lui raciste à sa manière. M. Pochet, M. Taupin, M.

---

[3] **60... 50... 40...**   Il s'agit bien entendu de kilomètres à l'heure.
[4] **75, 92 ou 78**   Numéros d'immatriculation de voitures provenant de la région parisienne.

Requillard sont visiblement révoltés par certaines images qui montrent la répression des émeutes noires aux Etats-Unis. Ce n'est pas eux qui auraient quoi que ce soit à refuser à ces pauvres gens de couleur ! Jusqu'à un certain point, bien sûr : leur fille. *Rather curious...* Pour les uns comme pour les autres, la question noire semble avoir des incidences possibles sur le destin de leur progéniture et menacer leur fille.

— Ah ! je ne dis pas, disent-ils, que si ma fille m'annonçait demain qu'elle voulait épouser un Noir, ça me ferait plaisir ! Je ne suis pas raciste, mais tout de même... il y a des limites !

Limite des nomades,[5] limites de la bienséance, que *bicots, négros* et *romanos*[6] sont priés de ne point franchir.

Extrait du *Major tricolore,* Hachette, 1968.

---

[5] **Limite des nomades**   Allusion aux panneaux aux portes des villes qui interdisent aux nomades d'approcher.
[6] **bicots, négros et romanos**   Noms familiers et péjoratifs pour arabes, noirs, gitans.

Vocabulaire utile

ce n'est pas commode	tout ce qu'il y a de plus...
y arriver	de même
un interlocuteur	rendre qqn. perplexe
se faire une idée de qqch.	souiller
il y a (x) et (x)	faire le premier pas
au juste	se brouiller avec qqn.
en conclure	viser haut
un mauvais esprit	volontiers
croiser qqn.	s'attaquer à
une chance sur deux	une société
s'égarer	la publicité
s'installer	manifester
c'est tout comme (*langue parlée*)	une émeute
tomber sur qqch.	quoi que ce soit
nier	faire plaisir à qqn.
courir les rues	la bienséance
arriver à qqn. de faire qqch.	franchir
le ralentissement	

Discussion

Il s'agit maintenant d'un portrait des Français.

« Pas commode d'être Français. »

« Il y a Français et Français. »

« Ce sont les étrangers... enfin des Parisiens. »

« Un pays d'exceptions. »
Les conducteurs.
Les papiers gras.
Les lavabos.

La xénophobie.

La politique de grandeur.

Anglo-saxonnisés.

La logique et le racisme.

Le style de Daninos est plutôt descriptif qu'analytique.

Quels traits français discerne-t-il sous ce qu'il évoque de façon humoristique ?

Expliquer l'humour, surtout les jeux de mots (veaux — vacharde — vachement — distinguer le veau du vrai; du général au particulier; pays exceptionnel — pays d'exceptions; etc.).

Quel rôle cet humour joue-t-il pour ce qui est du ton et de la pertinence · des remarques de l'auteur ? Est-ce une façon de faire plus réussie qu'une autre ?

En quel sens donc n'est-il pas commode d'être Français selon Daninos ?

Peut-on parler d'anglo-saxons, c'est-à-dire, mettre Anglais et Américains dans le même panier ?

Dans quelle mesure ses remarques s'appliquent-elles aux Américains ?

Marcel Rioux

La Question du Québec

Leur situation de vaincus et de minoritaires a poussé les Québecois à ne voir avant tout dans ces institutions qu'un moyen de défendre les droits de leur collectivité. Il reste quand même que la plupart de ceux qui ont discuté ce problème prennent implicitement pour acquis qu'il n'y a qu'un seul type de démocratie et que c'est le type anglo-saxon. On juge du comportement des peuples à cette aune. Les choses ne sont peut-être pas aussi simples. Nous serions tentés de croire, avec René Gillouin,[1] qu'il existe au moins deux types principaux de démocratie dont l'un est d'inspiration anglaise et l'autre française. La démocratie anglaise est, entre autres choses, individualiste, libérale, bourgeoise, inégalitaire et propriétariste, tandis que l'autre serait plutôt collectiviste, autoritaire, populaire, égalitaire et anti-propriétariste.

Extrait de *La Question du Québec,* Seghers, 1969.

[1] **René Gillouin** Philosophe et homme politique français.

Vocabulaire utile

minoritaire	être tenté de
quand même	libéral
prendre pour acquis	égalitaire
anglo-saxon	populaire
le comportement	tandis que

Discussion

Quel est le sens du terme *anglo-saxon* ? Quelle est son utilité ?

Quel est le sens en français de *libéral* ? *populaire* ?

Ce que l'auteur dit de la démocratie anglaise vous paraît-il applicable à la situation aux Etats-Unis ?

Dans laquelle des deux démocraties décrites aimeriez-vous vivre ? Pour quelles raisons ?

Que savez-vous de la situation des Québecois ?

Dans quelle mesure un groupe minoritaire met-il en lumière le système politique et social d'un pays ?

Si dans 20 ans,
tout le monde parlait
anglais ou russe,

trouveriez-vous cela normal ?

75 millions de francophones. 300 millions d'anglophones. Rêvez un instant devant ces deux chiffres.

Rêvez et réveillez-vous.

La langue française va bien, paraît-il. La langue française renaît. La langue française ouvre "une nouvelle ère de rayonnement français".

Ce n'est pas encore vrai.

Ce n'est pas encore vrai parce que ce n'est pas possible. Pour le moment, il n'y a pas assez d'écoles françaises à l'étranger.

Et l'Alliance Française alors ? Elle est pourtant présente un peu partout dans le monde. Il y a 1.200 centres de l'Alliance Française. Et 180.000 étudiants qui veulent parler et comprendre la langue française.

Et l'Ecole de l'Alliance Française à Paris. Et des laboratoires de langue et de phonétique. Et des centaines de professeurs détachés à l'étranger.

Tout cela n'est pas suffisant. Parce que ces 180.000 étudiants seront plus de 200.000 l'année prochaine. Et parce que l'Alliance Française ne pourra pas les accueillir. Il n'y a pas assez de professeurs. Pas assez de laboratoires de langue. Pas assez de locaux. Et pas assez d'argent.

L'Alliance Française est un organisme privé qui vit de subventions. Et surtout des cotisations de ses membres et de ses élèves. Qui vit et qui vit mal.

Dans plusieurs pays, on pose la première pierre de nouveaux centres de l'Alliance Française. Au Chili, à Concepcion. Au Mexique, à Mexico. En Uruguay, à Montevideo. En Equateur, à Quito. En Inde, à Calcutta.

Il faut beaucoup d'argent pour que cette première pierre ne reste pas la seule pierre du chantier.

Où le trouver ? Pour une part, à Calcutta, Concepcion ou Mexico. Pour une autre part, en France chez les Français qui ne trouvent pas normal que tout le monde parle anglais. Qu'en pensez-vous ?

Nous ne déclarons pas la guerre à la langue de Shakespeare ou de Tolstoï. Nous déclarons la guerre au recul de la langue de Molière et d'Alexandre Dumas.

Il y a 75 millions de francophones. Combien y en aura-t-il l'année prochaine ? Inscrivez la réponse en chiffres et en lettres sur votre carnet de chèques.

Notre C.C.P. est Paris 238-31 et notre adresse : 101, bd Raspail, Paris 6e.

Alliance
Française

Cette annonce a été réalisée par l'agence de publicité Young & Rubicam, grâce à l'aide bénévole des Nouvelles Littéraires, Hans Mauli (photo), Guy Vellutini (retouche), Jan-Jac (tirages photo), Génin Frères (typo).

Claude J. Chauvigné

La Mission culturelle de la France

En vérité, il nous faut, maintenant, faire le point, dresser le bilan. Nous devons, en premier lieu, essayer de résumer la véritable nature de la civilisation française et la raison de son extraordinaire diffusion dans le monde. En deuxième lieu, et ceci est le but de nos efforts, nous devons en tirer une leçon; nous devons peser cette civilisation et la nôtre sans arrière-pensée, sans préjugé, sans trop de généralisation, sans négation définitive, sans affirmation irrémédiable, mais avec intelligence, avec clairvoyance, et, par-dessus tout, avec cœur.

Ce qui nous reste donc à faire, c'est une synthèse — une vaste synthèse où toutes les caractéristiques et toutes les valeurs de cette civilisation se mêlent, se frottent, se heurtent, étincellent et font jaillir la clarté. Nous pouvons dire, assurément, que la civilisation française est le produit d'un long héritage soigneusement couvé, patiemment cultivé, sans cesse amélioré, augmenté d'une récolte, élargi d'une coudée, amoureusement poli, affiné, qui de génération en génération, jusqu'à nous, a été transmis à travers toutes les vicissitudes de l'histoire du genre humain.

Nous autres Américains, nous autres gens de la terre, amis de la France, nous aimons sa culture d'autant plus qu'un large océan nous sépare de ses rivages, et que la nostalgie s'empare de nous à l'évocation d'un nom, au son d'une cloche, d'une chanson, d'un poème, ou plus prosaïquement à la vue d'une affiche publicitaire. La perspective que nous donne la distance tend à brouiller notre vision, et nous sommes capables des plus durs reproches comme de la plus pure passion, car, nous le savons bien, la France est une amante. Aussi nous appartient-il de faire preuve d'indulgence, et de compréhension et c'est le point de vue que nous devons avoir ici, à Orono, avant d'aller nous asseoir à la terrasse d'un café, avenue des Champs-Elysées, comme je vous le souhaite à tous.

La civilisation française est universelle. Elle s'adresse à tous les hommes de bonne volonté, à tout être intelligent, à tous ceux qui veulent aimer, à tous ceux qui veulent savior et qui veulent vivre quelle que soit leur religion, leur race ou leur couleur. Elle est avant tout un état d'esprit et une poésie plutôt qu'une pensée rationaliste et logique ou un concept tangible et matérialiste. Un état d'esprit, car elle émane d'une culture millénaire dont les arches reposent sur des bases essentielles : la Vérité et la Liberté. Une poésie car elle est créatrice et cherche la bonté de l'homme dans ses failles les plus profondes sans jamais douter de sa perfectibilité. Elle s'adresse autant aux fibres du cœur qu'aux facultés cérébrales, et touche ainsi toute Présence douée de sensibilité. Elle est une affirmation sublime, un acte de foi en la Destinée de l'Homme. Voilà son appel irrésistible. Voilà sa beauté.

Considérons maintenant les manifestations les plus visibles comme les plus subtiles de cette civilisation française.

C'est, bien sûr, le mirage créé par le cinéma, les livres et une propagande plus ou moins officielle. C'est aussi ce mélange d'illusions et de plaisir véritable que rapportent le touriste bienveillant, l'étudiant émerveillé ou le diplomate averti. C'est encore un rêve qui anime un jeune africain ou rallume une flamme aux antipodes. J'ajouterai même que cette civilisation possède certaines qualités du mythe : le sens du mystère et de l'indéfinissable concrétisés par une chanson, un parfum ou une simple pensée — et que, pour cette raison, elle représente les aspirations les plus profondes de l'Humanité.

Mais ce sont là choses que le cœur et l'esprit seuls peuvent discerner et comprendre. Il y a aussi celles qui sont parfaitement visibles et qui contribuent fortement à nous donner cette impression générale. Ce sont les exportations de champagne, d'avions ou d'automobiles, la construction d'une centrale électrique en Indonésie ou d'une école en Guyane, une découverte médicale ou un accord commercial. Ce sont aussi les efforts d'un professeur dans une université américaine, l'influence de la mode parisienne à Dallas ou Valparaiso, une technique nouvelle, l'éblouissante féminité de Brigitte Bardot, les voyages d'une grande personnalité politique, les œuvres charitables de missionnaires, le travail d'un ingénieur inconnu quelque part à l'autre bout du monde. Tous ces faits, grands et petits, éclatants et obscurs, intéressés et gratuits, forment une immense mosaïque de couleurs infiniment diverses, au ton chaud et accueillant, un message passionné que comprennent toutes les races, sous tous les climats.

Comment se diffuse donc la civilisation française ?

La civilisation d'un pays est une richesse qui ne peut survivre et se développer que si elle est librement partagée et acceptée. Or, nulle civilisation n'est plus librement partagée et acceptée que la civilisation de la France. Comme nous venons de le voir, cela tient en grande partie à sa valeur intrinsèque. Pourtant, il ne suffit pas d'avoir de bonnes terres; il faut les labourer et les ensemencer avant de pouvoir récolter. Dans ce sens, il faut bien le dire, la France fait un considérable effort pour diffuser sa civilisation en "exportant" sa culture. Et à ce propos, il convient de réaffirmer l'étroite et obligatoire dépendance qui doit exister entre culture et éducation. En fait, de nos jours plus que jamais, le concept de l'éducation est devenu inséparable de l'âme et de la survie de l'humanité. C'est la raison pour laquelle la France ne peut absolument pas faillir dans sa mission civilisatrice car elle est Espoir.

C'est par l'enseignement de sa langue que la France diffuse sa culture. Depuis le siècle de Louis XIV, l'universalité du français comme langue de culture n'est pas mise en question. Cette universalité permit et permet toujours le rayonnement de la pensée française. Ceci est une première constatation. La deuxième concerne un développement, un élargissement, de ce concept puisqu'il s'étend aux relations internationales, ces communications et rapports de toutes sortes entre les peuples de la terre. C'est dans ce dialogue que la place de la France est importante; entre les énormes blocs de l'ouest et de l'est, la chaleur humaine et fraternelle doit être sans cesse ravivée. « Il faut bien tenter de se rejoindre. »

La langue française, si elle ne joue plus le rôle qu'elle jouait autrefois dans les rencontres diplomatiques, n'en reste pas moins la langue d'une élite quand ce n'est pas celle de peuples entiers. Elle est parlée, de nos jours, par plus de 100 millions de personnes. Elle est utilisée au Canada, en Belgique, au Luxembourg, en Suisse et dans le Val d'Aoste. Mais aussi, elle est la langue officielle de quatorze républiques africaines (anciennes colonies françaises), de la République du Congo et du Ruanda-Burundi. Elle est employée dans les écoles du Maroc, de l'Algérie, de la Tunisie, du Liban, du Laos, du Cambodge et du Vietnam. Naturellement, elle est la langue des territoires de Saint-Pierre et Miquelon, de la Martinique et de la Guadeloupe, ainsi que de la Guyane, de la Réunion, de la Somalie, de la Nouvelle-Calédonie, d'une partie de la Polynésie, et des îles anglaises Maurices et Seychelles. A tous ces peuples, la langue française fournit un puissant moyen pour affirmer leurs idéaux et trouver leur destinée; de plus, elle leur donne une certaine cohésion, un but commun.

Ces quelque 100 millions de gens parlant français ne forment, c'est l'évidence même, qu'une assez faible minorité dans la masse de la population mondiale. Il conviendrait donc mieux de penser en termes de qualité que de quantité, et l'étude sérieuse du français est une réalité dans tous les pays du monde. Cette étude est, de surcroît, très généreusement encouragée par le gouvernement français. La France en effet consacre de très grosses sommes d'argent pour subvenir aux besoins d'écoles primaires et secondaires, et d'instituts qui, dans les pays étrangers, dispensent l'enseignement de sa langue. Ainsi, par exemple, nous trouvons des lycées français à New-York, à Damas ou à Tokyo, des instituts en Nouvelle-Zélande, en Hongrie ou au Chili. Des institutions privées ou semi-privées, plus ou moins subventionnées par le gouvernement français, comme « L'Alliance Française », organisent des cours, des réunions, des représentations, des expositions, ou font venir des conférenciers, dans presque toutes les grandes villes des cinq continents. Des organismes internationaux — organismes culturels comme l'UNESCO ou scientifiques — par l'emploi du français à parité avec d'autres langues, contribuent aussi puissamment à sa propagation. Et puis, il faut bien constater que la position politique de la France, dégagée de ses aventures coloniales, se prête à l'acceptation libre et spontanée de sa langue.

De plus, la France envoie chaque année un grand nombre de professeurs à l'étranger. Ceux-ci, 32 000 en ce moment, enseignent dans une centaine de pays, et leur instruction porte sur une grande variété de sujets : les sciences et les mathématiques, les lettres, la philosophie, les arts, la gymnastique, etc. Leur œuvre est véritablement universelle.

Cette œuvre est secondée par la masse de publication française qui est distribuée ou vendue dans les villes, dans les campagnes, dans les centres universitaires. Dans ce domaine, on ne doit pas oublier les travaux effectués par les savants et professeurs étrangers, et il est juste de dire que les recherches et publications américaines sont de toute première valeur.

Enfin, la France invite des milliers de jeunes gens d'Afrique, d'Asie, d'Amérique et de l'Europe même, à venir faire des études dans les universités de Paris ou de province. Très souvent, le gouvernement leur octroie des bourses substantielles et des facilités appréciables.

On ne pourrait tout de même pas, on ne voudrait pas, oublier la grande contribution des troupes théâtrales et des conférenciers qui parcourent le monde, les émissions de radio et de télévision, les participations aux congrès. Elles font partie de la grande œuvre de propagande culturelle de la France.

Voici arrivé le moment où nous devons trouver le sens de la grande leçon que nous donne la civilisation française. De suite, nous nous rendons compte que cette civilisation est l'expression la plus pure, l'essence même, de l'âme des hommes; elle est un humanisme. Toute en nuances et en tons adoucis, elle prêche la tolérance et la fraternité. Que chacun d'entre nous en tire ses propres conclusions.

Certains pays jouissent d'un grand prestige idéologique, d'autres d'un haut niveau de vie. Il y en a qui végètent sans pouvoir se trouver une âme. La France, elle, sans ressentir les maux des nations privilégiées, ni succomber sous le désespoir des déshéritées, chaque jour se crée et poursuit son chemin, sa mission civilisatrice. Elle se garde autant qu'elle le peut d'un excès d'optimisme orgueilleux, mais vise toujours plus haut et toujours plus loin.

Avant-garde de la race humaine, la civilisation française est héritage et avenir. La mission sacrée de la France est donc de conserver cet héritage, de le fortifier, de le revaloriser constamment, pour le transmettre à toutes les générations futures. Elle est ce magnifique outil pour élever sur la « Terre des Hommes » une meilleure « Condition Humaine ».

Extrait de *La France d'aujourd'hui,* NDEA 1966–67,
University of Maine, Orono, Maine.

Vocabulaire utile

faire le point
dresser le bilan
tirer qqch. de qqch.
sans arrière-pensée
sans préjugé
par-dessus tout
ce qui reste à faire...
se mêler
se heurter
faire jaillir qqch.
améliorer
élargir
d'autant plus que...
s'emparer de
Aussi + *l'inversion du verbe*
le point de vue
s'adresser à
quel que soit...
avant tout
un état d'esprit
la bonté
la faille
bienveillant
émerveillé
averti
ce sont là choses que...

éblouissant
éclatant
cela tient à...
il ne suffit pas de...
à ce propos
il convient de
en fait
de nos jours
faillir
mettre en question
s'étendre à
n'en rester pas moins...
un puissant moyen pour
de surcroît
subventionner
constater
se prêter à
porter sur
une bourse
jouir de
le niveau de vie
se garder de
autant qu'on le peut
viser haut
revaloriser

Discussion

Que veut dire « civilisation » ici ?

Quel est le rôle du style et du vocabulaire dans la présentation que fait Chauvigné ?

Comment caractériser le bilan qu'il dresse : abstrait ? concret ? chauvin ? généreux ? politique ? philosophique ? etc. Quels en sont les éléments ?

Faites-vous du français pour découvrir la civilisation française ?

Si oui, y arrivez-vous, que découvrez-vous, quel profit en tirez-vous, etc. ?

Sinon, pourquoi l'étudiez-vous ?

Comparer avec les textes de Kespi et Mounier au chapitre 6.

Que faudrait-il changer à l'enseignement du français à votre avis ?

Combien des observations de Chauvigné peuvent s'appliquer aux Etats-Unis ?

Quelle est la « mission culturelle » des Etats-Unis ? Comment s'y prennent-ils ? Qu'en pensez-vous ?

François Nourissier

Les Français

Certains peuples vivent dans la gloire de ce qu'ils sont : je pense aux Etats-Unis. D'autres dans le labeur et l'exaltation de ce qu'ils construisent : l'Union soviétique d'après 1917 et d'après 1945; la Chine. D'autres encore dans la fièvre désordonnée de la croissance (Brésil) ou d'une récente indépendance (jeunes Etats arabes ou d'Asie). Une nation au moins tente sous nos yeux la réalisation d'une promesse millénaire, accomplit une sorte d'*anti-destin* prodigieux : Israël. Certaines, qui paraissaient piégées par une catastrophe, comme l'Allemagne ou le Japon, ou ensevelies dans la solitude et les souvenirs, comme l'Espagne, ont trouvé, par le travail et l'opportunisme, le secret d'une métamorphose spectaculaire. Les pays de l'Europe orientale eux-mêmes, éternels sacrifiés des oppressions et des traités, absorbés, démembrés, remodelés, se sont livrés de gré ou de force, à travers les aléas d'une idéologie peu à peu révisée, à une espèce d'avenir. La famille des nostalgiques, des prisonniers du passé, nous apparaît dans le monde des années soixante singulièrement restreinte. Nous voyons l'Angleterre s'essouffler à suivre un rythme qui n'est plus le sien, hésiter entre traditions et sacrifices, entre les amertumes que lui soufflent ses vieux conservateurs, le pragmatisme de ses théoriciens travaillistes et l'insolence qu'y cultive, fidèle aux usages britanniques d'excentricité, une jeunesse trop peu nombreuse. Et puis, il y a la France, les Français, encore ensablés dans leur histoire et la mésaventure de leur dégringolade alors même que, peut-être, le corps donne un démenti inespéré à l'esprit, que le pays est sur le point d'échapper à l'enlisement et de reprendre, sur d'autres routes, dans un autre style, sa marche en avant.

Chez nous, les psychologies sont en retard sur la chance offerte. Et surtout le passéisme, avec ce qu'il sécrète de rancœurs, de négligences, a contaminé pendant quarante ans, en France, l'esprit public. Ses témoignages s'étalent encore et son exemple compromet la renaissance possible. Le goût de profiter l'emporte sur celui de construire. A peine la France a-t-elle cessé de souffrir de trop de stagnation qu'elle s'est transformée en société de gourmandise, de possession hâtive. D'immobile et économe qu'elle était, elle s'est faite remuante et dépensière. Elle songe à jouir plus qu'à investir, ce qui est un réflexe de vieillesse, non une preuve de dynamisme.

On peut imaginer qu'il existe dans un pays comme l'URSS une rêverie collective et chaleureuse sur les conquêtes déjà réalisées et celles que prépare l'effort de tous. A mesurer le chemin parcouru en cinquante années, les Soviétiques doivent se sentir payés des sacrifices consentis : en liberté, en vies humaines, en confort. Leur route monte et comment n'en seraient-ils pas enthousiastes ? De même toute la société américaine, bien que nourrie d'une jeune histoire et respectueuse de la moindre trace de celle-ci, reste tournée vers ses lendemains. Qu'il s'agisse de la gratitude des nouveaux immigrants et de leur opiniâtreté à s'américaniser mieux encore, ou du sentiment de responsabilité planétaire qui dicte désormais leur conduite, même aberrante, à leurs dirigeants, les Etats-Unis sont entraînés dans un mouvement naturel d'expansion, d'affirmation de leur suprématie. La coquetterie historique si vive en Nouvelle-Angleterre, dans le Sud et l'Ouest (où sont glorifiés des souvenirs vieux d'à peine un siècle, âge qui ne confère même pas, en Europe, de valeur aux meubles...), est un luxe que s'offre la puissance la plus actuelle et la plus conquérante qui soit.

Au contraire, dans notre échelle, les valeurs-clés restent l'ancienneté, la tradition, les mille sortes de liens qui nous rattachent à hier. Que cette affirmation soit déjà devenue douteuse, que chaque mois qui passe la rende plus discutable, c'est possible. Il n'en reste pas moins vrai que la source encore vive de la mentalité française coule dans le passé. Quand de Gaulle parle de l'Union soviétique, il l'appelle « la Russie », comme si les tsars régnaient encore sous les bulbes du Kremlin; quand il visite Volgograd, il prend soin de nommer la ville Stalingrad; ce n'est point là perversité du langage ni malice politique : c'est sa plus profonde *nature* qui s'exprime. Une nature dans quoi nous nous reconnaissons tous.

Il faut dire que nous avons l'habitude... Que vient-on visiter chez nous, sinon notre passé ? Que vendons-nous, vantons-nous, mettons-nous en état et en valeur, sinon les huit siècles les plus accessibles de notre culture ? Que nous enseigne-t-on à l'école avec dilection ? De quoi nourrissons-nous nos références ? Passé des lieux et des pierres, passé des familles, passé des batailles et des querelles, ce sont là les réserves de notre capital. On intéresse plus les lecteurs de ce temps avec une enquête sur les vrais ducs et les faux qu'avec l'exposé des objectifs du Plan,[1] en dissertant sur « nos quarante mille monuments historiques » qu'en analysant la réforme du baccalauréat....

Parmi les quelques raisons excitantes d'aimer les Français, je voudrais souligner celles-ci, équivoques j'en conviens : ils méritent une égale estime pour avoir inventé la monarchie et l'avoir jetée bas, pour avoir fait le Code

---

[1] **le Plan** Ensemble des projets pour le développement économique et social du pays.

civil et avoir ensuite entretenu autour de leur passion de la loi une anarchie permanente. Entre les deux traditions, la hiérarchique et la libertaire, la souveraine et la révoltée, mon cœur penche, je le confesse, du côté de la lucidité, de l'inquiétude, de la mise en question, des nerfs. Mais s'il est un reproche à adresser à la France telle qu'elle vit, de ses sommets à ses précipices, depuis à peu près un demi-siècle, c'est d'avoir manqué aussi bien de rigueur dans l'ordre que d'imagination dans sa mise en cause. Nous avons su établir, nous avons su contester, nous avons cru œuvrer deux fois dans l'universel. Du XIᵉ au XVIIIᵉ siècle nous avons fourni à l'Occident le modèle de ce prodigieux appareil entre ciel et terre que fut la monarchie absolue, lentement surgie de l'anarchie féodale et de mille périls. Après quoi nous avons partout secoué les édifices dynastiques bâtis à l'image du nôtre, inventé les notions nouvelles de bonheur et de liberté, suscité les révoltes, éveillé les nationalités. Après avoir offert la monarchie à l'Europe comme le plus beau des jeux de construction, nous lui avons offert la Nation comme le rêve le plus sublime. L'Europe des patries, l'Europe des querelles et des charmes, l'énorme réservoir des idées germées à travers le monde, elle s'est faite, entre 1795 et 1871 (considérons les innovations du Traité de Versailles, d'ailleurs wilsoniennes, comme de malheureuses erreurs...), dans la lumière de l'imagination française. Nous avons appris aux rois à être rois, puis aux peuples à se débarrasser des rois. A l'articulation entre ces deux pédagogies, complémentaires et non contradictoires, la France a parfait un certain type d'homme : rapide, insolent, enfiévré de ses conquêtes et de ses lendemains. C'est à lui que devraient se référer nos ambitions d'importance et de fierté. C'est donc dans le passé, après avoir cent fois dénoncé l'ombre excessive qu'il jette souvent sur nous, que nous trouvons pourtant le point où fixer nos rêves. Est-ce paradoxal ? Il est toujours commode de dresser une liste des travaux à accomplir, puis de s'exalter sur le bénéfice que l'on tirera, demain, de l'exécution d'un programme bien respecté... Il est plus important de savoir à quel type d'homme on souhaite confier l'invention de son avenir. Mieux vaut le dessiner par référence au passé qu'en beaux traits virils et fades, style affiches de recrutement... L'ingénieur-missionnaire, l'architecte-père-de-famille me plaisent moins que Figaro...[2] Est-ce un crime ? C'est en tout cas la preuve que j'appartiens, plus que certaines de mes agressions ne le laisseraient supposer, à la familière aventure française.

On peut toujours, bien entendu, prendre les choses autrement. Je ne vais pas manquer, tout comme si j'adressais au peuple français mes vœux de fin d'année ou de début de septennat, de dresser la liste des tâches à accomplir, balançant soigneusement les besognes ingrates et les exaltantes frontières du destin national. Mais quelque chose en moi, un sourire, une

---

[2] **Figaro** Personnage de théâtre spirituel, individualiste, malin. (Souvent considéré par conséquent comme l'incarnation du génie français.)

méfiance, une brève réaction de discuteur, quelque chose en moi préférera toujours la sèche question à l'éloquente réponse, l'oreille dressée à la main sur le cœur. Quelque chose en nous, devant les immeubles à bâtir, les professions à rénover, les cités à sauver, les enfants à éduquer, la stabilité politique à prolonger, quelque chose pense à Figaro. Peut-être est-ce pourquoi il est si difficile d'être Français ?

Extrait des *Français,* Editions Rencontre, 1968.

Vocabulaire utile

la fièvre	le plus (x) qui soit
la croissance	l'échelle
tenter	le lien
piégé	n'en rester pas moins vrai
enseveli	prendre soin de
de gré	mettre en valeur
les années soixante	souligner
s'essouffler	convenir de qqch.
l'amertume	jeter bas qqch.
un démenti	l'inquiétude
en avant	le reproche
le témoignage	mettre en cause qqch.
s'étaler	œuvrer
l'emporter sur	fournir
A peine + *l'inversion du verbe*	un appareil
économe	surgir
remuant	secouer
dépensier	à travers le monde
jouir	se débarrasser de qqch.
une preuve	commode
chaleureux	dresser une liste
enthousiaste	tirer qqch. de qqch.
de même	mieux vaut...
nourrir	dessiner
la moindre trace	prendre les choses
les lendemains	autrement
qu'il s'agisse de... ou de...	tout comme si
l'opiniâtreté	la besogne
entraîner	ingrat
s'offrir un luxe	la méfiance

autant de symptômes d'une maladie psychiatrique collective. Plus modéré, le « Fodor's » ne renonce qu'à nous comprendre : « Les Français, écrit-il, sont trop logiques pour des Anglais, trop compliqués pour des Américains. »

Les visiteurs étrangers n'ont malheureusement pas la possibilité de vérifier de plus près si les Français sont bien comme on les dépeint. Car, toujours si l'on en croit les deux guides, les familles françaises n'ouvrent pas volontiers leurs portes aux étrangers. Moins parce qu'elles n'ont pas le sens de l'hospitalité que parce qu'elles sont mal logées, et ne veulent pas montrer... leurs salles de bains.

L'Express,[2] 1er septembre 1969.

[2] **L'Express**   Hebdomadaire de centre-gauche.

Pierre de Lagarde

Guide des chefs-d'œuvre en péril

La ville du passé n'est pas simplement utile aux créateurs, elle est psychologiquement indispensable aux habitants de nos grandes cités contemporaines.

A la sortie de la guerre, il était de bon ton de considérer que les quartiers anciens constituaient un obstacle au progrès social. Leurs cours humides n'étaient-elles pas des foyers de tuberculose, leurs ouvertures étroites ne privaient-elles pas les occupants de la lumière du jour, leurs ruelles sinueuses ne paralysaient-elles pas la circulation automobile ?

Les immeubles contemporains tout en hauteur avec leurs baies largement ouvertes sans vis-à-vis n'offraient-ils pas la seule solution rationnelle et convenable ? Cette analyse s'est révélée à l'usage plus que tendancieuse. Certes, il serait absurde de nier que certains quartiers anciens sont insalubres, mais c'est le manque d'entretien dont ils ont souffert qui en est responsable. En revanche, très vite, les grands ensembles se sont avérés être eux aussi dangereux. Leur architecture rectiligne et monotone a suscité des déséquilibres psychologiques.

Bien mieux, la rue dont on disait tant de mal puisqu'elle privait les riverains de lumière a révélé son caractère équilibrant et pacifiant. C'est elle qui grâce aux commerces installés au rez-de-chaussée crée une animation indispensable qui permet aux différents habitants de se connaître et qui favorise un véritable esprit de quartier, alors que l'urbanisme contemporain ne fait qu'accentuer l'anonymat des grandes villes.

Aujourd'hui sans mésestimer certains défauts des quartiers anciens, on en voit mieux les qualités. Impropres à la circulation, ils sont de ce fait moins bruyants que les quartiers neufs, moins confortables, ils sont en revanche plus humains.

Mais leur avantage majeur est de rompre heureusement avec la monotonie et le gigantisme dont nous risquons bientôt d'être prisonniers. Dans le cœur des cités de demain dont les dimensions seront hallucinantes puisque certaines, selon les spécialistes, s'étendront sur des centaines de kilomètres,

que d'autres seront dotées d'immeubles-tours capables de contenir chacun près de 30 000 habitants, l'homme sera heureux de découvrir un havre de silence et d'harmonie, un îlot dont l'architecture tranchera heureusement par ses dimensions et sa variété avec les constructions démesurées qui l'entoureront.

Certes, l'état de délabrement dans lequel se trouvent certains vieux quartiers de Paris après un siècle et demi d'abandon exige des travaux longs, minutieux et quelquefois coûteux. Il peut sembler plus simple à l'Administration de tout abattre et plus rentable aux milieux d'affaires de construire à la place des immeubles en hauteur.

Est-on si sûr cependant que cette politique soit justifiée même d'un point de vue strictement économique ? Pour un profit immédiat n'est-on pas justement en train de détruire un capital qui commençait à rapporter des intérêts ?

Le tourisme de masse en effet, qui n'a véritablement démarré, qu'après la dernière guerre, doit prendre dans l'avenir une extension considérable au point de devenir la première industrie nationale.

Or, cette industrie qui fera vivre d'innombrables Français et rapportera au pays la richesse et les devises indispensables ne peut se développer que grâce aux monuments.

Dans cette économie, le rôle de Paris, est-il besoin de le dire, est primordial puisque c'est depuis longtemps la ville la plus visitée de France et le centre d'où l'on rayonne sur la province. Encore faut-il que dans les années prochaines il gagne en intérêt, qu'il y ait de plus en plus de vieux hôtels à visiter, de vieilles rues pittoresques rénovées.

Comme on le voit les raisons esthétiques ne sont donc pas les seules à militer en faveur de la conservation des quartiers anciens : d'autres arguments d'ordre psychologique, social, voire économique peuvent être aussi légitimement avancés.

En fait c'est tout l'homme qui se trouve engagé dans la bataille même si nous n'en avons pas toujours clairement conscience.

Faudra-t-il attendre pour nous en apercevoir que notre vie soit menacée, nos biens dispersés, nos villes rasées ? Faudra-t-il traverser une nouvelle guerre pour découvrir les liens puissants qui nous unissent au Paris historique ?

Extrait de *Guide des chefs-d'œuvre en péril,* Pauvert, 1969.

3
Comment peut-on être Persan ?

Montesquieu

Comment peut-on être Persan ?

Les habitants de Paris sont d'une curiosité qui va jusqu'à l'extravagance. Lorsque j'arrivai, je fus regardé comme si j'avais été envoyé du Ciel : vieillards, hommes, femmes, enfants, tous voulaient me voir. Si je sortais, tout le monde se mettait aux fenêtres; si j'étais aux Tuileries, je voyais aussitôt un cercle se former autour de moi : les femmes mêmes faisaient un arc-en-ciel, nuancé de mille couleurs, qui m'entourait; si j'étais aux spectacles, je trouvais d'abord cent lorgnettes dressées contre ma figure : enfin jamais homme n'a tant été vu que moi. Je souriais quelquefois d'entendre des gens qui n'étaient presque jamais sortis de leur chambre, qui disaient entre eux : « Il faut avouer qu'il a l'air bien persan. » Chose admirable ! je trouvais de mes portraits partout; je me voyais multiplié dans toutes les boutiques, sur toutes les cheminées : tant on craignait de ne m'avoir pas assez vu.

Tant d'honneurs ne laissent pas d'être à charge : je ne me croyais pas un homme si curieux et si rare; et, quoique j'aie très bonne opinion de moi, je ne me serais jamais imaginé que je dusse troubler le repos d'une grande ville où je n'étais point connu. Cela me fit résoudre à quitter l'habit persan et à en endosser un à l'européenne, pour voir s'il resterait dans ma physionomie quelque chose d'admirable. Cet essai me fit connaître ce que je valais réellement : libre de tous les ornements étrangers, je me vis apprécié au plus juste. J'eus sujet de me plaindre de mon tailleur, qui m'avait fait perdre en un instant l'attention et l'estime publique : car j'entrai tout à coup dans un néant affreux. Je demeurais quelquefois une heure dans une compagnie sans qu'on m'eût regardé, et qu'on m'eût mis en occasion d'ouvrir la bouche. Mais, si quelqu'un, par hasard, apprenait à la compagnie que j'étais Persan, j'entendais aussitôt autour de moi un bourdonnement : « Ah ! Ah ! Monsieur est Persan ? c'est une chose bien extraordinaire ! Comment peut-on être Persan ? »

Lettre XXX, *Lettres persanes,* 1721.

François.

PERSES

Vocabulaire utile

être de...	être à charge
aller jusqu'à	se croire qqch.
aussitôt	quelque chose de...
entourer	avoir sujet de...
tant... que...	tout à coup
avouer	le néant
avoir l'air	affreux
tant...	par hasard

Discussion

Sur quel ton parle Rica de son aventure ?

Quelle est son attitude envers les Parisiens ?

A l'intérieur de la lettre comment Rica présente-t-il les renseignements (anecdote, description, analyse, généralité, etc.) ?

Va-t-il du général au particulier ou vice versa ? Quelle en est l'importance ?

Quel est le rôle des expressions de quantité ? des citations ? du visuel et des apparences ?

Quelle est l'attitude de Rica envers lui-même ?

Quel est le sens de *Persan* ?

Comment peut-on être Persan ?

Marcel Proust

Le Questionnaire Proust[1]

Quel est, pour vous, le comble de la misère ?
Où aimeriez-vous vivre ?
Votre idéal de bonheur terrestre ?
Pour quelles fautes avez-vous le plus d'indulgence ?
Quels sont les héros de roman que vous préférez ?
Quel est votre personnage historique favori ?
Vos héroïnes favorites dans la vie réelle ?
Vos héroïnes dans la fiction ?
Votre peintre favori ?
Votre musicien favori ?
Votre qualité préférée chez l'homme ?
Votre qualité préférée chez la femme ?
Votre vertu préférée ?
Votre occupation préférée ?
Qui auriez-vous aimé être ?
Le principal trait de mon caractère ?
Ce que j'apprécie le plus chez mes amis ?
Mon principal défaut ?
Mon rêve de bonheur ?
Quel serait mon plus grand malheur ?
Ce que je voudrais être ?
La couleur que je préfère ?
La fleur que j'aime ?
L'oiseau que je préfère ?
Mes auteurs favoris en prose ?
Mes poètes préférés ?
Mes héros dans la vie réelle ?
Mes héroïnes dans l'histoire ?
Mes noms favoris ?

---

[1] **Questionnaire Proust**   Jeu de société à la fin du XIXe siècle. Proust le consacra en y répondant.

Ce que je déteste par-dessus tout ?

Caractères historiques que je méprise le plus ?

Le fait militaire que j'admire le plus ?

La réforme que j'admire le plus ?

Le don de la nature que je voudrais avoir ?

Comment j'aimerais mourir ?

Etat présent de mon esprit ?

Ma devise ?

Marc Bernard

Le Sociologue

J'avais toujours cru qu'un sociologue se devait d'être barbu, chauve si possible, ou au contraire hirsute, de tenue négligée, genre Karl Marx, comme tout homme qui travaille dans la masse. Or, celui qui est venu me voir, à ma demande, à Sarcelles, n'a guère plus de vingt-cinq ans à vue de nez. Il est extrêmement sympathique, rasé, et il se ronge les ongles. Blond et rose, il a l'air d'un adolescent tant qu'il ne parle pas, car quand il se met à discourir il est éblouissant. On devra me croire sur parole; je suis en effet incapable de répéter ce qu'il m'a dit, et l'on verra pourquoi.

Depuis six mois il poursuit une étude sur la population de Sarcelles et il a tenté de m'expliquer en quoi elle consistait, mais en termes si savants que je n'ai à peu près rien compris, bien que j'y aie mis toute l'attention dont je suis capable.

Ce qui m'a le plus gêné ce sont ses mots. Il en est un surtout qui m'est resté dans l'oreille : distorsion. Pendant tout notre entretien, je me suis demandé ce que cela voulait dire au juste. Je voyais distorsion danser comme une goutte d'eau brillante sur un fil; il disparaissait un instant, je le croyais perdu, mais non, il revenait au détour d'une phrase, brusquement, de sorte que je n'ai plus attendu que lui. Cela m'a beaucoup distrait et fait perdre sans doute l'essentiel de ce que l'on voulait bien m'enseigner.

Quoi qu'il en soit quant au fond, j'ai été ravi de faire la connaissance du spécimen d'une race dont jusque-là je ne connaissais l'existence que par ouï-dire.

Ai-je dit qu'une cité nouvelle est considérée par certains comme un microcosme ? Et même bouillon de culture serait plus juste, sur lequel des hommes se penchent, étudiant les Sarcellois comme ils le feraient pour des bacilles de Koch. Les gens qui vivent dans une cité nouvelle qui sont-ils, que pensent-ils, d'où viennent-ils, que souhaitent-ils ? Des savants font sérieusement ce que je tente d'une manière empirique, en me fiant à ce que je vois, entends et ressens. On voit l'extrême différence qu'il y a entre les deux méthodes, et combien la mienne est inférieure à l'autre. C'est ce qui m'est apparu tandis que je parlais avec ce garçon qui sépare, lui, les faits subjectifs des faits objectifs, comme on met à part l'ivraie et le bon grain.

D'où viennent les distorsions, quel sens peut-on leur attribuer exactement, c'est ce qui m'a échappé, mais j'ai deviné que, à des degrés divers, nous étions tous plus ou moins distordus. Nous, habitants de la cité nouvelle, sommes des hommes et des femmes-serpents.

Le discours de toute façon était remarquable, et il ne fait pas de doute que si je l'eusse compris il m'aurait beaucoup appris. De temps à autre, afin de n'avoir pas l'air d'être trop dépassé, je risquais une objection; mon interlocuteur-conférencier l'écartait de la main comme il aurait fait pour une mouche. Mais rapidement, renonçant à comprendre un langage aussi technique, ce qui m'a passionné c'était moins ce qu'on me disait que celui qui parlait de l'autre côté de la table, près d'un verre de whisky que le sociologue sirotait sans le distordre le moins du monde.

Je le regardais (c'était bien son tour) avec curiosité. Il parlait avec une volubilité étonnante, tête baissée le plus souvent, contemplant ses ongles comme s'il se demandait s'il ne pourrait pas en grignoter encore un petit bout, bien qu'il me parût qu'il ne pouvait guère aller plus avant. C'est alors que se produisit un phénomène si étrange que c'est à peine si j'ose le raconter tellement je crains qu'on ne me croie pas : peu à peu le corps de ce garçon disparut, il ne resta plus que la tête, qui grossissait, prenait toute la place; elle continuait à parler, seule, de plus en plus vite, avec des mots de moins en moins clairs.

Il m'a semblé, confusément, qu'on était occupé à dépouiller une enquête portant sur des centaines de questions posées aux bacilles sarcellois, ce qui demanderait quelques mois. Mais dès maintenant on avait découvert que le résultat était positif. En terme d'analyse médicale positif n'a généralement rien de rassurant, le certain l'est plutôt dans le mauvais sens, mais ici, dans ce cas, c'était bon, malgré nos distorsions. Tout bien considéré, nous aboutissions le sociologue et moi aux mêmes conclusions encore que par des voies bien différentes, c'est ce qu'on voulut bien me dire. L'intuition, le pifomètre reprenaient leurs droits.

Je mis à profit l'instant où ce garçon reprenait son souffle pour faire part d'une crainte que je nourrissais obscurément depuis que j'avais pénétré dans la réalité sarcelloise et découvert tant de bureaucratie dans une ville de vingt-cinq mille habitants. Ma remarque fit sourire, et j'eus droit à un tableau, fort brillamment brossé, ma foi, des perspectives d'avenir, qui me fit comprendre à quel point le monde de demain me demeurait étranger et combien j'appartenais encore profondément à celui d'hier malgré mon séjour à Sarcelles. C'est ainsi que j'appris que ce que j'appelais, un peu péjorativement il faut bien le dire, la bureaucratie, avait dans le langage moderne un nom plus noble, celui de services. Cette prolifération des services bien loin d'être alarmante, allait dans le sens de l'histoire; elle était, me dit-on, la condition même du progrès, sa marque la plus évidente, non pas une rançon, mais la preuve que nous allions de l'avant, comme le montrait l'exemple des U.S.A. De plus en plus, ceux qui produisent les richesses, les marchandises, seraient flanqués d'une foule de gens qui appartiendraient aux services dont le plus important d'entre eux dans une vingtaine d'années serait celui qui s'occuperait des loisirs.

Cette dernière précision n'avait rien qui pût me déplaire, et même, oserai-je l'avouer, elle m'a donné la certitude d'être à la fois un prophète et un pionnier. Enfin ! j'avais une bonne conscience ! Je regardai le sociologue avec reconnaissance et sympathie; je m'enhardis jusqu'à lui dire que dans la préface de « *Vacances* », un titre qui en dit assez long, j'avais souhaité que nous entrions tous pêle-mêle dans l'ère du farniente, où je m'étais engagé à mes risques et périls, en franc-tireur. Puisqu'on exige une littérature d'engagement, ajoutai-je, c'est là le mien. Mais cette profession de foi ne m'a pas paru retenir beaucoup l'attention de mon interlocuteur. Comme lui l'est terriblement il a dû trouver qu'un tel engagement manquait de sérieux. Une fois de plus je m'aperçus que si on ne dit pas les choses avec gravité, et même avec solennité, voire pédanterie, personne ne vous écoute. Aussi ai-je résolu d'y mettre désormais de la componction.

Extrait de *Sarcellopolis,* Flammarion, 1964.

Jacques Ellul

L'Intérêt général prime l'intérêt particulier

Etant donné le nombre croissant d'autos, il va de soi que l'intérêt général veut qu'il y ait de plus en plus de routes. Tracez, percez, goudronnez, abattez les arbres parce qu'ils gênent les bolides. Supprimez la terre arable qui ne sert évidemment à rien et recouvrez-la d'un béton où enfin on pourra rouler à 200 km/h sans danger. Détruisez les maisons qui gênent l'établissement des rocades, autostrades. Jetez dehors les gens qui les habitent, intérêt particulier ! D'ailleurs, à quoi bon des maisons ! Tout le monde circule, tout le monde vit dans son auto. L'idéal, c'est le ruban continu de roulottes se déplaçant sans fin sur un lacis inextricable de routes parcourant un paysage déboisé comportant tout au plus quelques carrés de terre entre les réseaux de chemins.

Etant donné que l'intérêt général, c'est la culture pour tous, toute culture personnelle est un abominable privilège, une inégalité scandaleuse aristocratique, un intérêt particulier. Ouvrez les facultés aux inaptes et aux imbéciles, ils ont droit aux titres universitaires comme les autres. Abaissez les examens et les enseignements jusqu'au niveau du dernier, supprimez tout ce qui risque de différencier l'homme, diffusez la culture par la télévision et *Paris-Match,* il faut que chacun ait cette culture-*là,* et *pas une autre,* sans quoi il pourrait y avoir encore une différenciation. Tout le monde à l'école de la bêtification, qui sera en même temps celle de béatification sociale. Ceux qui prétendraient que la culture est autre chose que ce qui est diffusé là, et que ce que la masse peut en tirer, représentent des intérêts particuliers et ne doivent pas par leur scandaleux égoïsme entraver la marche triomphante du progrès.

Il va de soi que l'intérêt national est aussi l'intérêt général. Et dans une époque de décadence, de dégradation et d'affaiblissement, il faut affirmer bien haut que l'intérêt général suppose la grandeur ! Grandeur de la France; politique de la grandeur. Et l'on se rue en quête de tous les signes et symboles de la grandeur ! Seulement la grandeur, ça coûte cher. Cher en hommes et en argent. Pour la grandeur, il faut augmenter les impôts, ceux de tout le monde. Pour la grandeur il faut diminuer ce qui revient à chacun et l'investir dans quelque chose qui ne servira à personne. Essentiel pour la grandeur ! Si ça servait à l'*uomo qualunque*[1] cela perdrait tout intérêt. Nous sommes actuellement en mesure de satisfaire entièrement cette exigence; les pétards à faire éclater dans le désert, les fusées à envoyer dans l'espace... bien sûr, c'est une grandeur à la mesure de notre petitesse. Mais toute proportion gardée, c'est la même idée de l'intérêt général que celle de l'U.R.S.S. Il était assez admirable de voir il y a deux ans une lettre d'un ouvrier de l'U.R.S.S. faisant cette remarque de bon sens : « Si on dépensait pour les maisons l'argent que l'on gaspille en spoutniks, les camarades seraient mieux logés. » Mais il est bien évident que nous sommes là au niveau du plus médiocre intérêt particulier. Il va de soi que l'intérêt général suppose une production toujours accrue, et plus encore une *productivité* croissante, cela veut dire actuellement : travailler toujours plus ! Les idéalistes qui vous parlent d'une civilisation de loisirs et qui prétendent que nous y entrons déjà n'ont aucune vue de la réalité économique et sociale. La civilisation des loisirs ? Dans un bon siècle, si tout va bien ! Aujourd'hui chacun doit y mettre du sien. Il faut produire. Chacun doit user davantage ses nerfs, son cœur et son cerveau : il faut, il faut produire. Il ne doit plus y avoir d'inutiles, de paresseux et de rentiers : il faut produire. Chacun doit devenir technicien, spécialiste, voué à la croissance de la production. Produire quoi ? Pourquoi faire ? Peu importe. Produire *plus,* voilà qui compte. Car tout l'intérêt général tient à ce *plus.* Plus de gaz que l'on paiera plus cher, plus de maïs que l'on ne pourra pas vendre. Plus d'acier pour fabriquer des armements. Plus de réfrigérateurs et d'autos aux U.S.A., dont personne n'a besoin. Plus de postes de télévision qui abrutiront mieux davantage d'hommes par plus de divertissement. Plus de machines agricoles en U.R.S.S. dont le bon cultivateur soviétique ne verra pas la couleur. Et tout cela qui ne profite pas aux hommes, au prix de plus de travail demandé aux hommes. Ce n'est pas une question de régime politique ou économique : dans l'un comme dans l'autre, on emprunte la même direction. Partout le sublime intérêt général prime les mesquins intérêts particuliers. Et pour finir nous en retiendrons comme image l'excellente formule qui avait cours au Danemark en 1946 : « Produire toujours plus de beurre, exporter encore plus de beurre et ensuite mourir de faim tous ensemble. »

Extrait d'*Exégèse des nouveaux lieux communs,* Calmann-Lévy, 1966.

---

[1] **l'uomo qualunque**   L'homme quelconque, l'homme de la rue.

Ilia X.

Vous n'êtes pas des hommes de gauche

La première chose qui m'a frappé ? Mon premier désir ?... Acheter. Acheter une chemise, bien coupée, belle. Acheter ces fruits offerts partout. Goûter tous ces fromages. Oui, leurs objets sont plus beaux, plus riches, innombrables. Ces milliers de vitrines, les livres, les tissus, les bijoux, les cuirs, les matières. J'étais fasciné, repu, presque saturé. Ebloui par les biens de consommation ! Voilà à quoi sert l'argent. Au luxe. J'ai eu envie de ce luxe, je ne le cache pas. Mais avec une certaine honte, aussitôt. Comme ces fonctionnaires du Parti[1] et du gouvernement qui revenaient de leurs « voyages d'affaires » ou de leurs prétendues conférences en Occident et qui essayaient ensuite de se déculpabiliser en critiquant tout : le culte de l'argent ou le strip-tease. Mais leurs valises étaient bourrées de chemises, de chaussures souples, et ils connaissaient toutes les boîtes... J'en suis donc là ! Nous en sommes tous là : affolés par l'abondance, sensibles à la bimbeloterie.

Mais qu'est-ce qui nous rend fous, qu'est-ce qui nous aliène ainsi, si ce n'est cette notion fausse que le socialisme est lié à la pauvreté, qu'il signifie une interminable pénurie ? Ne vivre ni bien ni mal. Médiocrement... Je n'ai pas honte de mes désirs pourtant humbles, je ne réagis pas comme cet intellectuel français chez qui j'ai déjeuné l'autre jour. Repas formidable, mets recherchés, des vins, tout. Devant cette table surchargée, il me parlait de Cuba. C'est un fervent admirateur de Cuba. « *Là-bas c'est extraordinaire, l'argent n'existe plus, un nouvel état d'esprit est en train de naître ! Et, vous savez, tout le monde mange. Les Cubains reçoivent un kilo de riz par personne et par mois.* » Moi je sais que pour ce kilo de riz il faut faire une heure et demie de queue. Je sais que le gouvernement cubain a dû interdire les queues avant 6 heures du matin. Et puis, presque toute ma vie, j'ai fait la queue pour acheter n'importe quoi — du pain, des pommes de terre. Du riz, aussi. Et lorsqu'on attend des heures debout devant un maigre

[1] **Parti** Le Parti communiste.

étalage de courgettes, si bon communiste soit-on, il arrive un moment où l'on se dit : « *Et puis zut à la fin, ce régime, qu'est-ce qu'il m'apporte ? Qu'est-ce qu'il me donne ?* »

Il faut vivre dans un monde repu et crevant de richesses pour se permettre de condamner la société de consommation. C'est ce que j'ai essayé d'expliquer l'autre jour à mon hôte : en liant la notion de vie nouvelle à celle de la disparition d'une société d'abondance, il fausse tout le problème. La libération de l'homme passe au contraire par l'abondance. Une abondance qui ne serait pas une fin en soi, comme ici en Occident, mais qui permettrait aux hommes de penser enfin à autre chose qu'à leurs problèmes matériels aigus. C'est ce que nous voulions faire en Tchécoslovaquie. Comment leur expliquer cela ?

C'est bien difficile. Les mots nous échappent, dévient, perdent leur sens. Le langage pourtant commun, compris et accepté, ne fait que dresser autour de moi des murs. Je ne traduis pas, je décrypte et je décode, aussi bien que possible mais sans jamais pouvoir combler ce terrible décalage. Un exemple : je racontais à L. de petits souvenirs. J'aime beaucoup L. C'est une femme généreuse, très progressiste, intelligente, professeur de psychologie, bref de la meilleure « gauche française ». Je lui disais qu'en 1957, alors que j'étais encore professeur de lycée, j'allais le samedi et le dimanche décharger des wagons de charbon. Pas par plaisir bien sûr (je ne suis pas un fort des Halles !) mais pour me faire un peu d'argent, me payer un de ces petits luxes qui sont ici le minimum quotidien. Elle était emballée : « *Mais c'est formidable !* » m'a-t-elle dit, admirative, en mettant sa clef de contact. « *Ainsi, vous alliez le travail manuel au travail intellectuel. Voilà ce que nous devrions faire* », puis elle a démarré et nous avons été chez l'épicier acheter du porto pour l'apéritif de 5 heures. Je me suis senti brusquement accablé, je me suis tu. J'ai pensé — sans le lui dire — « *et ils osent nous reprocher notre schématisme ! Le nôtre au moins est officiel et nous en avons une conscience aussi aiguë que douloureuse. Elle, elle ne voit même pas qu'elle vit, elle aussi, sous des formules* ».

Le Nouvel Observateur, 21 octobre 1968.

Vocabulaire utile

des milliers	formidable
être ébloui	un état d'esprit
les biens de consommation	un kilo
le luxe	faire la queue
avoir envie de	n'importe quoi
les affaires	maigre
le culte de	se permettre de
en être là	une fin en soi
être affolé	le décalage
être lié à	accablé

Discussion

Qui n'est pas un homme de gauche selon Ilia X. ?

A son avis, quelle est l'importance du pays d'origine ? du système politique ? du mode de vie ? d'une façon de parler ?

Que signifie pour vous le socialisme ? Et Cuba ? (L'Espagne ? La Grèce ? Le Vietnam ? La Chine populaire ?)

Comment Ilia X. voit-il la société de consommation ? Vivez-vous dans une telle société ? Quels achats avez-vous faits récemment ?

Comment l'auteur utilise-t-il l'exemple de l'intellectuel français et du professeur de psychologie ?

Que signifie *vivre sous des formules* ? Cette expression s'applique-t-elle à d'autres textes de cette collection ?

Pierre Vallières

Nègres blancs d'Amérique

L'auteur de ce livre est un Québécois, un Canadien français, un colonisé, un prolétaire et un baptisé, par conséquent un être extrêmement frustré pour qui la « liberté » n'est pas une question métaphysique mais un problème très concret.

Ma conscience et mon activité (ce que j'appelle parfois ma responsabilité) sont reliées à mes frustrations et à mon besoin de m'en libérer complètement, une fois pour toutes.

Je crois que mon « expérience de la vie » rejoint celle de bien des individus, au Québec et dans d'autres pays, au sein de ma classe et même au sein de classes « supérieures », plus aisées, plus riches économiquement et intellectuellement.

C'est pourquoi j'ai choisi spontanément d'écrire un essai qui soit inséparablement une autobiographie et un effort de réflexion, de mise au point, sur des actions déjà posées et sur d'autres à poser, sur des actions qui vous concernent tout autant que moi.

Je ne possède ni diplôme ni médaille. Ma seule fierté, je la dois à la police américaine qui, à la demande de la police canadienne, m'a arrêté et qui, de cette façon, m'a en quelque sorte forcé — en même temps que mon camarade et ami Charles Gagnon — à témoigner publiquement de la détermination non seulement d'un petit noyau d'individus mais de l'immense classe des opprimés (paysans, ouvriers, étudiants, jeunes, intellectuels, cols blancs, et jusqu'aux savants, aux chercheurs asservis aux intérêts du grand capital) de se libérer définitivement de la dictature des « requins de la haute finance » sur leurs activités humaines.

Extrait de la préface.

Etre un « nègre », ce n'est pas être un homme en Amérique, mais être l'esclave de quelqu'un. Pour le riche Blanc de l'Amérique yankee, le

88

« nègre » est un sous-homme. Même les pauvres Blancs considèrent le « nègre » comme inférieur à eux. Ils disent : « travailler dur comme un nègre », « sentir mauvais comme un nègre », « être dangereux comme un nègre », « être ignorant comme un nègre »... Très souvent, ils ne se doutent même pas qu'ils sont, eux aussi, des nègres, des esclaves, des « nègres blancs ». Le racisme blanc leur cache la réalité, en leur donnant l'occasion de mépriser un inférieur, de l'écraser mentalement, ou de le prendre en pitié. Mais les pauvres blancs qui méprisent ainsi le Noir sont doublement nègres, car ils sont victimes d'une aliénation de plus, le racisme, qui, loin de les libérer, les emprisonne dans un filet de haines ou les paralyse dans la peur d'avoir un jour, à affronter le Noir dans une guerre civile.

Au Québec, les Canadiens français ne connaissent pas ce racisme irrationnel qui a causé tant de tort aux travailleurs blancs et aux travailleurs noirs des Etats-Unis. Ils n'ont aucun mérite à cela, puisqu'il n'y a pas, au Québec, de « problème noir ». La lutte de libération entreprise par les Noirs américains n'en suscite pas moins un intérêt croissant parmi la population canadienne-française, car les travailleurs du Québec ont conscience de leur condition de nègres, d'exploités, de citoyens de seconde classe. Ne sont-ils pas, depuis l'établissement de la Nouvelle-France, au XVIIe siècle, les valets des impérialistes, les « nègres blancs d'Amérique » ? N'ont-ils pas, tout comme les Noirs américains, été importés pour servir de main-d'œuvre à bon marché dans le Nouveau Monde ? Ce qui les différencie : uniquement la couleur de la peau et le continent d'origine. Après trois siècles, leur condition est demeurée la même. Ils constituent toujours un réservoir de main-d'œuvre à bon marché que les détenteurs de capitaux ont toute liberté de faire travailler ou de réduire au chômage, au gré de leurs intérêts financiers, qu'ils ont toute liberté de mal payer, de maltraiter et de fouler aux pieds, qu'ils ont toute liberté, selon la loi, de faire matraquer par la police et emprisonner par les juges « dans l'intérêt public », quand leurs profits semblent en danger.

Extrait de *Nègres blancs d'Amérique,* Parti Pris, 1969.

4
Hommes et femmes

Jacques Ellul

La Femme trouve sa liberté (sa dignité) dans le travail

Le jour se lève. Il fait doux au lit. Mais on n'a pas le temps de s'en apercevoir. Mon homme va partir. Il faut allumer le feu, allumer le feu, le café... allons, un peu de lumière... et c'est une nouvelle journée qui commence; une sur dix mille, la soupe, les gosses, le linge, le ménage; et l'on recommencera demain. Le feu, le café, le ménage et la soupe, les gosses et le mari. Univers borné, entrecoupé de quelques éclaircies de joie ou de colère. Mais où donc serait l'initiative et l'expansion ? Il n'y a point de temps. Il n'y a point de nouveauté. La nouveauté vient de l'extérieur comme l'aigle. Malheureuse comparaison, aujourd'hui c'est comme une rocket. La nouveauté, c'est le chômage, la guerre, qui ont gracieusement remplacé la peste et la famine. Peut-être le dimanche, la messe. Mais on n'y va plus beaucoup. Et cependant cela donnait un certain sens, une certaine teinte, une certaine orientation à toute la semaine.

Allons, madame, allons, il faut vous libérer. Il faut secouer cette apathie, ce néant quotidien qui n'a pas de sens. Car enfin, préparer la nourriture de son mari et de ses enfants, cela n'a pas de valeur. Même si cette simple cuisine reflète une très haute civilisation. Besogne d'esclave que de servir quelqu'un; votre dos courbé devant l'âtre est un dos servile, et nous voulons que vous soyez une Personne. Redressez votre dos. Ne soufflez plus le feu; tant pis, tant pis, la flamme claire ne sera pas là chaque matin un signe de vie et de résurrection. Mais qui donc se soucie bien de signes ? Et la maison sera peut-être poussiéreuse, ne sera plus animée par rien, n'aura plus de cœur vivant, mais vous entrerez dans le grand monde extérieur. Vous allez être en contact avec les variations politiques et la haute culture, avec les Evénements et l'Histoire. Vous devenez enfin un personnage du drame. Voici que des millénaires durant vous êtes restée attachée à des besognes inférieures, emprisonnée dans l'égoïste milieu familial, étroit, borné vous avez été absente de la Vie, et maintenant nous ouvrons enfin les barrières, nous détachons les chaînes. Vous voici femme, plongée dans le courant de la liberté qui est Action. .

Nous ne sommes certes pas de stupides idéalistes, nous, et nous savons très bien qu'il n'y a pas de liberté sans argent. Où va donc vous conduire votre premier pas, femme enfin libérée ? Mais au travail, voyons. Seulement, notez-le bien, gardez-le bien dans votre cœur, redites-vous-le tous les jours de votre vie, c'est un travail *libre,* c'est un travail qui vous donne de l'argent, votre argent. « Ouf ! Nous avons dû pendant des années recevoir notre malheureux argent d'un mari qui grognait, qui fronçait les sourcils. Quelle horrible dépendance ! Et maintenant, nous l'avons, cet argent, bien à nous ! » Mais de *Qui* le recevez-vous ?

Ne nous méprenons pas ! Ce n'est pas à la femme qui travaille que je m'attaque. C'est au lieu commun. La femme d'ouvrier ou d'employé contrainte au travail parce que l'on ne peut pas vivre avec un seul salaire, la femme soviétique contrainte au travail par un régime où le travail est dieu, elle est victime, elle est soumise à une fatalité, elle est dans l'ordre de la nécessité qui lui fait ployer les reins, et je me garderais d'ajouter à sa peine. Mais j'en veux, j'en veux mortellement et avec colère aux menteurs qui viennent falsifier sa condition en déployant dans de savants articles, sociologiques, psychologiques, psychanalytiques, éthiques, métaphysiques, théologiques, que cela est un bien; qu'il ne s'agit pas d'une contrainte, mais d'une liberté; qu'il ne s'agit pas d'une peine, mais d'un accomplissement !

J'en veux à celles qui déclarent que l'image de la femme centre de la maison, éleveuse des futurs hommes et créatrice du foyer n'est qu'un mythe, expression d'une société et d'un temps localisés. Qu'est-ce qui est plus important ? Former des enfants et leur créer une vie véritable ou percer des trous dans les tickets de métro ?

J'en veux à celles qui font passer la vessie pour une lanterne en confondant ce qui est avec ce qui devrait être et proclament l'excellence du travail féminin en indiquant, bien sûr, qu'il faut « aménager le temps de travail », « donner une qualification spécifique à la femme », etc., toutes choses dont on sait qu'il est impossible de les appliquer.

En U.R.S.S., une majorité de femmes sont manœuvres et cantonniers.

J'en veux à la sottise proclamant que c'est en travaillant chacun à un travail productif que l'homme et la femme se complètent et s'épaulent, au nom du lieu commun que c'est ce travail-là qui assure la dignité !

J'en veux à ces intellectuels qui mélangent l'expérience de la bourgeoise désœuvrée avec celle de la femme réduite au travail. Que la bourgeoise désœuvrée se livre à quelque travail et par là sorte relativement de son néant, soit. Mais cela n'a rien à faire avec l'expérience commune, celle, aussi bien, de la vieille fille qui doit gagner sa vie : on n'a pas le droit de lui dire que c'est beaucoup mieux, beaucoup plus accomplissant et enrichissant que le mariage. Et cela d'autant plus que les jongleurs de notre lieu commun n'accumulent leurs savantes études que pour, en définitive, justifier la société comme elle est, pour y adapter la femme, après y avoir absorbé l'homme, et que la femme soit bien contente. On a coupé la tête. Mais on y a mis le papier de soie.[1]

· · ·

Humeur massacrante de mon mari; quand il rentrait, c'est vrai qu'il était toujours énervé, je me plaignais et ne comprenais pas. Maintenant, nous nous rencontrons à la porte de notre maison, venant chacun de notre travail, chacun exaspéré, chacun tendu, et nous sommes deux à être de mauvaise humeur, deux qui auraient besoin d'un lieu accueillant, d'une détente, d'une affection souriante quand on arrive, deux qui se rencontrent avec la même exigence et le même besoin. Mais personne pour y répondre, pour apaiser notre rancœur; et nous ne pouvons plus que nous heurter, devant les visages fermés de nos enfants. Visages dont je ne connais plus les ex-pressions. Car je ne les vois qu'ensommeillés le matin et fatigués le soir, visages qui se pétrissent dans d'autres mains que les miennes, qui reçoivent d'autres affections que la mienne, visages chaque jour plus étrangers, qui m'ignorent et que j'ignore. Vive la liberté, madame !

La liberté du néant.

Extrait d'*Exégèse des nouveaux lieux communs,*
Calmann-Lévy, 1966.

---

[1] **on y a mis le papier de soie** Avoir caché une action abominable sous un extérieur agréable.

Catherine Valabrègue

La Condition masculine

Bien des hommes n'ont pas encore pleinement pris conscience de l'aspect bénéfique du travail de la femme. Si, par contre, elle reste à la maison uniquement pour répondre aux exigences de son époux, et le cas n'est pas rare, ou si elle travaille sans son approbation, les enfants et le mari risquent de souffrir de son insatisfaction. En définitive, si l'homme facilite l'épanouissement de sa femme sur tous les plans, il contribue à établir une meilleure harmonie au sein de la famille.

Des raisons affectives empêchent parfois les hommes d'envisager sereinement que leur femme travaille. De nombreux maris croient sincèrement que l'entente est meilleure dans le couple quand la femme reste au foyer. « Au début du mariage, nous disait l'un d'eux, il vaut mieux que la femme soit à la maison, pour être plus disponible, pour attendre son mari le soir. On se connaît mieux. » Il est vrai que si les époux travaillent dans des milieux très différents, leurs intérêts divergent, mais on peut toujours espérer que ce soit une source d'enrichissement mutuel et non pas de conflit. A vrai dire, les maris craignent souvent que leur femme « ne cède à des tentations », « risque d'avoir des aventures » ou « ne prenne un goût excessif d'indépendance ». Un questionnaire pratiqué chez des ouvriers montre qu'ils préfèrent que leur femme travaille dans un milieu féminin. Lors d'une interview, mon interlocuteur exprimait ses craintes : « Le travail donne plus d'indépendance à la femme et je n'aime pas tellement ça. » Un autre avouait qu'il avait pris soin de choisir une épouse plus jeune que lui, dans l'espoir « d'imposer plus facilement ses volontés ».

Les hommes qui conservent le besoin profond de préserver intacte l'image de la femme au foyer, devraient alors valoriser les travaux ménagers, mais ils ont plutôt tendance à trouver « normal » que leur maison soit parfaitement tenue. A part quelques compliments, s'ils sont gourmands, à l'occasion d'un mets particulièrement réussi, ils attachent plus de prix à leur propre travail, qu'il soit intéressant ou non, qu'à celui de leur femme si elle reste au foyer et ils déclarent volontiers « qu'ils ont mieux à faire que de s'occuper des tâches domestiques ». Une femme de ménage nous disait : « Je préfère m'occuper de la maison de mes patrons plutôt que de la mienne, parce que les patronnes remarquent si j'ai bien ou mal fait le travail et me font parfois des compliments, tandis qu'un mari ne vous dit jamais rien, tout lui est dû. »

Lorsqu'un ouvrier déclare être opposé au travail professionnel de sa femme, parce que « le travail c'est fatigant, ce n'est pas fait pour les femmes », ou qu'un ingénieur trouve préférable que la femme reste au foyer, « cela représente moins de fatigue pour chacun, ce n'est pas la peine que tous les deux se crèvent à travailler », ils oublient que la ménagère peut être menacée de surmenage. Il allait de soi que le travail ménager n'était jamais au-dessus des forces d'une femme normalement constituée, lorsqu'on s'est avisé qu'il était peut-être un peu léger de qualifier « d'inactive » la femme dont le travail s'étale sur environ quatorze heures par jour, parfois sept jours sur sept, sans être assurée d'un congé annuel. Le travail des femmes au foyer dépasse en durée le total du travail de la population et représente à lui seul quarante-six milliards d'heures, contre quarante-deux milliards pour le travail de la population active masculine et féminine.

A travail égal, celui de l'homme est toujours pris d'abord en considération. Il est rare de voir l'homme accepter que sa femme suive des cours du soir, alors qu'il trouvera normal de s'y inscrire lui-même. De même un homme aurait scrupule à ne pas se rendre à son travail sous un prétexte insuffisant, mais un syndicaliste ouvrier convenait qu'il ne dissuadait jamais sa femme de manquer à l'usine, même si la raison qu'elle allait donner pour justifier son absence n'était pas très valable. En donnant systématiquement priorité au travail de l'homme, étant sous-entendu que la femme pourrait ne pas travailler et que son salaire n'est que complémentaire, on en arrive parfois à des solutions défavorables à la société. Ainsi dans un couple où la femme est institutrice et le mari travaille en usine, s'il arrive qu'un enfant malade ait besoin de la présence d'un de ses parents, l'homme se rend à l'usine et la femme laisse en panne une classe de quarante élèves.

Le désir de prédominance économique du mari est un autre bastion de résistance de l'homme traditionnel au travail professionnel de la femme. D'une part il craint de perdre son prestige et se sent déchoir s'il ne peut satisfaire aux exigences matérielles de sa femme : « l'homme doit faire bouillir la marmite »; d'autre part, il craint que la concurrence féminine n'accentue les risques de chômage. Pour ces deux raisons, si la femme manifeste quelque désir d'ouverture sur le monde extérieur, le mari préfère souvent l'encourager à travailler bénévolement dans quelque œuvre de sa paroisse ou une association culturelle. Beaucoup de femmes font ainsi l'équivalent d'un travail à mi-temps non rémunéré. Le mari n'est pas inquiet. Tant que sa femme n'a pas un travail reconnu économiquement valable par la société, elle n'est pas placée sur un plan concurrentiel.

Si l'épouse gagne sa vie, le système qui donnait pleins pouvoirs au mari est ébranlé et si elle gagne plus que lui, l'homme se sent humilié; il a l'impression de « perdre la face ». « L'homme n'épouse pas une femme supérieure, parce qu'il se veut viril », me disait un employé de bureau. Comme je lui demandais de préciser ce qu'il entendait par viril, il répondit : « c'est se vouloir toujours le plus fort devant une femme »; il entendait par là, avoir une situation plus valorisée par la société, que celle de l'épouse.

Parmi les hommes interrogés la plupart d'entre eux reconnaissent qu'ils n'aimeraient pas être celui des deux qui gagnerait le moins dans le couple. Certains proposent que la femme consente toujours à un salaire moindre que l'homme « pour ne pas lui flanquer la trouille », d'autres prônent la non-distinction entre salaires masculins et féminins « pour que les hommes ne se sentent plus en compétition »; mon interlocuteur évoquait le cas d'une femme embauchée de préférence à un homme, parce qu'elle n'exigeait pas un salaire aussi élevé que lui. D'autres encore remarquent que c'est la femme qui préfère un mari « haut placé ». Une femme me confirmait ce point de vue selon lequel « ce n'est pas l'homme qui hésite à épouser une femme supérieure à lui — entendez capable de gagner plus d'argent qu'elle — c'est la femme qui, par orgueil, ne veut pas d'un mari inférieur ». Ayant toujours entendu dire « c'est un bon salaire *pour une femme* », elle finit par être persuadée que l'homme lui est supérieur.

Nous touchons là un problème qui fait stagner les rapports entre hommes et femmes dans une voie traditionnelle. En effet, la femme, inconsciemment perturbée de ne plus répondre à l'image que l'homme a de la féminité, se culpabilise, lorsqu'elle croit usurper un rôle masculin et préfère parfois s'effacer, quitte à le regretter. Les hommes étant peu conscients de ce malaise, ne peuvent aider leur compagne à le surmonter et maintiennent des rapports basés sur la notion de supériorité et d'infériorité.

Nous avons rencontré en milieu ouvrier des cas où la femme gagne plus que le mari. Les rôles traditionnels se sont trouvés renversés. Dans un cas la femme était franchement gênée de gagner davantage que son mari, dans l'autre, elle était surtout gênée que son mari le soit.

Mme D. est mécanographe. Son mari travaille dans une autre usine qu'elle sur les machines. Il a un salaire moindre que le sien. Elle me confie les difficultés créées par cette situation dans son ménage : « Il ne travaille que quatre jours par semaine, depuis qu'on a réduit la semaine à quarante heures dans son usine. Pour moi c'est l'homme qui devrait gagner davantage. Il se sent gêné. Il sent bien qu'il ne ramène pas une paye de chef de famille. Je ne lui reproche rien, mais ça m'embête un peu. Il a fini sa semaine le jeudi, moi le vendredi, ça lui fait mal au cœur de rentrer à la maison. Le vendredi, il fait la lessive, le ménage, il s'occupe des enfants, ça ne l'ennuie pas. »

Mme C. est soudeuse P 3,[1] son mari est maçon : « J'ai l'impression, dit-elle, qu'il a un complexe. Moi je voudrais lui faire comprendre qu'il rapporte autant, puisqu'il gère la bourse, fait les achats, envoie l'argent du loyer ou des traites à payer. »

[1] **P 3**   Ouvrière qualifiée.

Apparemment, les maris estimaient être en état d'infériorité. Dans les deux cas, l'homme associait puissance donnée par l'argent et virilité. Or il faut avoir acquis une grande maturité pour dissocier ces deux valeurs. Une ouvrière que j'interviewais le fit tout naturellement. C'est fort rare. Elle me dit : « Dès qu'il y en a un qui gagne plus, il est considéré comme supérieur. C'est à voir. » Habituellement, seul l'homme très sûr intérieurement de sa virilité, accepte sans problème une situation dans laquelle il lui faut reconnaître et apprécier chez sa femme des qualités considérées traditionnellement comme masculines. Chez des conjoints, inconsciemment attachés à l'image de la prépondérance de l'homme, le succès professionnel de la femme les perturbe parfois si profondément que leurs relations sexuelles en viennent à être altérées.

Extrait de *La Condition masculine,* Payot, 1968.

Vocabulaire utile

prendre conscience de
par contre
une exigence
risquer de
l'épanouissement
au sein de
affectif
envisager
disponible
un interlocuteur
prendre soin de
la femme au foyer
à part qqch.
à l'occasion de
volontiers
s'occuper de
le ménage
ce n'est pas la peine (*langue parlée*)
être menacé de
il va de soi que
s'étaler sur
la durée
les cours du soir
se rendre à
sous un prétexte
valable

sous-entendu
une usine
en panne
la concurrence
le chômage
une ouverture sur
un travail à mi-temps
inquiet
entendre qqch. par qqch.
se vouloir qqch.
embaucher qqn.
une voie
répondre à
s'effacer
quitte à
renverser les rôles
être gêné
moindre
confier
reprocher qqch. à qqn.
ça m'embête (*familier*)
autant
apparemment
être considéré comme
en venir à

Discussion

« L'aspect bénéfique du travail de la femme. »

Quel genre de travail serait bénéfique, selon vous ?

Avec quelle préparation ? Est-ce que les filles doivent faires les mêmes études que les garçons ?

La femme au foyer. « On se connaît mieux. »

Si elle quitte le foyer pour aller travailler, comment faire avec les enfants ? Comment faisait votre mère ?

Avait-elle raison ? Les intérêts divergents entre mari et femme, n'est-ce pas un problème ?

Le « goût des aventures » (amoureuses et sexuelles), est-il la rançon de la femme libérée ? Est-ce que la pilule n'entraîne pas la promiscuité ?

Comment résoudre le problème du travail ménager ?

La prédominance économique de la femme pose-t-elle des problèmes ?

Est-ce que le travail bénévole se fait beaucoup parmi les femmes aux Etats-Unis ?

Y a-t-il des métiers réservés aux femmes ? Pourquoi ?

L'homme a-t-il peur de perdre la face ?

Qu'est-ce que la virilité ? la féminité ?

Est-ce que les Américaines sont « culpabilisées »? Est-ce que les hommes sont « inconscients »?

Quel genre de femme souhaitent les garçons d'aujourd'hui ?

A quoi aspirent les jeunes Américaines ?

Evelyne Sullerot

Un Faux Matriarcat

En ce qui concerne la femme blanche américaine, films, bandes dessinées, etc., ont répandu des stéréotypes sur les exigences des épouses américaines, les puissantes associations féminines réduisant les hommes à de pâles exécutants sans parler des rapports conjugaux, de l'intimité des foyers dans lesquels il est très difficile à un observateur extérieur de pénétrer. Les maris américains sont certes plus complaisants dans la vie de tous les jours que les maris latins, ils font volontiers la vaisselle et s'occupent des enfants avec gentillesse.

Ici encore on a parlé du matriarcat américain. Le nombre des femmes américaines qui occupent des fonctions de pouvoir est infime, et presque négligeable, non pas parce que les femmes américaines ne s'intéressent pas à la politique. Elles votent un peu moins que les hommes. (De toute manière, aux Etats-Unis, le pourcentage d'abstentionnistes est élevé et, finalement, il n'y a pas la moitié des électeurs qui votent.) Les femmes n'apparaissent pas dans cette quantité comme étant particulièrement passives et abstentionnistes. Mais leurs associations sont une réplique aux clubs masculins (interdits aux femmes), groupements de toute sorte qui viennent s'ajouter à cette espèce de franc-maçonnerie masculine de travail et qui absorbent énormément les maris américains (presque plus que le bistrot et les cartes pour les maris français); les femmes alors déjeunent elles aussi entre femmes, adhèrent de ce fait à quelque chose de féminin qui travaillera pour la communauté.

Les associations féminines sont peu à peu considérées comme des groupes de pression. Et pourtant, sur 100 membres du Sénat, seules 2 femmes ont été élues (il n'y en a jamais eu davantage). Il y a 11 représentantes sur 435 à la Chambre des représentants. Or, dans la population américaine, les femmes représentent un excédent de 3 750 000 sur les hommes, il n'y a pas une seule femme à la Cour suprême, pas une seule dans les cours d'appel. Chez les juges de district, il y en a 2 au milieu de 307 hommes. On n'a jamais connu que deux femmes qui, à l'échelon du cabinet, aient participé au gouvernement fédéral, et, dans les administrations du pays, le nombre des administrateurs, qui croît régulièrement,

conserve toujours le même pourcentage de représentation féminine : 2,4 %.
Dans les législatures des Etats, au niveau local, on compte 234 femmes
pour 7 700 hommes, même pas 3 %, et elles sont confinées dans ce qu'on
appelle les domaines féminins : l'école, la santé, les affaires sociales et les
bibliothèques... Quant à l'argent, il est certain que les hommes d'affaires
américains s'épuisent à en gagner et meurent prématurément de maladies
cardiaques; cela crée cette espèce de classe de veuves opulentes qui seules
pourraient donner l'impression de matriarcat, mais il y a aussi toutes les
autres, celles qui finissent leur vie sans aucune ressource, et à ce jour trois
millions de femmes sont bénéficiaires aux Etats-Unis d'une pension de
vieillesse, parce qu'elles n'ont pas d'autre moyen pour vivre. La veuve n'a
droit qu'à 82 % de la pension que toucherait le veuf et le Federal System
of Old Age donne 76 dollars à un vieux travailleur mais 66 dollars par
mois à une femme.

Le monde du travail multiplie d'ailleurs ces inégalités. De plus, les
femmes travaillent en toujours plus grand nombre. Entre 1947 et 1965, leur
nombre s'est accru de 53 % alors que la main-d'œuvre masculine n'a connu
qu'un accroissement de 12 %. Ce sont, en majorité, des femmes mariées,
ce qui corrige d'ailleurs l'idée du mari qui s'exténuerait pour une femme
oisive et exigeante. Elles sont relativement âgées et moins bien payées que
les hommes, qu'elles soient blanches ou noires. Le revenu moyen annuel du
travailleur noir est en effet supérieur au revenu moyen annuel de la tra-
vailleuse blanche. Cependant la femme blanche est en moyenne plus
instruite que l'homme noir.

Les travailleuses américaines sont des travailleuses tardives : cela est
dû à des raisons démographiques. En 1900, un bébé fille américain avait
devant elle une espérance de vie de quarante-huit ans, elle a maintenant
une espérance de vie de soixante-quinze ans. Plus de la moitié des Américaines d'aujourd'hui se marient à vingt ans et ont leur dernier enfant à
vingt-six ans. Lorsque celui-ci va en classe, la mère a encore quarante années de vie devant elle, alors que l'enfant est à la grande école. La travail-
leuse de 1920 aux Etats-Unis était une célibataire de vingt-sept ans en
moyenne. Celle de 1966 est une femme mariée de quarante-deux ans. Une
des raisons qui poussent les femmes à travailler, c'est l'augmentation du
budget familial, surtout en ce qui concerne le poste « frais d'éducation ». Ni
les écoles ni les collèges ne sont gratuits aux Etats-Unis, ils coûtent de plus
en plus cher; et le poste santé (médecins et dentistes sont très coûteux) a
contraint bien des ménages, ces dernières années, à recourir au double
salaire. La plupart des travaux peu rémunérés sont à majorité féminine. La
loi « à travail égal, salaire égal » n'a été votée que par 25 Etats sur 50 et
est même, dans certains de ces Etats, loin d'être appliquée.

Des femmes remarquables luttant contre l'abolition des discriminations
n'ont tout de même pas encore réussi, peut-être à cause de l'apathie des

travailleuses : 3 500 000 sont syndiquées, soit une seulement pour dix travailleuses. Les Américaines n'aiment pas revendiquer. Aussi l'écart entre le revenu moyen des travailleuses à temps complet et celui du travailleur masculin à temps complet ne cesse de s'accroître : il était de 1 000 dollars par an en 1954 et de plus de 2 000 dollars en 1964. L'instruction des femmes est tout à fait satisfaisante, sauf exception de certains diplômes tels que « Liberal Arts » (Arts libéraux), qui ne mène pas à grand-chose du point de vue professionnel, ou encore de l'enseignement ménager (Home Economics). Elles occupent une place prépondérante dans l'enseignement qui, d'ailleurs, est une profession remarquablement mal payée comparativement aux autres professions. Dans les professions les plus rentables : médecins, avocats, businessmen, on ne les trouve pour ainsi dire pas. Si je peux oser une comparaison, en U.R.S.S. 80 % des médecins sont des femmes, en France environ 15 %, aux Etats-Unis environ 2 %. Parmi les avocats, en France 17 à 20 % d'avocats sont des femmes, aux Etats-Unis 3 %. Il est certain que dans les professions à gros revenus ou les positions de pouvoir les femmes américaines sont rarissimes, bien qu'extrêmement nombreuses, et elles forment une population bien armée, consciencieuse, active dans les professions moyennes. Beaucoup sont secrétaires, professeurs, institutrices, etc. En somme, elles sont extrêmement modestes et assez loin de l'image que nous nous faisons de la puissance matriarcale des femmes américaines.

La vie quotidienne de la femme américaine au foyer le démontre bien. Le matin, le mari part, en général de très bonne heure à cause de la longueur des trajets, sa femme le conduit en voiture jusqu'à la gare de banlieue, où il prend un train (ce qui lui évite de s'embarrasser de sa voiture qu'il ne saurait où garer), et elle revient près des enfants. Le mari, à midi, mangera avec ses camarades de travail, ou ira déjeuner à un des nombreux clubs d'hommes. Le soir, à une heure précise, les maris rentreront. La femme américaine, si son mari arrive en retard, sera très inquiète, bien qu'elle trouve parfaitement normal que son mari ne rentre pas déjeuner, ce qui interromprait sa journée de femme, car très souvent elle déjeune avec des amies et souvent dans des clubs féminins. Après les repas en famille, il arrive souvent que les femmes et les hommes se séparent, influence anglo-saxonne sans doute.

Les femmes finissent par vivre tout à fait entre elles dans des banlieues où restent quelques hommes : les professeurs et instituteurs, le maître nageur de la piscine, les jardiniers qui ratissent les pelouses, l'épicier, celui qui tient le supermarket et le policeman. Cette petite société masculine reste avec les femmes, mais la grande société masculine, celle qui fait les affaires et qui décide de tout, est pour ainsi dire absente de la vie de ces femmes. Il est rare qu'elles aillent en ville. Quand une femme a des enfants, elle reste en général dans sa banlieue, car il lui est difficile de faire garder ses enfants régulièrement. Chaque femme s'arrange à garder un jour par semaine les enfants des voisins. Cela est rendu nécessaire par l'absence d'écoles maternelles. Chose inconnue en Europe où 75 à 90 % des enfants de moins de six ans sont confiés aux écoles maternelles. Aux Etats-Unis, il n'y a que certains jardins d'enfants payants et fort chers qui ne se chargent des enfants que pour une durée de trois heures (voire deux heures dans certains Etats). La majorité des mères ont leurs jeunes enfants toute la journée avec elles, de façon très contraignante; dans certains Etats, des lois punissent d'amende ou de prison une mère qui laisserait son enfant seul. Si par exemple un feu de cheminée se déclarait et que l'enfant soit seul, la mère serait punie.

La tâche d'élever des petits enfants et de veiller sur eux incombe donc totalement aux femmes. Le temps qu'elles gagnent par leurs innombrables gadgets électroniques, électriques et autres (évalué à peu près une demi-heure par jour par rapport à l'emploi du temps d'une ménagère française) est bien peu, surtout si l'on ajoute que toute la nourriture est déjà conditionnée. En fin de compte, la mère de famille américaine restant à la maison et ayant de jeunes enfants n'a pas beaucoup plus de temps qu'une mère française. Par contre, à partir du moment où ses enfants vont en classe, sa vie va changer. Elle va le plus souvent reprendre une action lucrative; l'éducation continue (« continuing education ») va l'y aider. Il y a trois ans, dans le Minnesota, s'est ouverte la première université pour femmes ayant élevé leurs enfants et désirant reprendre leurs études. Le succès a été énorme. A l'heure actuelle, une vingtaine d'universités donnent des cours et sont submergées de demandes.

J'ai assisté, par exemple, aux consultations de l'université de Pennsylvanie, à Philadelphie, qui prévoyait deux cents femmes et qui a vu arriver neuf cents à douze cents candidates. Les consultations sont très intéressantes, la femme qui vient s'inscrire ne sait généralement pas ce qu'elle veut faire, sa principale motivation est qu'elle s'ennuie et qu'elle trouve sa vie mal remplie. Elle recherche quelque chose qui lui redonne un intérêt, pas toujours des études menant à un emploi, une minorité seulement demande à être préparée à un « job », la majorité entreprend des études en « liberal arts » (« arts libéraux ») et qui sont en somme des études de culture générale.

Celles qui préparent ou reprennent des études interrompues, sérieuses, menant à des diplômes pouvant les conduire à une activité professionnelle, sont souvent handicapées par la mobilité géographique des ménages américains. Le mari, pour son avancement professionnel, est souvent déplacé et toute la famille déménage.

On déménage, aux Etats-Unis, à un rythme affolant pour des gens aussi sédentaires que le sont les Européens; la femme suit, se réinstalle dans une autre communauté, ses études sont interrompues car elle ne trouvera pas toujours des institutions ou programmes équivalents. Les femmes américaines au foyer pratiquent beaucoup le travail volontaire, ou travail bénévole, qui est un travail social. La masse énorme des activités bénévoles entreprises et menées à bien par les femmes américaines est impressionnante.

En tant qu'Européenne, on est parfois choquée en voyant que ce travail bénévole se résume à faire ce que dans notre pays l'Etat prend en charge, comme, par exemple, les garderies d'enfants, s'occuper des économiquement faibles, etc., services sociaux qui, dans la plupart des pays européens, sont pris en charge par l'Etat. Ce mode de vie est comparable à celui de nos grand-mères, qui, lorsqu'elles avaient du temps et de l'argent, se consacraient à des activités charitables.

L'aspect positif de cette curieuse situation est l'insertion dans la communauté que ce travail bénévole procure à ces femmes. Elles sont très isolées, chacune dans sa belle maison, distante de toutes les autres belles maisons (les rues étant très larges, les parkings prenant beaucoup de place, tout étant très étendu); la communauté exerce une pression sur chacun de ses membres, d'où la nécessité de participer à ses « œuvres » et de s'insérer dans cette « community ».

Il y a une manière de vivre américaine qu'on retrouve dans tous les milieux et à tous les étages de revenus, qui donne à la femme une physionomie tout à fait particulière. Elle semble beaucoup plus séparée du monde de l'homme qu'on pourrait le penser, du fait de son indépendance. Les femmes paraissent donc assez spécialisées dans leur rôle de femmes, elles le remplissent avec un mélange d'anxiété de ne pas être assez féminines, mais en même temps cette féminité ne se traduit pas dans leur manière d'être de la même façon que dans beaucoup de pays.

Par contre, je crois que la femme américaine qui a de jeunes enfants est tout aussi chargée de besognes qu'une de ses sœurs d'un pays beaucoup moins développé. Je pense que cela est attribuable surtout à ce poste non compressible des occupations des femmes : les enfants. L'Amérique apparaît comme un pays où on ne cherche pas du tout à délivrer la femme de la présence des enfants, je dirais presque, au contraire.

Il résulte de tout cela un sentiment de frustration qui se révèle et revient toujours dans les confidences que vous font les femmes américaines. Elles se plaignent beaucoup de manquer de liberté, de disponibilité, et elles parlent volontiers de leur vie vide. C'est un peu le malaise du modernisme et ce malaise à la dimension d'un pays immense frappe peut-être davantage. Le côté positif est cette grande entraide qui règne entre les femmes américaines : elles savent toujours pouvoir frapper aux portes les unes des autres. La solidarité féminine y est peut-être plus vivante qu'ailleurs et extrêmement frappante pour qui vient de l'extérieur...

Vocabulaire utile

en ce qui concerne qqch.
répandre
les exigences
complaisant
volontiers
infime
de toute sorte
venir s'ajouter à
énormément
croître
au niveau
un domaine
quant à
s'épuiser à faire qqch.
s'accroître de
oisif
le revenu moyen
en moyenne
aller en classe
célibataire
pousser à faire qqch.
les frais
gratuit
coûteux
contraindre
recourir à
ne... tout de même pas
revendiquer

l'écart
ne cesser de faire qqch.
sauf exception
ne pas mener à grand-chose
rentable
se faire une image de qqch.
la vie quotidienne
finir par
chose inconnue
veiller sur
incomber à
par rapport à
l'emploi du temps
en fin de compte
à partir du moment où
déménager
affolant
s'installer
mener à bien
en tant que
prendre qqch. en charge
se consacrer à
étendu
exercer une pression sur
du fait de
une besogne
faire des confidences à qqn.
la disponibilité

Discussion

Quels renseignements peut-on tirer de films et de bandes dessinées ? Sur la France, par exemple ? Comparer avec l'article d'Agel, chapitre 8.

Quelle est l'importance relative des clubs masculins et des associations féminines aux Etats-Unis ?

Est-ce que le fait de faire la vaisselle a une importance symbolique pour vous ? Qui la fait chez vous ?

Qu'est-ce que Sullerot entend par la « franc-maçonnerie du travail » ? Croyez-vous qu'elle existe ?

Est-ce que les chiffres et les statistiques cités par Sullerot donnent une idée juste de la situation de la femme américaine ? Cette idée est-elle complète ? Comparer avec la *Dorothy* de Gosset, chapitre 1.

A quel âge vaut-il mieux se marier ? avoir des enfants ?

Croyez-vous qu'une femme puisse être mère de famille et travailler en même temps ?

Les « arts libéraux » représentent-ils une bonne préparation pour la femme ? Quel est le rôle de ces études dans la vie américaine ?

Voyez-vous une tension entre le travail bénévole et les responsabilités de l'Etat ? A quelle source d'initiative vaut-il mieux se fier ? Voir le texte de Rioux, chapitre 2.

Considérez-vous les enfants comme une besogne ? Accepteriez-vous de confier votre enfant à une « crèche » d'état et d'aller travailler, comme le font beaucoup de Françaises ?

Selon vous, est-ce que la femme américaine est matriarche ou frustrée ?

Marcelle Ségal

Le Courrier du cœur[1]

Malgré mon désarroi, je n'ai intenté aucune action en reconnaissance paternelle[2] contre le père de mon enfant. Pour plusieurs raisons. Les frais étaient trop élevés pour une pension alimentaire dérisoire et surtout je ne voulais pas que, plus tard, le père ait des droits sur l'enfant. Quelle aubaine, pour lui, qu'un fils tout élevé dont il peut profiter tandis que la mère, qui s'est sacrifiée pour l'élever, se retrouverait seule privée de son enfant au moment où, enfin, elle peut sortir avec lui, avoir une vie normale. D'autre part, au cas où elle aurait l'occasion de refaire sa vie avec un homme qui accepte d'adopter l'enfant, celui-ci pourrait alors ignorer ses origines, chose impossible s'il a été reconnu par son père. D'ailleurs cette reconnaissance paternelle reste possible jusqu'à la majorité de l'enfant. Que pensez-vous de tout cela ?

H. B.

Que l'aspect juridique du problème n'est pas de ma compétence, et que je comprends ce que vous avez souffert. Je voudrais cependant vous faire observer que, lorsque nos enfants sont grands, ni le père ni la mère ne peuvent espérer « profiter » d'eux, ou compter qu'ils leur tiendront compagnie et leur permettront de mener, enfin, une vie normale. Les enfants, une fois grands, s'envolent du nid. C'est une loi de la nature. Si nous voulons mener une vie normale, c'est à nous de nous l'assurer en ne nous laissant pas dévorer par nos enfants quand ils sont petits, ni réduire à néant par leur départ quand ils sont grands. Souligne-t-on assez cet aspect de la maternité ?

---

[1] Madame Ségal répond aux lettres comme dans l'exemple. Faites-le vous-même pour les autres.
[2] **action en reconnaissance paternelle** Procès pour établir l'identité légale du père d'un enfant.

J'ai dix-huit ans, elle, vingt et un. Elle aura fini ses études dans un an et demi et moi, dans neuf ans. Je ne suis pas boursier. Je suis donc à la charge de mes parents. Nous nous voyons rarement. Ces absences nous pèsent. C'est pourquoi nous voulons nous marier dès qu'elle aura terminé ses études. Attendre huit ans serait préjudiciable à notre amour. Un enfer pour nous deux. Seulement, voilà : nos parents ne sont pas favorables à cette union parce que je n'ai pas fini mes études et parce qu'elle est plus vieille que moi. Or, nous ne pouvons nous passer d'eux. Que faire ? Nous espérons un conseil, que cette lettre vous intéressera, qu'elle n'ira pas à la poubelle.

Roméo et Juliette.

[*Réponse...*]

J'ai quinze ans, mes parents sont divorcés. J'habite chez ma grand-mère qui ne me refuse rien. Elle voudrait que je réussisse dans la vie mais le travail ne m'intéresse pas. Pendant plus d'un mois je partais le matin pour l'école soi-disant. Je passais mon temps dans les bars, l'après-midi dans des boîtes interdites aux moins de dix-huit ans. Ma grand-mère l'a su. Elle m'a traitée de monstre. En suis-je un ? J'ai de nombreux flirts. Le dernier était cynique. Après la nouvelle que j'étais enceinte, on s'est quittés. J'y pense encore. Je n'ai pas voulu de son aide pour mon gosse et aujourd'hui, tout est « arrangé ». Je voudrais une maison à moi et parler tant que je veux le soir avec mes copains au lieu de rentrer bêtement à huit heures. Je ne suis pas malheureuse. J'ai de nombreux amis. Tout le monde m'aime bien. J'ai du succès avec les garçons. Et puis ?

Un monstre nommé Isabelle.

[*Réponse...*]

Mariée depuis vingt-trois ans, quatre enfants, un mari autoritaire, jamais satisfait, qui fait le vide autour de moi pour rester seul maître et qui, à cinquante ans, trouve enfin la femme de sa vie, me torture pour que je cède la place, donne à peine de l'argent pour nourrir ses enfants mais fréquente les « quatre étoiles[3] » avec sa maîtresse. Dois-je, comme il l'attend, lui demander pardon d'être trompée, bafouée ? Je suis prête à tomber dans les bras du premier venu qui me témoignera un peu de bonté, d'estime. Croyez-vous que je le trouverai et que ce fil ténu pourrait me sauver de

---

[3] **quatre étoiles**   Etablissements de luxe (*familier*).

toutes les idées qui me passent par la tête — idées de violence, de meurtre, d'abandon, de renoncement, de suicide ?

L'étouffée du crépuscule.

[*Réponse...*]

J'ai dix-huit ans. Je suis élève dans une école commerciale. Sans être play-boy je ne suis pas laid, mais très timide. Muriel m'a accosté soi-disant que son œil coulait. Moi, comme un ballot, je l'ai crue, mais je me rends compte que c'était une façon de me parler. En effet, nous avons parlé politique, travail, classe. Je la trouve merveilleuse. C'est mon type de femme. J'aimerais bien l'avoir comme friend girl, oui mais quand la prendrai-je dans mes bras, par la taille ? Pour l'instant, je la suis. Elle prend la même direction que moi, ensuite son car. C'est la première fois qu'une jeune fille me parle. D'habitude, elles se réfugient dans les bras des autres garçons de l'école. Faut-il la prendre par le bras, progressivement ou se jeter dessus ? (Le terme est peut-être un peu fort.)

Première fois.

[*Réponse...*]

Mon mari me trompait. Il lui arrivait de ne pas rentrer la nuit. Inutile de vous dire ce que j'endurais jusqu'au jour où j'ai décidé de le reprendre ou de le perdre. J'ai commencé par faire des ménages pour gagner de l'argent. Quand j'ai eu 250 F, j'ai pris mon mari gentiment et lui ai demandé si cette femme valait la peine qu'il me quitte. Avec son orgueil d'homme il m'a répondu bien sûr. Je lui ai dit que je ne cherchais que son bonheur et qu'il me la présente. Il ne s'est pas dégonflé et l'a invitée à dîner. Inutile de vous dire que je me suis mise en frais. Menu : saumon fumé, gigot à l'ananas, salade, fromages, gâteaux, fraises, vin blanc, vin rouge, champagne et digestif. La dame était éblouie ainsi que mon mari. Je ne sais si elle a eu des remords mais elle a éclaté en sanglots. Mon mari est tombé dans mes bras. A nous trois, on ne faisait pas un beau groupe. Elle m'a fait des excuses, j'ai fait celle qui ne comprenait rien. Elle m'a embrassée et elle est partie toute seule. Mon mari et moi étions heureux de nous retrouver après ce cauchemar. Depuis, il a hâte de rentrer le soir et m'a donné sa procuration à la banque. Je souhaite à toutes les femmes d'être heureuses comme je le suis et que cette bonne leçon soit transmise.

Le bonheur retrouvé.

[*Réponse...*]

J'ai vingt-deux ans, lui, vingt-trois. Nous sommes célibataires et avons tous deux une bonne situation. Je suis sa maîtresse depuis plus d'un an et je l'aime. Il ne parle jamais de mariage et ne veut pas que je lui en parle. Que me conseillez-vous ? J'en ai assez d'attendre.

Minouche.

[*Réponse...*]

Mariée pucelle avec un puceau de vingt-neuf ans, j'ai dû attendre un mois pour devenir enfin sa femme. Seul, un fol attachement m'a retenue de demander l'annulation du mariage. Croyez-moi, la virginité du marié n'est pas forcément preuve d'une nature calme et volontaire. Il peut s'agir d'un manque de vitalité. C'est pourquoi il est bon d'avoir, étant fiancés, trois mois de relations sexuelles avant le mariage afin de se décider en connaissance de cause. Et si Mademoiselle est enceinte, elle aura ainsi la preuve que son union ne sera pas stérile. Dix ans d'expérience m'ont appris que, s'il n'est pas ridicule de se marier vierge, c'est du moins très imprudent. Cette « virginolâtrie[4] » a trop longtemps exposé les femmes à la loterie du mariage. Je ne vois pas d'inconvénient à ce que ma lettre soit publiée.

Démystifiée.

[*Réponse...*]

Que penser d'un fiancé qui, à cause de ses études, ne veut pas se marier avant plusieurs années; qui a, avec sa très jeune fiancée, des relations très tendres sans qu'elle soit sa maîtresse; qui, en attendant de l'épouser, a des maîtresses occasionnelles dont elle connaît et accepte l'existence. Franchise ? Désinvolture ? Sublimation ? Et que peut-on augurer de ce couple qui, par ailleurs, semble bien assorti ?

Etrange, bizarre.

[*Réponse...*]

Marié, vingt-neuf ans, mon métier d'éducateur me passionne au point de délaisser quelque peu ma famille. Mais les congés scolaires, les dimanches sont sacrés. Malheureusement, ma femme supportait de plus en plus mal mes rentrées tardives. J'avais beau essayer de la raisonner, de lui prouver que notre situation était privilégiée, il a fallu lui céder, donner ma démis-

---

[4] **virginolâtrie**   Adoration excessive de la virginité.

sion. Résultat : après des recherches tumultueuses, je n'ai trouvé qu'un stage à 600 kilomètres de chez moi. A m'occuper de cochons, moi, éducateur ! Isolé, misérable, je suis tenté de me révolter contre ma femme. Je ne le ferai pas à cause des enfants. J'ai eu tort de céder à ses récriminations. J'ai été lâche, j'en suis puni. Y a-t-il une solution ?

Un mari.

[*Réponse...*]

Elle, 1969–70.

5
Les
Générations

Jacques Ellul

Place aux jeunes

Encore un de ces lieux communs polymorphes qui s'écrivent : la Montée des jeunes, ou, fréquemment aujourd'hui : l'Avenir est aux jeunes. Biologiquement la chose est indiscutable. Et l'on atteint un certain cocasse lorsqu'un « bon Père » constate que « la jeunesse exerce une fonction biologique de renouvellement »; mais, comme on est idéaliste, on ajoute aussitôt, et c'est ici que commence l'imposture : « Elle remplit dans le peuple en marche une mission prophétique. » Prophètes ? Et de quoi ? De ce qu'ils vieilliront ? « Mais non, voyons, de ce qu'ils feront l'Avenir. » Et c'est bien la tautologie qui fait le succès de certains politicologues. Car on se demanderait avec angoisse à qui l'avenir pourrait bien être ? A vues humaines, pas aux nonagénaires ! Et puisque les jeunes ont trente ans de moins que nous, c'est bien eux — toujours à vues humaines — qui auront à se débrouiller durant cette période à venir. On oublie seulement que lorsqu'ils seront à même de le faire, cet avenir, ils seront à leur tour devenus ces croulants que nous sommes et feront à peu près le même présent que celui qui nous a servi d'avenir. Je suis pessimiste ? Allons donc ! Si notre formule est un lieu commun, c'est qu'il y a environ cinquante ans que l'on a commencé à proclamer cette vérité, et depuis trente ans au moins on se préoccupe de faire une politique de la « jeunesse » ! Faites le calcul. Si nous admettons que la « jeunesse » dure de 18 à 25 ans, soit sept ans, cela fait donc 7 générations de jeunes qui se sont vu mettre la responsabilité de l'avenir sur leurs épaules par de vieux faunes jouant à l'optimisme ! En 1919, les territoriaux proclamaient : « Nous avons manqué notre vocation, nous n'avons pas su éviter la guerre. A vous les jeunes de créer un monde où l'on ne verra plus jamais ça ! » La jeunesse à ce moment préparait vaillamment l'avenir en faisant de l'aviation, des grèves et en découvrant le jazz. En 1929, les anciens combattants (ceux qui avaient 20 ans en 1917 !) déclaraient : « Hélas ! nous avons su gagner la guerre, mais nous n'avons pas su gagner la paix. Notre paix est ratée, le monde que nous devions reconstruire s'en va en morceaux... Heureusement qu'il y a les jeunes... Nous vous passons le flambeau qui... » Il y avait d'assez beaux morceaux d'éloquence sur ce thème. En 1936, ce fut la victoire de la jeunesse. C'est-à-dire la création d'un ministère de la Jeunesse. Et vive les loisirs, les A. J.,[1] et les filles-mères (car il va de soi que la politique de la jeunesse implique cette émancipation de la femme) ! Hélas ! cette jeunesse portée au pouvoir, devenue consciente de ses droits et de ses responsabilités n'a duré que l'espace d'un matin et sa robe de pourpre avait en six mois perdu sa chaleur pour devenir d'un rose délavé. En 1942, chacun sait que le vieillard cacochyme plaçait tout son espoir dans la jeunesse qui allait faire une France nouvelle, et, ma foi, il y en avait beaucoup qui marchaient, et les camps de jeunesse eurent leur moment de succès. Leurs participants se dédouanèrent par la suite en expliquant que dans ces camps de Vichy[2] on développait l'esprit de la Résistance... mais chut... En 1945, la jeunesse comme la République était invoquée pour être pure et dure. Mais à ce moment, la jeunesse c'était M. Bidault. A quoi bon poursuivre ? Aujourd'hui !...

Absurdité des populationnistes.[3] Il nous faut des jeunes. Il nous faut encore plus de jeunes ! La France est un pays vieux. La Pyramide des Ages, etc. ! — Mais si nous accroissons considérablement le nombre de cette jeunesse ? Cela ne signifie-t-il pas que dans cinquante ans, le nombre des vieillards sera encore plus grand, puisque ces jeunes démultipliés seront devenus à leur tour vieux et qu'il n'y a dès lors plus le choix : il faudra qu'il y ait toujours plus de jeunes, en proportion géométrique — chien qui court après sa queue — alors que partout on nous avertit de l'extrême menace d'une surpopulation ! Si vous ne poussez pas aujourd'hui à la démultiplication des jeunes, cela voudra dire que dans trente ans, la France sera un pays plus jeune que les pays qui aujourd'hui croulent sous leur jeunesse, une jeunesse qui sera, à ce moment-là un poids écrasant de vieillards !

Mais les populationnistes, nous disant qu'*aujourd'hui* il faut à tout prix être un peuple jeune, camouflent soigneusement dans leur subconscient « Après nous, le déluge ! ».[4]

Une politique de la jeunesse ! Mais qui la fait ? Qui la prépare cette jeunesse ? Bien sûr les croulants. Ceux qui aujourd'hui tiennent les postes, les ficelles, les coulisses et l'autorité proclament l'importance des jeunes, la nécessité d'une politique de la jeunesse. Il se produit alors un bien fâcheux transfert : ce lieu commun, ne disons pas qu'il est proclamé pour des raisons électorales (par l'homme politique) ou d'agréable popularité (par le professeur). Il a des racines à la fois plus nobles et plus profondes ! Ces croulants, ils ont été jeunes. A 20 ans, ils ont pensé (ils ont généralement

---

[1] **A. J.** Auberges de Jeunesse.
[2] **Vichy** Régime de collaboration avec l'occupant pendant la deuxième guerre mondiale.
[3] **populationnistes** Ceux qui sont pour une démographie croissante.
[4] **Après nous, le déluge !** Phrase prêtée à Louis XV.

cessé depuis, mais, c'est un fait : à 20 ans, ils ont pensé); ils ont senti, saisi les maux et les fléaux de leur époque. Ils ont eu la vision de ce qu'il faudrait faire (généralement une vision juste) et ils avaient l'ardeur révolutionnaire et l'audace de tout risquer (n'ayant rien, que leur vie). Alors, les meilleurs d'entre-eux se sont mis au travail. Dans les syndicats, les partis, les universités, les revues, les entreprises, ils ont progressivement monté l'échelle, combattu pour leurs idées, fait voter des motions et admettre des principes, gagné des adeptes, et vers 50 ans, ils avaient enfin l'autorité suffisante pour s'imposer. Mais voilà..., brusquement, ils réalisaient qu'il ne leur restait plus que très, très peu de temps pour faire appliquer les idées de leur jeunesse, qu'ils n'avaient plus guère de ferveur révolutionnaire, et que les mécanismes où ils étaient entrés, sur lesquels ils pouvaient agir étaient horriblement lourds et compliqués. Alors..., alors ils étaient forcément enclins à se tourner vers les jeunes : « Voyez, tout est prêt, on vous a mâché la besogne. A vous jeunes gens de prendre la relève ! » Et le sexagénaire se place sur un pied d'égalité avec l'étudiant, mais hélas ! celui-ci ne se sent nullement acquis à ces œuvres, dignes tout au plus de son et lumière.[5] Car, voilà... ce qui s'était produit entre-temps, et dont le vieillard n'avait nullement pris conscience, c'est que les choses avaient changé. Lorsque l'ancien jeune arrive au pouvoir, il applique ses idées, ses doctrines, sa vision des choses, acquises, élaborées, formulées il y a trente ans, à une situation qui n'est plus du tout la même. Lorsqu'il est à même d'agir, il a passé tout son temps à monter l'échelle, il ne sait pas que tout son bagage est fait maintenant de couvertures mitées et de conserves rouillées. Il ne sait pas que ses volontés révolutionnaires sont aujourd'hui de simples coups d'ongle sur un mur de nuages, et que ses idées n'ont pu triompher et ne sont admises par un grand nombre que dans la mesure où elles n'ont plus rien à voir avec la réalité d'aujourd'hui. Et l'ancien jeune se félicite de ce que le personnalisme, ou le socialisme, ou le syndicalisme a triomphé. Mais ça n'a plus aucune importance. Parfois, l'ancien jeune se demande pourquoi ça ne semble pas coller. Il est saisi d'une vague inquiétude et fait appel aux jeunes pour raccrocher les morceaux. Ou plus souvent encore, il déplore que la jeunesse d'aujourd'hui se révèle incapable de... et ne s'intéresse pas à... Mais à quoi donc ? Aux idées et théories d'il y a trente ans ? Si la jeunesse n'entre pas dans ce jeu, c'est que très inconsciemment et sans valeur particulière, elle est tout bêtement au niveau d'aujourd'hui. Je ne vitupérerai pas les *beatnicks* et les *hooligans,* pas plus que les hommes mûrs qui leur ont préparé un monde où ils ne peuvent s'adapter — selon un autre lieu commun. Ni les uns ni les autres ne pouvaient faire autrement. Toujours est-il que les vieillards s'efforcent de faire une politique de la jeunesse : c'est-à-dire de faire entrer les jeunes dans

---

[5] **son et lumière** Spectacle nocturne dans lequel l'illumination des monuments historiques s'accompagne de commentaires et de musique émis à haut-parleurs.

leur jeu. Vous aurez ainsi des Jeunesses communistes, socialistes, catholiques, protestantes, U. N. R.,[6] patriotiques, etc. Simples mécanismes d'adaptation au monde des adultes. Et c'est bien vrai, hélas ! lorsque par hasard on considère les jeunes sérieux qui cherchent à prendre la place que les vieillards leur offrent (place aux jeunes), on s'aperçoit qu'ils sont par magie mués en vieillards, qu'ils pensent et parlent comme des vieillards. Le triste exemple nous en est donné avec les actuelles associations d'étudiants (toutes !) qui manifestent seulement l'envahissement de certains jeunes par les obsessions séniles. Il ne suffit pas pour effacer la chose d'élaborer de pénibles oppositions entre les Valeurs de la Jeunesse et le Mythe de la Jeunesse. Celle-ci n'a de valeur que parce qu'elle est devenue Mythe. Et M. F.[7]... ne s'interrogerait pas sur cette jeunesse si, au préalable, il n'y avait eu le Mythe.

. . .

Mais les vieillards en place ont leur petite idée; ne les croyez pas innocents, ô jeunes ! *In petto*, l'adulte pense aujourd'hui comme il y a un siècle : « Il faut que jeunesse se passe », « Il faut jeter sa gourme », aveux très innocents de l'impuissance sénile.

Clemenceau plaignait les hommes qui n'avaient pas été révolutionnaires à vingt ans... compte tenu, évidemment, de ce que lorsqu'on est devenu sérieux et raisonnable, on abandonne ces folles idées.

Il ne vient à personne la pensée que si les jeunes remettent en question quelque chose, s'ils cognent désespérément contre nos murs, c'est eux qui pourraient bien avoir raison, et que ce qu'ils attaquent doit effectivement être attaqué. Personne, s'il est raisonnable, ne peut concevoir que le blouson noir asocial pourrait être dans le vrai, et que ce qui doit être contesté ce n'est pas lui, mais la société contre laquelle il se bat — et plus il s'agit de brider la jeunesse, plus il s'agit de crier : « Place aux jeunes ! » Mais bien sûr, place dans *Nos* conseils, *Nos* comités, *Nos* administrations... Vous ne comprenez pas ? C'est si simple — et paternel, et judicieux. Ces jeunes, nombreux, sont une force vive, parfois explosive, et qu'il s'agit d'utiliser. Un torrent laissé à lui-même n'est utile à rien, tandis qu'enfermé en conduite forcée, alors il fournit la lumière. Cet apologue en effet éclaire tout. Le vieillard fournit la canalisation, le jeune fournit la puissance, et ça marche. Brave jeune homme, place à toi, bon petit soldat pour la culture, l'université, les Eglises, les nations, les partis, la science et la technique. Sans toi, toutes ces honorables façades ne sont que poussière sans avenir, c'est toi qui assures la pérennité. Et le vieillard habile qui te déteste te conquiert en t'offrant le strapontin d'un monde tout fait qu'il s'agit seulement de développer dans sa propre ligne. Mais surtout ne cherche pas une autre

---

[6] **U. N. R.** Union pour la Nouvelle République. Parti gaulliste.
[7] **M. F.** Sans identification dans le texte. Christian Fouchet, alors Ministre de l'Education Nationale ?

voie, une autre place, un autre monde, à ce moment se révélerait le caractère implacable de l'organisme technicien tenu par les gens sérieux pour qui tu constitues une menace.

O vieillards, dont je suis, psychologues, sociologues, politiciens, journalistes, littérateurs, vous tous qui chantez les jeunes et les enchantez, si vous aviez l'ombre de commencement d'une honnêteté, vous devriez dire bien haut : « Mort aux jeunes. Foutez-les tous au bloc ! » Car, finalement, c'est bien ce que vous ferez.

Extrait d'*Exégèse des nouveaux lieux communs,* Calmann-Lévy, 1966.

Vocabulaire utile

constater
en marche
être à même de
se voir faire qqch.
la grève
à quoi bon
accroître
à tout prix
se produire
le syndicat
s'imposer
rester peu de temps pour
forcément

prendre la relève
sur un pied d'égalité
tout au plus
n'avoir plus rien à voir avec
se révéler
ne pouvoir faire autrement
toujours est-il que
s'efforcer de
(se) muer en
il ne suffit pas de
compte tenu de
remettre en question

Discussion

Ellul est-il pour les jeunes ou les vieux ? Le considérez-vous comme un ami ou un ennemi de la jeunesse ?

« Place aux jeunes » : s'agit-il d'un lieu commun pour vous ?

Etudiez l'attitude de l'auteur envers le lieu commun, surtout l'ironie, le sarcasme même.

Il se moque de l'autre point de vue.

Il met des mots à la bouche de ses adversaires (à commencer par le titre; les prétendues citations; *hélas*).

Il leur prête l'utilisation de majuscules (*Montée, Nos conseils*).

Il leur prête des hésitations (surtout les points de suspension...).

Le style pamphlétaire semble souvent appeler une langue moins « formal », plus parlée (*ça, raté*).

Expressions familières ou plus — argotiques : *croulant, vieux faune, raté, crouler;* vulgaires : *bagage, coller, foutez-les.*

En somme, Ellul repense le lieu commun — qu'il prête à ses adversaires — en prenant plutôt une vue à long terme (*une victoire, c'est-à-dire un ministère*), affirmant à plusieurs reprises que les jeunes seront tous vieux un jour (comparer « Après nous, le déluge »). Il attend la fin pour passer de la critique à la rectification (« vous devriez dire...»), et avec l'expression la plus frappante de tout le passage.

A quoi pense un étudiant (une étudiante) en dernière année d'école secondaire ? de collège ?

Quel « déluge » les attend ? Est-ce le « caractère implacable de l'organisme technicien »?

Avec quel « bagage » cherchent-ils à monter l'échelle ?

De quels droits la jeunesse américaine est-elle consciente ?

Faut-il être révolutionnaire à vingt ans ?

Qu'est-ce que la jeunesse américaine remet en cause ? (Quelle jeunesse ? Dans quelle mesure est-elle représentative ?)

A-t-elle raison ?

Est-ce que les gens en place vous semblent manquer de jeunesse ?

Est-ce une contradiction dans les termes ?

Faut-il un ministère de la Jeunesse aux Etats-Unis ? Pour quoi faire ?

Etre fille-mère, est-ce « l'émancipation de la femme »? Dans quel sens Ellul l'entend-il ?

L'Amérique a-t-elle besoin d'une politique nataliste ?

A qui donc faut-il faire place dans la société américaine ?

Jeunes ? Vieux ? Etudiants ? Pauvres ? Noirs ? Femmes ? Ouvriers ? Prolétaires ? Chômeurs ?

Comparez le rapport entre jeunes et adultes selon Ellul et selon Lusseyran (texte suivant).

Quels sont d'autres lieux communs de notre époque ?

Jacques Lusseyran

Douce, trop douce Amérique

Et s'ils ne veulent pas de nous, qu'allons-nous devenir ? Si par malheur ce monde que nous leur offrons, ils le trouvent mauvais; s'ils ne veulent pas l'habiter ! S'ils trouvent ridicules nos paravents, nos cloisons, nos horaires, nos costumes ! S'ils en venaient à se moquer de nous et, dans vingt ans d'ici, à nous chasser ! On peut tout craindre des enfants : on les aime tant ! Il faut au plus vite se concilier leurs faveurs.

Tout le monde connaît la gravité de ce problème en Amérique; car les enfants sont la permission, la passion du pays, et d'eux seuls vient un sourire que rien ne force. On connaît aussi les excès : ce petit garçon de cinq ans, qui, au beau milieu du salon, vous balance un soir une gifle — intentionnelle et sonore, car vous ne lui plaisez pas; et vous l'invité, le battu, qui n'osez presque pas protester, car c'est un enfant et sa mère le soutient. De telles libertés se voient. Elles sont cependant bien rares, et les petits Américains, jusque vers l'âge de dix ans, sont en moyenne sains, pétulants, intrépides, peu sournois, dégagés mais avec charme; et de toute façon on les voit très peu, car ils vont partout — dans les maisons, entre les maisons, souvent très loin. Ce sont de gentils rois vagabonds.

Je ne suis pas sûr que l'Amérique soit le paradis de l'enfance, car je crois que celui-là, le vrai, il est tout intérieur. Mais elle est, sans aucun doute, le paradis de la petite enfance. C'est l'abondance dès les premiers jours de la vie. Les jouets roulent comme fleuves; ils ne restent pas des promesses; ils ne restent pas même des images : ils sont touchés, brisés à loisir, stockés, échangés, laissés en rade sur trottoirs et pelouses; ils sont renouvelés. On les fait grands, épais, solides (la résistance des tricycles et des petits vélos est sans égale dans le monde). Ils ne sont plus offerts : on les dispense, on les tend, on les fait prendre.

Et l'abondance des lieux permis est telle que c'est finalement aux parents à chercher refuge en des points que les enfants n'envient pas. Bien sûr, il subsiste quelques familles conservatrices qui soutiennent les antiques vertus de discrétion et d'obéissance. Elles sont en nombre décroissant. Ce sont les parents américains qui, de nos jours, subissent la discipline : ils cèdent leur place. Et c'est pour eux une discipline assez dure !

Ce sont les aventures d'Oliver Twist, mais racontées, vécues à l'envers. C'est la longue histoire des obstacles que le petit garçon ne va pas rencontrer, qu'on aura retirés, à temps, de son chemin. Dans sa famille et dans son voisinage, mais tout aussi bien à l'école : on le fera étudier à son pas, en consultant ses préférences, en respectant ses répugnances. S'il est sot dans toute une moitié de sa tête, on lui fera gloire de l'autre moitié. Les plus grands soins seront pris pour ne pas mettre en échec ses élans. Son potentiel sera cru, vénéré — et parfois contre toute évidence. On jugera l'avoir bien élevé si, vers douze ans, il dit oui : oui à lui-même et aux autres — à ceux de son âge évidemment. L'heure pour lui de dire oui aux adultes, on le sait bien, n'est pas encore venue.

Il y a souvent plaisir, parfois même joie à observer ce grand appareil de liberté quand il est mis en place. Les enfants prospèrent; ils ont le monde à eux. A ce régime, hélas, il est une chose qu'ils n'apprennent pas : la résistance. La résistance aux lois des plus vieux — et même à leurs lois sottes —, l'esprit de la solitude et toutes ces formes de la patience et de la retenue qui font un jour le courage. Tant de liberté désapprend la liberté : à sa place la soumission triomphe.

La soumission, la popularité. Pas la soumission aux parents (ceux-là ne comptent plus ou ne comptent plus guère), mais aux enfants du même âge. On voit des petits de sept ans mendier le vote des électeurs de sept ans. Et la course à l'approbation continue; elle s'accélère. Chaque année de l'enfance a son groupe, a ses clubs; elle a ses modes et ses diktats. Puisque à la maison on ne reçoit plus d'ordres, puisqu'on n'y apprend plus rien ou presque (les parents n'osent plus y parler), on va chercher ailleurs les traditions et les ordonnances, car ce besoin-là ne meurt jamais. Et comme, à dix ans, à douze, on n'en connaît pas de toutes faites, on les fait. On les improvise avec ceux de son âge. On prend ses informations où l'on peut : dans la publicité (qui joue le rôle d'une grande famille), dans les programmes de télévision; enfin dans l'imitation des adultes — que ceux-ci l'aient voulu ou non. L'imitation ! Je veux dire la singerie. Et les petites filles mettent des soutien-gorge et du rouge à lèvres alors qu'elles sont des petites filles, et les garçons vont à des rendez-vous avant d'avoir envie des filles. Et, à treize ans, le second âge d'or commence : celui des teenagers.

De treize à dix-neuf ans, les *teenagers* sont seuls. Ils sont entre eux, en proie à leurs caprices, à leur ignorance de la vie. On ose encore moins les aider qu'on osait aider les petits. Ce sont des hommes et des femmes déjà. De la maturité ils ont tous les droits. Ils n'en ont pas un seul devoir. C'est un morceau gratuit d'existence. C'est une fête à jet continu, sauf pour les inquiets, sauf pour les rebelles, sauf pour ceux qui ne font pas comme les autres. Les parents veillent. Cela veut dire : ils supportent. Ils se font complices ou ils sont impuissants, et s'il y a un prix à payer, ils le paient.

Quant au désordre, aux amours bousculées, aux fantaisies féroces, il y en a : c'est fatal. Y en a-t-il plus qu'ailleurs ? Qui le dira avec certitude ? Ce n'est pas le désordre qui me frappe : c'est l'ennui.

En Amérique, à seize ans, on s'ennuie. Cela, je le vois, plus qu'ailleurs. On en a trop vu; on en a trop eu le droit. Tous les moyens vous sont donnés, et bientôt la bagnole paternelle ! Surtout, on n'a rien comparé. Les garçons et les filles de seize ans font tous, en gros, les mêmes choses. Ils ont des goûts, des désirs mal connus d'eux-mêmes, mais qu'ils mettent tous en commun. Ils s'imposent une ressemblance, une obéissance qui, pour avoir sa source dans le peer group, dans le groupe de leur âge, n'en est pas moins aussi despotique que celle des mentors barbus de jadis. Une étrange passivité se prépare : un instinct de copier ceux qui vous sont le plus proches, un abandon à ce qui n'est pas vous.

Et c'est l'ennui (toute la presse le crie) qui fait les accidents de la jeunesse. C'est lui, c'est l'ennui, qui jette sur la luxueuse villa abandonnée tout un soir par la famille ces bandes d'adolescents au cœur vide, place entre leurs mains des couteaux pour lacérer tentures et moquettes, des lampées de whisky pour arroser les divans et — qui sait — des allumettes pour y brûler les livres. C'est encore l'ennui qui, à bout de tristesse fait tomber sur le dos quelques filles pour des viols à moitié forcés, à moitié demandés dans les éclaboussures de rires imbéciles.

Le scandale n'est pas si fréquent. Et puis, en somme, il est le compagnon naturel de deux types de sociétés : les plus pauvres et les plus riches. Seul le décor en Amérique a changé. L'autre scandale m'alarme bien plus : les adultes ont démissionné.

Ils ne veulent plus dire aux enfants ce qu'ils savent. Auraient-ils honte d'avoir vécu ? Ils se conduisent — de plus en plus nombreux — comme si vraiment ils ne savaient rien, et à coup sûr rien d'utile. Ils ne transmettent plus les leçons de la vie. La vie, ils sont contents de l'avoir donnée, et que ceux qui l'ont reçue se débrouillent !

Une société sans ancêtres, passe encore. Ce défaut de passé n'interdit pas l'avenir. Mais une société sans tradition, voilà qui soucie davantage. Ou plutôt si : mille et mille traditions; les jeunes après tout s'en chargent. Mais toutes dressées à la hâte, avec les seuls matériaux du bredouillement, de l'inexpérience, avec, pour unique étalon, ce que font la plupart des copains.

Et, d'un seul coup, à la sortie de la *high school,* dix-sept ou dix-huit ans pour les uns et, pour les plus heureux, à la sortie des quatre années de collège, ce monde ennuyeux et facile, ce long épisode de vie sans devoirs, il se ferme sur leurs doigts. Tout devient obligation : travail, mariage, notes de fin de mois empilées dans la boîte aux lettres, responsabilité et même faute. Il y a tant de choses qui brusquement ne sont plus permises et qu'on faisait, six mois plus tôt, sans y penser ! Et bientôt on aura des enfants : car si l'Amérique fournit mieux que tout autre pays le moyen de n'en pas avoir, en Amérique on en veut beaucoup. On les aime, on les attend; on se prépare déjà à tout oublier. On est tout prêt à ne pas leur dire comment on s'y est pris soi-même pour vivre, à le leur laisser deviner. Le fardeau matériel, on va le porter pour eux tout entier. Mais l'autre fardeau, le moral, ce sera à eux de l'encaisser. Est-ce qu'on ne vient pas, pendant plus de vingt ans, de le porter soi-même ? On se décharge comme on peut. Faire l'argent et la sécurité, ce sont les tâches des adultes — et ciel ! bien suffisantes. Apprendre à vivre mange votre temps. Et puis c'est trop vague. Aux enfants d'essayer ! On leur en donnera les loisirs.

Extrait de *Douce, trop douce Amérique,* Gallimard, 1968.

monsieur et madame
jean~pierre camelot
ont la joie de vous annoncer
la naissance
de leur fille

isabelle

le 1er février 1969

26, place des vosges, paris IIIe

L'Express interroge la Nouvelle Vague[1]

1. Qu'aimeriez-vous de plus savoir de votre avenir ?
2. Estimez-vous que vous êtes heureux ? Oui ? Non ? Pourquoi ?
3. Trouvez-vous que vous avez plutôt de la chance ou plutôt de la malchance de vivre à l'époque actuelle ? Pourquoi ?
4. Sur le plan matériel, y a-t-il des choses dont vous vous sentez privé ? Lesquelles ?
5. Est-ce que l'amour a de l'importance pour vous ?
6. Est-ce que la fidélité vous paraît essentielle en amour ? Pour les deux partenaires ? Pour l'un des deux ? Pas essentielle ?
7. Quel est, selon vous, le problème le plus important pour la France, à l'heure actuelle ?
8. Pensez-vous que des gens comme vous peuvent avoir une influence sur les destinées de la France, ou avez-vous au contraire le sentiment d'être à la merci des événements ?
9. Si vous jugez que vous pouvez avoir une influence, comment et sur quoi ?
10. Si vous aviez à dire ce qui va bien en France, que diriez-vous ?
11. Et ce qui va mal ?
12. Croyez-vous que la société française se transformera, dans l'avenir, en société de forme socialiste ?
13. Si vous le croyez, ce socialisme français se rapprochera-t-il, à votre avis, du socialisme de l'U.R.S.S., de Cuba, de la Chine, du socialisme suédois, ou bien d'aucune société socialiste existante ?
14. Est-il une chose pour laquelle vous seriez prêt à risquer votre vie ?

[1] **la Nouvelle Vague** Expression créée par Françoise Giroud, rédactrice de *L'Express* (hebdomadaire de centre-gauche), lors d'une enquête menée auprès de jeunes âgés de 15 à 29 ans, et reprise ici. *L'Express* a publié les résultats de cette enquête dans ses numéros des 17 et 24 février 1969. Le numéro du 3 mars offre le commentaire des résultats par trois universitaires étrangers dont Stanley Hoffmann (Sciences Politiques, Harvard).

dont 3 millions auront dépassé 75 ans. Cette perspective donne le vertige : « On ne s'intéresse au matériel humain que dans la mesure où il rapporte. Après, on le jette », dit Simone de Beauvoir. Mais sera-t-il possible, sans inconvénient, d'en « jeter » autant ? Car les syndicats poussent à l'abaissement de l'âge de la retraite et les employeurs rechignent à engager les travailleurs d'un certain âge, considérés comme ignorant les techniques modernes et s'y adaptant difficilement.

La limite d'embauche est de 45 ans, souvent moins pour beaucoup d'entreprises : une maison de vente par correspondance refuse la main-d'œuvre féminine passé 25 ans. « Il arrive qu'un jeune chercheur soit mis sur la touche quatre ou cinq ans après l'apogée de sa carrière, écrit Mme Michèle Aumont, conseiller de la Caisse nationale de retraite des ouvriers du bâtiment. Va-t-on évacuer les êtres de la vie active avant qu'ils aient réellement vécu ? » C'est l'euthanasie professionnelle qui s'annonce.

La France, inconsciemment, se dirige vers un choix dramatique. Assumer correctement — ce qu'aucune société, quelle que soit sa forme, n'a encore fait — la charge de la vieillesse. Et admettre ainsi le gonflement démesuré des dépenses de retraites et d'aide aux vieux, qui sont déjà passées de 3,8 à 5 % du produit national en dix ans.

Ou bien, tolérer honteusement ce que l'Ined (Institut national d'études démographiques) appelle le « tiers monde à domicile ».

Et, d'abord, les insuffisances scandaleuses des hospices, ces bidonvilles de la vieillesse, dont l'administration dissimule la lèpre en en fermant les portes aux journalistes et aux observateurs. C'est ainsi que le reporter de l'Express s'est vu « déconseiller » la visite de l'hospice d'Ivry, où les vieux sont, dit-on, quarante par salle.

Simone de Beauvoir, de son côté, n'a pu accéder à la maison départementale de Nanterre. « Les soirs d'été, écrit-elle, les rues avoisinantes sont remplies de vieillards ivres morts dont le vin favorise les délires et libère la sexualité. Fréquemment, dans l'ivresse, il se forme des couples hétérosexuels ou homosexuels, qui se débrouillent tant bien que mal. »

L'administration est dépourvue de moyens. « Dans un établissement, les grabataires n'ont qu'un repas par jour, faute de personnel, note le dernier rapport de l'Inspection générale des affaires sociales. Dans un autre, ils restent pendant neuf à dix heures au fauteuil. Il n'y a personne pour les lever et les recoucher. » Ces malheureux sans argent ni famille — ou bien abandonnés par elle — n'ont pas le choix : malgré leurs obligations légales, plus des trois quarts des enfants refusent d'aider leurs parents. En janvier 1968, le directeur de la Salpêtrière révéla à la télévision que des gens confiaient leurs vieillards à l'hôpital pour partir en vacances, et « oubliaient » ensuite de les reprendre. La Société protectrice des animaux fait, chaque été, campagne contre l'abandon des chiens. Qui parle de l'abandon des vieillards ?

Les hospices sont encombrés : 3 000 dossiers attendent à Paris. « Chaque mercredi, raconte Simone de Beauvoir, des postulants viennent passer une visite. Quand ils sont acceptés, dit le médecin, c'est poignant de voir leur angoisse. Ils savent qu'ils quittent le monde des vivants, qu'ils entrent ici pour attendre la mort. » Celle-ci fait d'ailleurs bonne moisson : 8 % meurent en huit jours; 28,7 % dans les premiers mois, 46 % avant six mois.

Toutes les personnes âgées, sans doute, ne sont pas indigentes. Il se trouve, bien sûr, des retraités qui touchent — grâce aux régimes complémentaires — des pensions confortables. Les milieux d'affaires commencent à s'apercevoir de cette clientèle. Les marchands de téléviseurs, de voitures, d'appareils ménagers les prospectent. Aux yeux des agences de voyages, ils sont la clientèle idéale pour toute saison : 57 % des personnes de 65 à 69 ans ont envie de voyager, estime l'Ined, et ce taux est encore de 36 % au-delà de 80 ans. Les promoteurs construisent des « unités de retraite ». L'une d'elles, qui sera achevée en août à Peymeinade, près de Grasse, comprend 300 studios en 4 immeubles, avec infirmerie, restaurants, salles de réunion, de spectacle, de lecture. Des femmes de chambre assureront le ménage des résidents.

Sans doute, aussi, les moins favorisés, vivant de la retraite de la Sécurité sociale et de quelques à-côtés, ne vont pas tous, loin de là, à l'hospice. Et c'est heureux. Vingt-quatre pour cent — les plus favorisés — restent dans leur famille, et 70 % ont leur propre logement. Mais leurs ressources sont maigres : 65 % des ouvrières ou des veuves pensionnées par la Sécurité sociale et 25 % des anciens ouvriers ont moins de 300 Francs par mois : « 7 à 10 Francs par jour pour se nourrir, se vêtir, se loger, condamne à la sous-alimentation, écrit Simone de Beauvoir. Sur les places des marchés, des vieilles femmes proprettes fouillent parmi les détritus et remplissent leurs cabas. D'après une enquête faite à Marseille et à Saint-Etienne sur des vieillards vivant seuls, 10 % des hommes et 19 % des femmes sont proches de la famine. »

Au cours d'une émission télévisée, une caméra filmait des vieilles femmes que des assistantes sociales accueillaient de leur mieux. « Il était néanmoins pénible de les voir se perdre dans leurs papiers, fouiller en vain leur mémoire, faire des efforts désespérés pour comprendre la situation. Plus pénible encore était leur humilité, leur attitude suppliante et accablée. »

M. Paul Paillat, qui a dirigé pour l'Ined une étude sur « les citadins âgés », rapporte « l'étrange impression de discrétion et d'anxiété des personnes âgées à l'égard des enquêteurs ». « Elles avaient honte d'avouer la modestie de leurs ressources, peur d'être expulsées de leur appartement. Quatre-vingt-six pour cent d'entre elles ne voulaient pas déménager (95 % après 80 ans). Pourtant, 66 % vivaient dans des logements anciens, souvent sans confort. A Alès, nous avons trouvé une octogénaire avec pour toutes ressources une retraite mensuelle de 150 Francs et un colis annuel de l'Aide sociale. Elle n'avait ni récepteur de télévision, ni radio, ni w.-c., se chauffait avec un poêle à charbon. Sa grande inquiétude était d'être obligée de changer de logement, la ville ayant des plans de rénovation. Elle voulait rester à Alès, où elle était née, et refusait d'aller en maison de retraite. »

Personne, d'ailleurs, dans la masse des vieillards interrogés, ne voulait entendre parler de la maison de retraite : 18 % y consentaient si l'établissement était « moderne et semblable à une pension de famille »; 37 % étaient prêts à s'installer, à la rigueur, dans des « logements résidences ». Mais, alors que la Commission Laroque, qui étudia en 1962 les problèmes de la vieillesse, en avait demandé 16 000 chaque année, on en a construit, en tout et pour tout, à peine 10 000.

Devant la profondeur du drame, le gouvernement commence à s'inquiéter. M. Georges Pompidou, lui, suit l'affaire d'assez près. Les documents qu'on lui communique sur ce sujet reviennent tous à ses conseillers techniques annotés de sa main. Le jeudi 15 janvier, à une réunion à l'Elysée sur le VIe Plan, il a dit : « Il faudra, dans vos calculs, tenir compte d'une politique de la vieillesse. Pensez à elle. » Chargé par M. Jacques Chaban-Delmas de préparer le dossier de la « France pauvre » dont on parlera au printemps, M. Jacques Delors proclame : « Il y a un problème des vieux pauvres. Il faut s'en occuper avant tout le reste. »

Un programme de construction à proximité des hôpitaux, de bâtiments préfabriqués de 35 lits réservés aux vieillards invalides, va être lancé par M. Robert Boulin, ministre de la Santé. Ces annexes hospitalières devraient, à échéance, prendre la place des hospices, de fâcheuse réputation. Il s'y ajouterait, en 1970, la majoration de 14 % des retraites, le développement de l'aide à domicile, le démarrage d'un programme de logements foyers, etc.

Intentions louables, mais d'où viendront les ressources supplémentaires ? L'égoïsme est si grand que le gouvernement n'arrive pas à faire admettre le sacrifice de l'allocation de salaire unique (100 Francs par mois environ pour 1 enfant) par les gros salariés. Aura-t-il l'autorité pour imposer de nouveaux sacrifices ? On sait déjà qu'en l'absence d'une politique cohérente de la santé, perpétuellement ajournée, le poids des régimes maladie de la Sécurité sociale va écraser, dans les prochaines années, l'économie française. Le Commissariat au Plan a calculé que le maintien de la situation présente provoquerait, pour le régime général, un colossal déficit de 25 Milliards de Francs en 1975.

Les autres pays industrialisés ont des difficultés identiques : en Suède — où la moyenne d'âge des habitants est encore plus élevée qu'en France — l'Etat interdit toute limite pour l'embauche, et le retraité touche à 67 ans les deux tiers du salaire calculés sur les quinze années où il a été le mieux payé. On envisage d'avancer le droit à la pension totale pour les métiers pénibles et en cas de perte d'emploi dans les années précédant la retraite. C'est le régime le plus favorable du monde. En Allemagne fédérale, les retraites — accordées à tous à 65 ans — vont de 450 Francs (300 D.m.) à 1 800 Francs (1 200 D.m.) pour les gros salaires. Les sociétés importantes y ajoutent une « prime de fidélité » de 200 à 300 D.m. par an.

La condition des vieux Allemands n'est pas trop mauvaise : 41 % déclarent « n'avoir pas de soucis matériels exagérés ». En Grande-Bretagne, la sécurité sociale verse, après dix ans de cotisations, une pension uniforme de 4 livres 10 shillings (60 Francs) par semaine et par personne. A partir de 1980, elle sera proportionnelle aux gains d'activité. Chaque entreprise a de plus sa caisse de retraites, et la pension est d'environ la moitié du salaire.

L'U.R.S.S., où les hommes s'en vont en retraite à 60 ans et les femmes à 55 (65 et 60 ans pour les kolkhoziens), verse, comme pension, 60 % du salaire officiel, inférieur de 40 % environ au gain réel d'activité, qui englobe des primes. En Hongrie, la pension de base est de la moitié du salaire avec majoration de 1 % par année de travail. En Tchécoslovaquie, elle atteint 50 % des gains des cinq ou six dernières années (75 % si le pensionné a travaillé trente-cinq ans au moins). En Roumanie, les retraités ayant vingt-cinq années au service de l'Etat bénéficient d'une pension proche de leur dernier salaire, mais les autres ne perçoivent qu'une « indemnité de vieillesse » mensuelle de 300 lei (90 Francs).

Dans tous les pays et sous tous les régimes, ex-fonctionnaires et ex-militaires ont un sort beaucoup plus favorable que celui de la masse des salariés. En Yougoslavie, les anciens partisans qui ont combattu les Allemands dès 1941 ont une retraite égale à leur dernier salaire.

Paradoxalement, c'est aux Etats-Unis, où la retraite est à 65 ans, que les vieux semblent le plus mal traités : « Leur situation financière est souvent pitoyable par rapport aux autres Américains, câble le correspondant de l'Express à Washington. Deux ménages sur cinq reçoivent moins de 2 675 dollars, alors que le revenu annuel nécessaire est évalué à 3 869 dollars. »

La longévité, bienfait des temps modernes, paraît être pour beaucoup de ceux qui y accèdent un cauchemar. Aux difficultés matérielles, aux ennuis de santé, s'ajoute le désespoir d'une existence désormais sans but. Les témoignages rapportés dans le livre « La Vieillesse » et ceux des médecins interrogés par l'Express concordent. « La retraite provoque souvent une crise morale et un déclin physiologique », dit le Pr Philippe Monod-Broca. « Ils parlent de leur bataille de Verdun et ennuient les jeunes, ajoute le Pr Henri Pequignot. Alors ils vieillissent parce qu'on ne les écoute plus. »

Le phénomène ne paraît épargner aucun de ceux qui se retrouvent brusquement inoccupés. Même ceux qui, faisant des travaux fastidieux ou pénibles, attendaient la retraite avec impatience : « Au début, je leur demandais : « Que faisiez-vous avant ? », a dit le médecin d'un hospice à Simone de Beauvoir. Ils me répondaient : poinçonneur de métro, ou manœuvre, puis fondaient en larmes. Avant, ils travaillaient; avant, ils étaient des hommes. J'ai compris, je ne pose plus de questions. »

Même les ex-P.d.g. écartés de leur fauteuil et qui gardent leur standing « ne sont plus que des âmes en peine ». Le manque d'activité intellectuelle et l'isolement accélèrent la déchéance. L'Ined a attribué à chaque catégorie socioprofessionnelle un « coefficient d'usure ». Ceux qui « s'usent » le moins vite sont, dans l'ordre, les prêtres, les professeurs, les cadres supérieurs, les cadres moyens. A l'inverse, c'est aux manœuvres et aux ouvriers que s'applique le coefficient le plus haut. En France, 38 % seulement des salariés souhaitent cesser de travailler, l'âge de la retraite venue. En U.R.S.S., « ceux qui s'arrêtent s'ennuient et baissent physiquement », précise notre correspondant à Moscou. En Suède, une étude médicale établit « un lien évident entre le début de la retraite et l'apparition d'anxiété, de mélancolie, de dépression mentale ». Enfin, la proportion des suicides est plus forte chez les personnes âgées.

Les syndicats français en ont pris conscience. Ils demandent maintenant que la retraite à 60 ans soit facultative, et aussi que les salariés y soient préparés. A Grenoble, des médecins ont créé un centre spécialisé. Au cours d'entretiens répartis sur six semaines, on y traite des conditions matérielles des retraités, de la santé et de la façon d'occuper les loisirs. Des cours facultatifs sur « le sens de la vieillesse et de la mort » sont faits par un rabbin, un prêtre et un pasteur.

La meilleure façon de bien vieillir est évidemment de garder une certaine activité : dans les pays communistes, qui manquent de main-d'œuvre, les salariés, et surtout les cadres, ont le droit de rester en activité tant qu'ils peuvent travailler. En France, M. Pierre Laroque s'indigne que sept ans après la publication de son rapport, aucun gouvernement n'ait encore pris une mesure de grande importance, et qui ne coûterait rien : la suppression de la limite d'âge — fixée généralement à 30 ans — dans les administrations et les entreprises publiques.

« Beaucoup d'hommes sont parfaitement capables de travailler au-delà de 65 ans », dit le Pr Pequignot. La liste des hommes d'Etat et des savants dont l'œuvre maîtresse se situe dans la deuxième partie de leur vie est longue : Marx, Kant, Pasteur, etc. M. Robert Baguet, directeur de « Notre Temps », revue destinée aux vieux, cite l'exemple d'une ex-modiste, devenue peintre à 80 ans, et qui a exposé ses œuvres à Paris et à Amsterdam : « Le troisième âge provoque parfois un éveil de la sensibilité artistique. Ce que nous recevons le plus ici, ce sont des poèmes. »

La vie sexuelle peut se poursuivre elle-même très longtemps. Une étude du médecin américain Runciman, rapporte Simone de Beauvoir, conclut que « ce sont les barrières psychologiques qui arrêtent l'activité sexuelle des gens âgés. Ils sont victimes — surtout les femmes — de tabous et d'inhibitions relevant d'une morale victorienne ».

Il est vrai, cependant, qu'à partir d'un certain âge — d'ailleurs différent pour chaque individu — la force physique diminue. L'intelligence est souvent intacte, mais « les automatismes, les habitudes et les scléroses se substituent à la volonté d'invention. L'esprit devient conservateur. Il y a une angoisse devant le changement ». Après 60 ans, a constaté l'Ined, 5 à 12 % des femmes et 17 à 23 % des hommes seulement se considèrent en bonne santé.

Pour concilier la soif d'action des personnes âgées avec l'impossibilité de les maintenir à certains postes, M. Alfred Sauvy propose de substituer à la « retraite guillotine », la « retraite progressive », qui comporterait des changements de fonctions successifs : « Nous en venons à concevoir, écrit-il dans « Le Socialisme en liberté », une période assez longue d'orientation professionnelle qui pourrait commencer à 45–50 ans et se terminer à 65 ou à 70 ans, parfois même plus tard. » Il rejoint M. Delors, qui divise la vie idéale en quatre périodes : l'enfance et les études, la première carrière, la seconde carrière et la retraite.

Les idées généreuses ne manquent pas, pour ralentir le vieillissement et diminuer le nombre des épaves échouées à l'hospice ou dans les « salles pourrissoirs » des hôpitaux. A la Salpêtrière et à Bicêtre, certains vieillards, entassés dans des salles de 50 lits, attendent la mort depuis vingt-quatre ans. Mais il faudrait, en plus des énormes moyens financiers (que les sociétés opulentes devraient pouvoir dégager), un minimum d'imagination et la conscience que le problème intéresse tout le monde. Avant qu'elle ne fonde sur nous, « la vieillesse est une chose qui ne concerne que les autres ». Sa seule perspective inspire une répugnance biologique. Un auteur de bandes dessinées a dû refaire une série parce que y figurait parmi les personnages un couple de grands-parents. On lui a demandé de « rayer les vieux » : ils « repoussent » le lecteur. Une enquête parmi les ouvriers du bâtiment montre qu'un an avant la retraite, 85 % des salariés refusent même de s'informer de leurs droits.

La plupart des tribus primitives tuaient leurs vieux devenus inutiles. Notre société hautement civilisée les enferme, les cache, les oublie. Pour elle, ses vieux ne sont rien d'autre, rien de plus que des morts en sursis. Mais nous sommes tous des vieillards en sursis. La jeunesse contestataire a su brandir partout ses revendications. Il serait temps d'ouvrir les yeux sur la révolte muette du troisième âge.

L'Express, 26 janvier 1970.

Vocabulaire utile

le tiers monde
reculer
entraîner
donner le vertige
dans la mesure où
la main-d'œuvre
quel que soit...
démesuré
un bidonville
accéder à
tant bien que mal
faute de
le milieu d'affaires
le taux
le logement
se nourrir
se vêtir
se loger
pénible

accablé
à l'égard de
une maison de retraite
ne vouloir (pas) entendre parler de
s'installer
suivre de près
tenir compte de
la moyenne
de base
le fonctionnaire
par rapport à
se retrouver
s'user
à l'inverse
facultatif
prendre des mesures
en venir à
les moyens financiers
il est temps de

Discussion

Dans l'ensemble, une très grande sobriété dans le style.

Les faits mêmes sont jugés être assez éloquents.

Le titre (le *tiers monde* par analogie avec le *troisième âge,* la vieillesse) place les renseignements sous la perspective souhaitée.

Comment voudriez-vous passer votre retraite ? Y songez-vous ? (Est-ce que la vieillesse est « une chose qui ne concerne que les autres ? ») Et votre père, qu'en pense-t-il ?

Les jeunes savent-ils profiter de leur jeunesse ?

Les vieux dans votre famille restent-ils dans la famille ?

Est-ce que les vieux sont mal traités aux Etats-Unis ?

(Comparer avec Gosset, chapitre 1.)

Que doit faire une société de ses vieux quand ceux-ci ne sont plus « utiles » ?)

Le journaliste parle des métiers où on s'use le moins.

Est-ce que ces métiers-là vous semblent intéressants ?

Si oui, est-ce pour cette raison ? Si non, qu'est-ce que vous aimeriez mieux faire ?

6
Enseignants et étudiants

François Nourissier

Fabrication du jeune Français

Les étudiants[1] français forment une communauté mystérieusement et perpétuellement au bord de la délinquance ou de la révolte. Le *chahut,* le *bizutage* et le *monôme* occupent dans leurs traditions une place exorbitante. Ce sont les trois pôles d'un rituel initiatique à base de domination et de rébellion. Les rapports entre les étudiants et notre société sont étranges : personne n'attend d'eux rien de bon. Chants pornographiques, stupides ou séditieux paraissent exprimer au mieux leur message. Il paraît normal que le Quartier latin, à Paris, soit soumis à une constante surveillance policière. A peine des étudiants sortent-ils de leur tanière et se groupent-ils, les autocars bleus, les voitures-radio et les paniers à salade apparaissent. Dans les amphithéâtres, le professeur doit toujours redouter un déchaînement de cris et de quolibets. Le petit monde étudiant vit en vase clos, dans un état subfiévreux que les conditions de travail et d'existence qui lui sont faites ne peuvent qu'exaspérer.

Distinguons bien, au niveau des études supérieures, entre grandes écoles et facultés. Les grandes écoles (Polytechnique, Centrale, Normale, Sèvres, Institut d'études politiques, ENA, HEC,[2] etc.) sont des organismes bien différenciés, encadrés, organisés. L'entrée et souvent la sortie par voie de concours, la durée limitée des études, la corrélation établie entre le rang obtenu et la qualité des débouchés, tout contribue à faire de leurs élèves des adultes en sursis, déjà engagés dans la vie réelle. Un polytechnicien est une espèce d'officier, l'élève de l'ENA une espèce de haut fonctionnaire.

Au contraire, les étudiants des facultés, souvent mal logés, mal nourris, mal installés dans leurs amphithéâtres ou bibliothèques, enseignés de façon solennelle, lointaine et sporadique, guettant la publication des « cours polycopiés » qui leur permettront de rattraper les retards des professeurs,

[1] **les étudiants** Se rappeler qu'en français le mot *étudiant* se réfère uniquement à celui qui fait des études au niveau supérieur.
[2] **ENA, HEC** Ecole Nationale d'Administration, Ecole des Hautes Etudes Commerciales.

ceux-là flottent dans un univers à demi réel, une société informe et fermée, et ils sont mûrs pour toutes les anarchies. Ne disposant pas d'espaces qui leur soient véritablement réservés, leurs querelles, réunions, manifestations diverses ont pour théâtre la rue. Donc, ils « troublent l'ordre » et sont traités en conséquence. La haine entre étudiants et agents de police parisiens est stupéfiante. Il faut avoir, pour y croire, assisté à ces charges policières, d'une brutalité raffinée, où se défoulent, pêle-mêle, jalousies sociales et fureurs politiques. Car, dès que des étudiants français poussent des cris, il s'y mêle des slogans politiques.

Quels que soient ces slogans et quelle que soit la couleur au pouvoir, la police y riposte en frappant. Cet automatisme éclectique est plein d'enseignements. L'ordre, comme l'argent, n'a pas d'odeur,[3] et ses gardiens pratiquent le coup pour le coup; ils assomment dans l'absolu.

Cette constante présence, autour de l'Université, de la suspicion — symbolisée à Paris par les petits groupes de gardiens de la paix en faction au coin des rues, aux environs du boulevard Saint-Michel — contribue à aggraver la tension entre monde étudiant et monde réel.

Les bagarres du samedi après-midi entre militants de droite et de gauche, déclenchées par les vendeurs de journaux,[4] font désormais partie des habitudes. Malheureusement, quand il arrive aux mêmes étudiants ou à d'autres de descendre dans la rue pour réclamer des laboratoires, des crédits, des restaurants universitaires décents (ils sont souvent, alors, accompagnés de leurs professeurs), les deux manifestations se ressemblent et sont vouées à la même réprobation, aux mêmes moulinets de matraque. Sans doute ce tableau, vrai aujourd'hui, le sera-t-il moins dans cinq ou dix ans. On construit, on construira peu à peu davantage de nouveaux bâtiments, des laboratoires, des cités universitaires. Déjà certaines villes remodelées après la guerre (Caen) ou particulièrement vivantes (Grenoble, Dijon, Mulhouse) offrent aux étudiants des conditions de travail normales. Près de Paris on « décentralise » plusieurs facultés, avec le double avantage de disperser une communauté trop turbulente et de lui donner un peu d'oxygène à respirer. Il existe ainsi désormais deux cités universitaires, dont l'une, ô miracle, entourée d'arbres ! Ces progrès, d'une modestie touchante au regard de ce qui a été réalisé ailleurs, étonnent presque leurs bénéficiaires...

Extrait des *Français,* Editions Rencontre, 1968.

---

[3] **l'argent n'a pas d'odeur**   Peu importe la source de l'argent.
[4] **vendeurs de journaux**   Etudiants qui vendent sur le trottoir des journaux de tendances idéologiques diverses.

Vocabulaire utile

au bord de
le chahut
un pôle
à base de
attendre qqch. de qqn.
rien de (bon)
redouter
un déchaînement
en vase clos
par voie de
la durée
le rang
les débouchés
un (haut) fonctionnaire
une faculté

logé
nourri
de façon
informe
disposer de
une querelle
une réunion
une manifestation
riposter
de droite (de gauche)
déclencher
faire partie de
être voué à
une cité universitaire
réaliser

Discussion

Analyser et commenter le monde étudiant tel que Nourissier l'évoque.

« Perpétuellement au bord de la délinquance ou de la révolte. »

« Personne n'attend d'eux rien de bon. »

« Une constante surveillance policière. »

« Vit en vase clos dans un état subfiévreux. »

« Un univers à demi réel. »

« La haine entre étudiants et agents de police : jalousies sociales et fureurs politiques. »

« L'ordre n'a pas d'odeur. »

« La tension entre monde étudiant et monde réel. »

« Descendre dans la rue pour réclamer, souvent accompagnés de leurs professeurs. »

« Disperser une communauté trop turbulente et lui donner un peu d'oxygène à respirer. »

Combien de ces remarques seraient valables pour les Etats-Unis ?

Quelle(s) rectification(s) faudrait-il apporter ?

Expliquer le phénomène étudiant à un Français.

A quel âge on fait quoi.

Les étudiants.

Les institutions.

Les matières et les méthodes.

Les finances.

La vie quotidienne.

Les avantages et les inconvénients.

La place de l'étudiant dans la société américaine.

Qu'est-ce qui change dans l'éducation américaine ? Est-ce ce qui devrait changer selon vous ?

Quelle Université?
Quelle société?

Pourquoi notre révolution ?

On a souvent posé la question : pourquoi les étudiants, qui sont des privilégiés et, généralement, des fils de bourgeois (10 % seulement de fils d'ouvriers accèdent à l'université) se sont-ils révoltés avec une telle violence ?

Cette question, tout en passant sous silence le fait que beaucoup d'étudiants sont obligés de travailler pour poursuivre leurs études, recouvre une erreur fondamentale : l'idée que seule la misère matérielle justifie la révolte et qu'un homme « qui a tout ce qui lui faut[1] » (sur le plan matériel) doit se trouver également satisfait sur le plan moral.

Dans la société actuelle, l'intellectuel est insatisfait par essence. La télévision, la presse, les biens de consommation utilisés comme moyens systématiques d'oppression contribuent à créer un univers matériel et spirituel dans lequel l'intellectuel ne parvient pas à faire comprendre son exigence de vérité et de liberté.

Comme les travailleurs, les intellectuels constituent un groupe social opprimé : c'est pourquoi les uns et les autres se sont trouvés unis dans la lutte.

Le système dans lequel nous vivons exploite les travailleurs. Pour masquer cette exploitation, il utilise une répression idéologique dont la fonction est notamment de rendre incompréhensibles les critiques de ceux qui le dénoncent.

A cet effet, plusieurs thèmes sont constamment ancrés dans les esprits par l'idéologie dominante. On les répète sans voir qu'ils ne recouvrent

---

[1] **tout ce qui lui faut** Tout ce qu'il lui faut.

aucune vérité mais qu'ils servent uniquement à bloquer toute compréhension des idées qui contestent l'ordre établi.

On nous a ainsi reproché
D'avoir recouru à la violence.

Evidemment, une voiture qui brûle, c'est de la violence — surtout lorsque le témoin de ce spectacle considère sa propre voiture comme une partie de lui-même (exemple typique du bien de consommation utilisé comme moyen d'asservissement).

Mais il ne faut pas oublier que cette violence ne fait que répondre à la violence sournoise de notre société : elle est une légitime défense contre l'oppression sous toutes ses formes (propagande télévisée, asservissement par la publicité, réforme réactionnaire de l'université sans participation des étudiants, etc.).

Les événements l'ont d'ailleurs prouvé : lorsque la violence camouflée n'a plus suffi, lorsqu'il s'est avéré que malgré la télévision et la propagande, des gens s'opposaient encore à l'oppression et la dénonçaient, le pouvoir nous a envoyé ses flics : après la matraque télévisée, la vraie matraque, celle qui blesse : le dernier argument d'un régime dont tous les mensonges ont échoué.

Que l'un de nos leaders, Daniel Cohn-Bendit, soit allemand.

Ce reproche s'appuie sur un réflexe nationaliste qui n'a plus de sens aujourd'hui. S'inquiète-t-on de la nationalité de Simca (= Chrysler) ou des accords passés entre firmes allemandes et françaises ? A une époque où la production s'organise à l'échelle mondiale, où tout événement local peut avoir des répercussions internationales, nous refusons de nous laisser enfermer dans nos frontières. Nous revendiquons le droit de nous organiser sur le plan européen pour lutter contre une oppression qui s'organise de même. Nous refusons également que se répande dans les esprits l'idée que la crise de mai fut due à l'action évitable de quelques « meneurs » : toute révolution suppose un détonateur; mais ce dernier aurait-il aussi bien fonctionné si la société française n'avait été, à la même époque, une véritable poudrière ?

De « faire de la politique » et de ne pas limiter nos revendications à l'université.

Cette objection aurait un sens si l'université était effectivement un domaine neutre entièrement séparé de la politique. Mais il n'en est pas ainsi. Comme les moyens d'information, comme l'éducation familiale et scolaire qu'elle prolonge, l'université fait partie des « forces de l'ordre ». Sous le couvert d'une fausse neutralité, sa fonction est en fait de transmettre une idéologie qui assure la perpétuation de l'ordre établi.

Les diverses réformes que le gouvernement nous a imposées jusqu'ici avaient aussi une signification politique.

A ces provocations politiques, nous devons répondre sur le plan politique.

Le discrédit jeté sur la politique n'est qu'un des multiples subterfuges utilisés par les classes dirigeantes pour se maintenir au pouvoir. Pendant que nous pensons que la politique « c'est mauvais », elles font sur notre dos la politique qui leur plaît. C'est ce que nous refusons.

Anonyme.

. . .

Le vrai problème

Le mouvement étudiant montre clairement que nous sommes au-delà d'une simple crise de l'université : il remet en question *les fondements mêmes de notre société.*

Il n'est pas suffisant d'expliquer le mouvement actuel par la volonté d'abolir un régime ou par les contradictions internes du capitalisme. Notre contestation remet en cause :

— *Une culture* conçue comme un patrimoine de privilégiés, gage de promotion sociale réservée à quelques-uns et non pas moyen de promotion humaine accessible à tous,

— mais aussi, *l'ensemble des rapports humains* — politiques, économiques et sociaux — qui fondent l'actuelle société,

— un monde exclusivement voué à la consommation, profitant à une minorité qui s'efforce d'y faire entrer la masse en lui faisant croire que le problème de l'homme relève de la seule augmentation du bien-être.

Cependant : il ne s'agit pas de rejeter le progrès des techniques ni la socialisation croissante de la société.

Ces phénomènes sont irréversibles !

Il faut trouver :

— des *attitudes* et des *moyens* permettant à chacun de ne pas se laisser mutiler par les conditionnements actuels;

— de nouvelles formes d'expression de *la liberté* et de la *créativité* de chacun.

Nanterre,[2] lettres, mai 1968.

Extrait de *Quelle Université ? Quelle société ?* Editions du Seuil, 1968.

[2] **Nanterre**   Université de Paris à Nanterre (banlieue), où se trouvent beaucoup des étudiants les plus radicaux, maoistes, etc.

Discussion

Quelle image offrent ces textes de la société actuelle ? Cette image vous
paraît-elle juste ?

« Les étudiants... des privilégiés. »

« (In)satisfaction matérielle... et morale. »

« Les biens de consommation utilisés comme moyens systématiques d'oppression. »

« Les intellectuels un groupe social opprimé, la répression idéologique. »

« La violence : camouflée; dernier argument; légitime défense. »

« Le réflexe nationaliste. »

« La société une poudrière. »

« L'université fait partie des *forces de l'ordre*. »

« Remettre en question les fondements mêmes. »

« Le progrès des techniques et la socialisation croissante... des phénomènes irréversibles. »

Trouvez-vous que le lien entre l'université et la société soit étroit ? Doit-il
l'être ?

Que changeriez-vous ? Comment ?

Patrice Buriez

Je ne peux plus être professeur...

J'ai 29 ans. Je suis professeur d'anglais dans un lycée de la banlieue ouvrière. C'est ma quatrième année d'enseignement dans ce même établissement. J'y ai donc vécu Mai.[1] J'ai participé activement au mouvement, à l'extérieur, et aussi à l'intérieur du lycée. Je le fais encore aujourd'hui : j'ai la conviction que le combat continue et que c'est mon rôle d'enseignant de le poursuivre et, dans un certain sens, de le mener. Professeur « enragé » ?[2] Si l'on veut : il y a longtemps que nous avons cessé de réagir à cette terminologie un peu hâtive. Professeur, en tout cas. Et, ce qui est bien plus important, professeur dans la quasi-impossibilité d'exercer ses fonctions.

Neuf mois après Mai, voilà où nous en sommes, administrativement, pédagogiquement, psychologiquement, physiquement. Est-ce faire le jeu du pouvoir que de l'écrire ? Sincèrement, je ne le crois pas. Et, quand bien même cela serait,[3] il me faut avouer que cela ne me gêne pas vraiment, que cela ne *m'intéresse* pas; au contraire, c'est là précisément que je me rends compte de ce que Mai a pu changer dans ma façon de voir le monde, d'envisager les problèmes, qu'ils soient d'ordre politique ou professionnel, dans mes réflexes mêmes...

Disons qu'en gros la situation est la suivante : l'administration du lycée, pas plus que les professeurs — c'est un fait — ne peut plus rien imposer aux élèves. Tous les anciens moyens disciplinaires ont été, d'un commun accord, supprimés à la dernière rentrée. C'est-à-dire qu'il n'y a plus de « colles », plus de blâmes — puisqu'il n'y a plus de conseil de discipline, plus de renvoi, temporaire ou définitif. Le lycée appartient aux élèves.

J'ai, par exemple, une heure de cours en seconde, tous les vendredis de

---

[1] **Mai** Mai '68, époque de l'occupation par des étudiants de plusieurs bâtiments de l'Université de Paris, avec ensuite des confrontations avec la police, des grèves, des manifestations pour et contre.

[2] **enragé** Très engagé dans les principes et les actions du mouvement de mai '68.

[3] **quand bien même cela serait** Même si cela était vrai.

4 à 5. C'est la fin de la semaine, tout le monde est énervé, de plus, l'heure de 3 à 4 est une heure creuse : je me trouve donc en présence d'une trentaine de garçons et de filles — c'est un lycée mixte — entre 14 et 17 ans, surexcités, qui ont passé une heure à danser ou simplement à écouter des disques sur un électrophone ou à jouer de la guitare, ou à discuter de la situation au Proche-Orient...

D'abord, il faut ranger les tables qu'on a poussées contre le mur pour faire de la place, ensuite, il faut leur rappeler que je suis là pour leur apprendre à parler l'anglais, enfin les reprendre en main... Je peux dire que l'heure y passe. Ce n'est pas, à proprement parler, du chahut. Ils sont même assez polis. Non, c'est autre chose, comme s'ils étaient saouls de leur liberté. Dans cet état de choses, les relations élèves-professeurs ne peuvent être que des relations personnelles. On peut parler, ils écoutent, dès qu'on « dit », c'est fini. Ils me parlent, eux aussi. Beaucoup. Avant, après, pendant le cours, me demandent mon avis, des conseils aussi quelquefois, l'un d'eux m'a même pris à part, l'autre jour :

« *Sommes-nous mûrs ?* »

« *Avec tout ça,* m'a-t-il dit, *je suis sûr que vous estimez qu'on n'est pas mûrs pour l'autodiscipline[4]...* »

Il avait l'air sincèrement navré. Je n'ai rien pu lui répondre.

En terminale, le problème est d'un autre ordre. J'aborde les cours exactement comme des réunions contradictoires. Je sais qu'il me faudra faire un mot d'esprit pour remettre à sa place un « adversaire » par trop fougueux et mettre la salle de mon côté, répondre pour la dixième fois à la même question sur « ce que je pense de la monarchie en Grande-Bretagne », essayer de faire comprendre que le meilleur moyen de se défendre contre une société que l'on conteste, c'est encore de lui prendre ses armes — et que posséder la langue anglaise peut en être une. En général, ce dernier argument est « payant » : ils suivent, ils réfléchissent, ils enregistrent, ils sont émouvants de sérieux. Dans ces moments-là, j'ai vraiment le sentiment d'avoir réussi quelque chose. Mais il me faut reconnaître qu'ils sont rares....

...[le fait que] le lycée où j'enseigne est situé dans la banlieue rouge et donc que les élèves sont en majorité des fils ou des filles d'ouvriers ou de petits-bourgeois. Ils sont donc plus naturellement intéressés par la politique, moins portés au désordre pour le désordre, au chahut pour le chahut, à l'insolence gratuite, à la grossièreté des fils à papa.

Ils n'ont pas non plus — enfin : moins qu'ailleurs — le snobisme des mots, des idées à la mode qui fait des ravages dans les lycées parisiens et

---

[4] **autodiscipline**   Contrôle des étudiants par eux-mêmes.

Juliette Minces

Un Ouvrier parle[1]

Une grève révolutionnaire, ce serait une grève dont la classe ouvrière prendrait la direction. Mais ça n'est pas à envisager, parce que ça exigera un niveau politique de beaucoup supérieur à celui qu'on a actuellement. Pour le moment, les mecs ne sont pas à la hauteur, politiquement. Et d'abord, parce que la bourgeoisie n'est pas assez faible. On me dira qu'à l'époque, ça se présentait un peu moins clairement que maintenant. Mais après les élections, on s'est bien aperçu qu'il y avait quand même une fraction importante de la nation qui suivait le pouvoir. Il faut faire attention à ça. Parce que si ça continue comme ça, on risque d'arriver à cet esclave industriel. Si on suit la voie que les autres, les gaullistes, quoi, essaient de tracer actuellement. C'est pour ça que ce qui s'est passé a été formidable.

Les étudiants, par le biais de l'enseignement, ont compris tout ça. L'enseignement, c'est la clef de tout le reste. Parce qu'on sait très bien que l'avenir de l'homme, c'est la pensée. Et la pensée, ça mène à l'action. Il y a la pensée et l'action. Continuellement. Il faut un brassage continuel d'idées. S'il n'y a pas ça, on va tout droit à la sclérose, ça donne une société comme la société américaine, ou même la société soviétique. Parce que là, il n'y a pas de combat. Ils parlent tout seuls les mecs. C'est une société où on parle tout seul. Mais dans la vie, il faut que ça se détruise, et là il n'y a pas de destruction. La vie, c'est quand il y a destruction, pour qu'il puisse y avoir construction. S'il n'y a pas ça, si on conserve tout, sans ce mouvement, on ne peut rien construire. La vie elle-même c'est la destruction, et en même temps la construction. Mais dans ces sociétés, ils ont peur de détruire. Il faut qu'il y ait un dialogue, quoi. Il faut qu'il y ait des gars qui disent « t'es un con »; il faut même qu'il y ait des outrances, pour secouer tout ça. C'est aussi pour ça qu'il ne faut pas systématiquement combattre l'outrance, parce que dans un sens, c'est constructif. Et c'est ce qu'ils ont fait, les jeunes. C'est le rôle de l'étudiant, de l'intellectuel. Moi je vois souvent ça. Des fois on présente des peintres, des gens comme ça. Ils font

[1] Remarquer le grand usage d'expressions appartenant à la langue parlée : **ça, on, truc, bac, quoi;** ainsi qu'à la langue populaire et même vulgaire : **mec, gars, con, foutu, môme.**

de l'abstrait, des dessins abstraits; ou ils sont surréalistes ou autre. N'importe. Mais l'avantage qu'ils ont, c'est de briser tout. De briser tous les poncifs. C'est ça. Ils font violence, les mecs. C'est important. Il faut faire violence. Il faut violer les idées. Si tu ne fais pas violence, tu ne progresses pas. Tu es foutu. Il ne faut pas que l'homme se résigne. Si l'homme se résigne, il ne vit plus. La vie c'est le contraire de cette résignation. Et eux, nous, on a besoin d'eux pour ça. Parce que le travail de l'ouvrier aliène. Il aliène la pensée aussi. Et c'est l'intellectuel — donc l'étudiant, parce que si on va par là, l'étudiant c'est un futur intellectuel — qui va nous ouvrir cette porte. C'est parmi les jeunes que naîtront des intellectuels qui, eux, nous ouvriront des fenêtres. Ils nous donneront d'autres aspects de la vie. Par exemple en peinture, ce sera la recherche d'une autre forme, d'un autre mouvement, d'autres volumes auxquels nous, on n'a pas pensé, parce qu'on n'a pas le temps, on ne peut pas, on est trop aliéné par le travail. Il faut qu'ils le fassent, eux, et il faut que tout cela nous parvienne. Il ne faut pas que ça reste entre eux. Par exemple, il y a eu une faillite terrible du réalisme socialiste. C'est comme ça que ça s'appelle, je crois. Ça a été un désastre. Les mecs sont tombés dans une platitude et une médiocrité atroces. Parce qu'il n'y avait personne pour dire « t'es un con ». On ne peut pas accepter ça. Le mouvement ouvrier, c'est un refus de ce truc-là. L'appui des ouvriers aux étudiants, c'est un refus de ça. Et c'est dans cette voie-là qu'il faut aller. C'est une porte ouverte vers la recherche. C'est même l'avenir. Il faut que ce soit comme ça. Parce que c'est à travers la recherche, à travers la pensée que l'homme s'améliorera et améliorera sa condition. Il arrivera un jour où l'étudiant, ce ne sera plus l'étudiant. Ce sera toute la jeunesse. Alors ils joueront un rôle de plus en plus grand dans la nation. Et qu'on ait des sympathies ou pas pour les étudiants, qu'on les aime ou pas, qu'on dise qu'ils sont des petits bourgeois, ça n'a pas d'importance. D'ailleurs ils le seront de moins en moins, à mesure qu'ils s'étendront davantage. Il faut en arriver là, parce qu'à partir du moment où l'étudiant sera toute la jeunesse et où se reposeront des problèmes comme ceux qu'on vient de connaître, alors à ce moment-là, d'accord. Beaucoup de choses seront possibles. Parce qu'ils joueront un rôle plus grand dans la nation. Mais il faut que dans l'ensemble de la population, l'étudiant soit revalorisé, qu'on le considère comme appartenant à une couche comme une autre et non pas comme des mômes, des galvaudeux, des trucs comme ça. Et il arrivera alors un jour où chaque homme sera son propre créateur. Où peut-être chacun créera quelque chose et les échanges seront extraordinairement nombreux. Et peut-être qu'alors on avancera plus. Il faut que ça débouche, tout ça; parce que pour le moment on ne sait pas dans l'ensemble où ça débouche, pour l'homme. Mais pour ça, il faut que les étudiants y pensent.

Ce qu'il y a, maintenant, le problème qui va se poser, c'est la manière dont les étudiants vont s'y prendre pour avoir un contact plus étroit avec les ouvriers. Il y a un truc que je leur reproche pour le moment. On peut d'ailleurs le reprocher aux deux, aux étudiants et aux ouvriers. C'est que d'une part, les étudiants sont ouvriéristes. D'autre part les ouvriers sont complexés vis-à-vis des étudiants. Enfin vis-à-vis d'étudiants d'un certain niveau déjà. Forcément, à côté d'un mec qui n'a que son bac, l'ouvrier n'est quand même pas complexé. Mais si c'est un mec de vingt-quatre ou vingt-cinq ans, alors là l'ouvrier est complexé. C'est pourquoi il faudrait plus d'échanges. Seulement il ne faut pas s'imaginer qu'on peut supprimer toutes les barrières; ce n'est pas possible. Ce n'est pas maintenant possible. C'est l'étudiant d'origine ouvrière ou paysanne qui fera ce travail-là dans sa propre famille. Ce n'est pas l'étudiant d'aujourd'hui qui peut le faire. Dans le fond, alors, qu'est-ce qu'on leur demande ? Oh, on n'a rien à leur demander. Ils sont assez grands pour savoir ce qu'ils ont à faire. Ce qu'on peut dire, c'est de souhaiter qu'ils restent ce qu'ils sont, contrairement à ce qu'on a connu auparavant, c'est-à-dire à l'étudiant petit-bourgeois, enfin celui qu'on a déjà décrit un peu partout, comme ça, à peu près, qu'on a caricaturé plutôt, sans faveurs, sans fleurs quoi; que le visage qu'il nous a présenté en mai-juin reste ce qu'il était à ce moment-là, quand bien même il ne sera plus étudiant. C'est-à-dire que même quand il ne sera plus étudiant, il garde ce visage.

Extrait d'*Un Ouvrier parle,* Seuil, 1969.

Jacqueline de Romilly

Nous autres professeurs

Je suis fille, petite-fille, arrière-petite-fille de professeurs. Et j'ai, personnellement, aimé l'enseignement avec passion.

Je crois qu'il faut le dire pour commencer; car le sentiment est plus répandu qu'on ne pense. Les professeurs, en effet, se plaignent de leur métier. Je m'en suis plainte aussi : toutes les plaintes portent en général sur les à-côtés du métier (réunions, conseils, réceptions, corrections), ou bien sur les conditions matérielles et morales dans lesquelles ce métier s'exerce. Mais le rapport du maître et de sa classe, s'il n'est pas vicié au départ par des oppositions qui lui sont extérieures, constitue une expérience, dont presque personne parmi nous n'ignore la richesse ou ne méconnaît la portée.

. . .

...à peine achevées les premières formalités de la vie en commun — appel des noms ou bien leçons, organisation des séances ou rappel des cours précédents — quelque chose prend corps. Ces activités collectives sont celles de la classe; et la classe se met à exister, comme une personne. On parle pour elle; elle vous répond. Il s'instaure une collaboration, pratique et intellectuelle.

Naturellement, certains élèves n'y ont pas part : il arrive qu'ils rêvassent et qu'ils aient l'esprit ailleurs. Le professeur, bon ou mauvais, ne peut pas se le permettre. Il doit parler et diriger : comment pourrait-il y parvenir s'il ne donnait à ce qu'il fait toute son attention ? Il est requis et absorbé par la tâche qui l'attend; il s'identifie, de toute nécessité, avec le cours à faire.

Cela implique une adaptation. Comme il s'adresse, à quelque niveau que ce soit, à des gens qui, par définition, en savent moins long que lui, il doit fournir un effort pour se mettre à leur portée. Il doit guetter sur les visages des réactions, des marques de compréhension. Si bien qu'il est amené à sortir de lui-même, plus complètement qu'on ne le fait dans aucune autre activité. Un professeur a, pendant qu'il parle, l'âge de ses élèves ou celui de ses étudiants.

Et, avec eux, il retrouve sous une forme neuve les connaissances qu'il a mission de communiquer. Elles redeviennent fraîches, inattendues. L'heure de cours est comme une oasis dans la trame des jours : c'est une heure réservée à la connaissance, à la vérité, à l'intelligence. C'est une heure où plus rien ne compte que la démonstration d'un théorème, l'exactitude d'une traduction, la beauté littéraire d'une œuvre. Et je dirais que cette heure représente, en un sens, un privilège rare : car y a-t-il joie plus grande que de faire comprendre aux autres ce que l'on sait et ce que l'on aime ?

En le faisant comprendre, on s'exalte de le mieux comprendre. On revient à la source. On se sent le dépositaire d'un trésor que l'on n'a jamais fini d'inventorier. On passe une heure avec ses élèves; on a leur âge; mais on passe aussi une heure avec Platon ou bien Racine, ou, si l'on veut, une heure avec ceux qui découvrirent telle ou telle loi scientifique. Plus exactement encore, parce que l'on doit faire comprendre quelque chose à des gens plus jeunes, on passe une heure d'effort, d'aspiration, de conquête. Chaque heure de cours est découverte faite en commun.

Alors, il se passe ceci, que tous les soucis qui vous occupaient un moment avant se trouvent oubliés, quels qu'ils soient. En des moments d'épreuves ou d'inquiétudes, où faire un cours me semblait à l'avance au-dessus de mes forces, j'ai toujours eu la stupeur de constater que, pendant juste une heure, je ne pensais plus à rien d'autre. Et l'on n'oublie pas que les soucis : on oublie les médiocrités, les découragements, les signes de l'âge; on retrouve, au double contact des élèves et des auteurs, une allégresse, une propreté de jeune; on oublie que la vie est faite de tiraillements et de déboires : pendant une heure, la vie, c'est la démonstration d'un théorème ou la lecture d'un poème. En tout cas, il est peu de cours qui ne comportent au moins quelques instants de grâce, où seule existe cette commune accession à quelque chose de vrai ou de beau.

Cette grâce est un peu un secret entre le maître et ses élèves, et un secret qu'eux-mêmes oublient sitôt que le contact a pris fin. Elle explique le malaise qu'éprouvent même de bons professeurs à voir un inspecteur s'installer en tiers entre leur classe et eux. D'ailleurs elle naît et s'éteint. Elle nous surprend toujours plus ou moins. A plus forte raison est-il difficile que les profanes la soupçonnent ou la comprennent.

On voit ce que nous sommes du dehors. Tout d'abord, on voit nos travers. Car ces classes heureuses sont notre vie; mais leur bonheur se paie. Il explique ce goût un peu puéril, que nous gardons tous plus ou moins, pour les plaisanteries trop faciles, qui créent avec les élèves une connivence joyeuse. Il explique notre candeur et notre maladresse : trop de fois par semaine, nous avons l'âge de nos élèves. Et il explique aussi ce goût rhétorique du martyre, qui nous fait si volontiers défendre avec emphase les causes qui le méritent le moins, habitués que nous sommes à vivre avec Polyeucte ou bien Ruy Blas. Et puis, en tant que professeurs, on nous voit récriminer. On entend dire que les professeurs se plaignent, revendiquent, protestent. Et peu à peu l'on oublie que le vrai visage des professeurs n'est pas ce visage querelleur : le vrai visage des professeurs, c'est dans la classe qu'il se voit. Et il est plus noble que l'autre.

Il fallait le rappeler au nom de la simple équité. Mais surtout, il le fallait parce que la grâce dont je parle se trouve aujourd'hui menacée.

. . .

Et pourtant, à peine ai-je lâché ce mot de « contact avec les étudiants » que je bute sur un autre reproche, qui nous est souvent adressé. On déclare, en effet, que nous ne cherchons plus ce contact, et qu'effarouchés par la difficulté, nous nous enfermons dans notre savoir et dans nos tours d'ivoire.

Si, par « contact avec les étudiants », on entend des relations personnelles s'établissant en dehors des cours, je serais portée à penser qu'il s'agit d'un mythe assez creux, dont les répercussions ne sont pas sans danger.

Je l'ai connu d'abord sous une forme burlesque, quand j'étais professeur non résident[1] à la faculté des lettres de Lille : c'était le ministère, alors, qui se réclamait de ce mythe. Il fallait passer un certain nombre de jours — et de nuits — dans la ville où l'on enseignait, afin de préserver ce fameux contact. Et je me rappelle avoir exercé la verve de mes collègues masculins en signant un engagement où je promettais de « me tenir en contact étroit avec mes étudiants ». Plaisanterie à part, je l'ai fait. Cela veut dire qu'ils pouvaient venir me voir, me demander conseil, m'exposer leurs difficultés. Et pendant deux jours entiers, chaque semaine, je me suis toujours tenue à leur disposition.

Mais je dois dire une chose : dans les Facultés plus petites d'autrefois, quand j'étais moi-même étudiante, nous n'avions aucun rapport de ce genre avec nos maîtres, et cela ne nous manquait nullement. J'ai fait mon mémoire de diplôme[2] sous la direction de Paul Mazon, mais, pour cela, je l'ai vu deux fois en un an : il me laissait travailler à ma guise. Et je ne me souviens pas être allée jamais « demander conseil » à aucun des professeurs dont je suivais les cours.

Pourquoi cela ? nous n'étions pas si nombreux, ils n'étaient nullement égoïstes. Mais voilà : nous nous considérions comme des adultes; et nous n'avions avec eux que des rapports professionnels. Ils nous apprenaient ce qu'ils savaient, sans nous prendre par la main pour nous dire quoi lire ou quoi penser. Nous essayions, nous allions à l'aventure, nous prenions nos responsabilités. A mon avis, le mythe du « contact avec les étudiants » est né non pas du nombre des étudiants, mais de leur manque de maturité.

---

[1] **professeur non résident**   Professeur qui habite Paris de préférence et qui ne va en province que pour faire ses cours. Changé depuis les réformes de 1968.

[2] **mémoire de diplôme**   Thèse d'une centaine de pages dont l'équivalent américain se situerait entre la maîtrise et le doctorat.

...pendant ces deux dernières années, j'ai découvert une autre cause à leur abstention et les indices d'une situation nouvelle. Il semble bien, en effet, que les étudiants, qui parlent tant de dialogue, en soient venus à refuser, de façon systématique, tout dialogue individuel. Organisés en syndicats et comités, ils ont eu tendance à considérer toute relation de l'un d'entre eux avec un maître comme une sorte de trahison. J'ai vu, cette année, une étudiante exposée aux sarcasmes de ses camarades, et à une sorte de quarantaine, simplement parce qu'elle était venue, après un cours, me demander des renseignements. Je ne vois pas de raison pour développer outre mesure ces fameux contacts personnels; mais en interdire la liberté est sans nul doute criminel. Or, cette faute contre la liberté est le fait d'étudiants nigauds, mais non pas de professeurs.

Les professeurs en commettent une autre, qui est inverse, et me paraît, je dois l'avouer, d'une gravité au moins égale. Elle est surtout fréquente chez les jeunes enseignants, mais elle existe aussi chez de plus chevronnés. Cette faute consiste, sous prétexte de mieux aider les étudiants et de se rapprocher d'eux, à prendre possession de leur confiance par une inconsciente démagogie.

Il est si facile de gagner la confiance, ou l'affection, de ceux à qui l'on enseigne ! Je m'en suis aperçue d'abord dans les lycées. Je l'ai vu quand j'ai mesuré avec quelle promptitude des élèves de seconde fixaient leurs goûts littéraires d'après une lecture involontairement trop émue ou trop ironique. Je l'ai vu quand je me suis trouvée l'objet de ces affections exaltées, qui sont le lot commun de quiconque enseigne à des adolescentes. Et j'ai pu mesurer la tentation que représentent ces dévotions de nature suspecte, qui se parent du prétexte d'admirations intellectuelles. On ne s'en défie bien souvent que quand elles deviennent par trop indiscrètes — comme pour cette collègue, qui est mon amie, et qui s'étonnait de voir s'amenuiser bizarrement la fourrure de son manteau : elle devait découvrir un jour que les élèves de sa classe en arrachaient les poils pour en faire des talismans et de pieux souvenirs ! L'incident est comique; le danger ne l'est pas. Et au lieu d'apprendre aux jeunes professeurs à gagner la confiance de leur classe, on devrait bien, je crois, leur apprendre à tenir en respect les admirations abusives, qui tournent à l'emprise illégitime.

Ce problème ne se pose pas dans les mêmes termes pour l'enseignement supérieur. L'âge des étudiants et étudiantes écarte en général les affections désordonnées; en revanche, il s'ouvre aux enthousiasmes idéologiques ou politiques; et les cours de faculté invitent plus que ceux du lycée aux fausses séductions de la parole. La démagogie trouve donc là un terrain de choix. Il y a la tentation d'émouvoir, celle de faire rire; il y a la tentation de simplifier. Il y a surtout celle de servir les modes intellectuelles du jour et de se donner des allures modernes. Ce sont là des périls constants, auxquels la probité veut que l'on échappe; mais, dans le temps même que l'on prononce une phrase, qu'on l'accompagne d'un geste ou d'un sourire, qu'on la relève d'un mot familier, on sent parfois que l'on a cédé. L'auditoire réagit, content : il ne voit pas qu'on l'a, pendant juste une minute, flatté et trompé. Et je crois que nul d'entre nous ne peut se vanter d'avoir toujours su éviter cette faiblesse, si fermement qu'il l'ait tenté.

Toutefois, cette tentation n'est rien à côté de celle qui régit les rapports humains.

De même, en effet, que le désir d'intéresser des auditeurs dégénère aisément en désir de plaire, de même le désir d'aider des jeunes gens dégénère, sans que l'on s'en rende compte, en contrefaçon indiscrète visant à les circonvenir. Et il n'est rien de plus triste qu'un professeur qui veut « faire jeune »....

·   ·   ·

Et, en fin de compte, pourquoi ce zèle ? pourquoi ces vies d'effort et de labeur, qui n'étaient ni très rétribuées ni très honorées ? Il faut le proclamer sans fausse honte, en ces temps où tout, même nos buts, est critiqué et mis en question : tout ce que nous faisions, nous le faisions pour la culture.

Et maintenant on vient nous dire : à quoi bon la culture ? Quel est ce luxe réservé à une élite et fondé sur des connaissances inutiles ? Les plus beaux mots de notre passé sont regardés avec suspicion. Et des jeunes, en début d'études, écrivent allégrement sur les murs des Facultés : « Mort à la culture ! ». Ce sont les mêmes qui écrivent aussi « Mort à l'Université ! »; et cela est logique; car, pour les professeurs comme moi, université et culture ne se comprennent pas l'un sans l'autre.

D'abord parce qu'avant d'être un luxe, la culture est une formation. Culture et éducation sont synonymes. On cultive des plantes, des arbres. Cela veut dire qu'on leur fournit ce qui est nécessaire à leur épanouissement : on les nourrit, on détruit les mauvaises herbes qui les gêneraient ou les étoufferaient, on les débarrasse des parasites, on les taille, pour accroître leur force; bref, on agit de mille manières pour aider leur vitalité naturelle et décupler tout à la fois leur beauté et leur fécondité. On fait de même pour les esprits. On leur fournit leur nourriture — c'est-à-dire que l'on développe, à travers toute discipline, quelle qu'elle soit, leur aptitude au raisonnement, leur connaissance des problèmes, leur expérience des solutions déjà tentées. On leur fait comprendre également, dans les disciplines littéraires, les sentiments, les émotions, qui se sont fait jour avant eux chez des hommes de toute espèce. On les rend aussi capables, par le contact des exemples et l'exercice de la critique, de s'exprimer avec plus de force, de rigueur et d'éclat. Enfin, s'il est vrai que l'apprentissage de l'histoire et la fréquentation de modes de pensée divers rend leurs propres doctrines plus riches et plus conscientes, il faut préciser encore que cette double épreuve doit les rendre plus tolérants envers les idées d'autrui et plus libres eux-mêmes, vis-à-vis des pressions immédiates. Les cultiver, ce n'est donc pas autre chose que développer leurs qualités d'hommes, qualités qu'ils emploieront ensuite comme ils voudront, à ce qu'ils voudront.

Simplement, Platon l'a dit, il ne faut pas être trop pressé. Le grec n'a guère d'utilité pratique. Il ne sert, en pratique, que si on l'enseigne, ce qui représente un cercle clos, en soi injustifiable. Mais, si l'analyse des phrases grecques, avec leur cortège de moyens mis au service de la rigueur, développe les facultés de raisonnement et la précision du langage, si le contact des philosophes aide à penser les grands problèmes sous leur forme première, si la lecture des tragiques vous fait connaître des émotions qui ne doivent rien aux menues conventions du moment mais qui, venant de très loin, s'imposent pour cela sous leur forme la plus pure, au niveau même de l'homme et de ses mythes lointains, il est certain que l'on aura appris, à la suite de ses études grecques, à s'insérer de façon plus riche dans la vie que l'on aura choisie — quelle que soit cette vie — et que l'on y apportera des qualités profondes, qui se révéleront efficaces.

Et puis, par-delà l'efficacité pratique, faudrait-il négliger le fait d'être un homme et de vivre avec le maximum de joie ? Avoir à sa disposition le trésor des connaissances accumulées au cours des siècles, cela compte. Réagir aux maux quotidiens avec le secours de tous ceux qui ont, de quelque manière, embelli la vie humaine, cela compte. Pouvoir lire, pouvoir penser, pouvoir mesurer son propre sort aux dimensions du grand dialogue humain où rayonnent les héros, les artistes, les penseurs, cela aide. Et pouvoir éclairer ses journées des accents des poètes, cela aide. Chaque minute vécue, chaque incident subi, chaque malheur et chaque bonheur en reçoivent une portée plus pure. Et souvent, comme on dit, la vie étant ce qu'elle est, une telle transposition « n'est pas du luxe ». Refuser délibérément sa possibilité, la refuser pour tous, quel que soit le degré de participation qui leur est accessible, c'est condamner les hommes à des vies de bêtes.

· · ·

...il est bien vrai que nous semblons souvent naïfs ou ahuris : nous sommes mal habillés, nous nous émerveillons devant des nouveautés qui ont déjà quelques années; quand on nous parle de personnes, nous répondons avec des principes; et nous sommes terriblement ignorants de tout ce qui n'est pas l'enseignement. En face d'une décision à prendre, nous sommes souvent hésitants. On nous dupe sans difficulté. Mais qui n'a pas approché, dans sa vie, certains de ces vrais savants, à l'esprit libéral, aux manières aisées, à l'intelligence ouverte et tolérante, à qui leur richesse intérieure confère une sorte de souveraineté tranquille, même parmi les puissants du jour ? Et qui n'a connu de ces simples professeurs, aimant les livres et les vers, férus d'étymologies et de curiosités locales, des littéraires s'émerveillant de connaissances zoologiques, des scientifiques s'enchantant de Michelet ou d'Hérodote, des êtres sans tache, pleins de probité, respectueux des joies de l'esprit, innocents dans un monde sans innocence ? On les regarde avec indulgence; mais, lorsqu'on les approche, on a soudain regret de n'être pas comme eux; et l'on se dit qu'enfin, et malgré tout, il n'est pas si mal d'être homme.

Et surtout, par-delà le monde des professeurs, qui n'a connu des avocats, des médecins, des peintres, qui n'a connu des chefs d'entreprise, ou des ménages d'employés, des architectes, des mères de famille, des jeunes acteurs ou d'humbles retraités, chez qui les souvenirs de leurs classes ou de leurs lectures éveillaient une fidélité attendrie ? Ceux-là ont gardé de leurs études le goût des connaissances désintéressées, l'amour du loisir, et une sorte d'ouverture à tout ce qui n'est pas la simple poursuite de l'efficacité immédiate. Ils en ont gardé aussi le respect d'opinions diverses, dont ils savent qu'elles existent, le goût de la vérité, dont ils savent qu'elle doit se chercher dans l'objectivité et la modestie. Ils en ont gardé l'idée que certaines valeurs comptent plus que certains biens. Ils en ont gardé le libéralisme.

Tous ceux-là, pour qui le bonheur et la valeur même de la vie se lient au souvenir de leurs études, si brèves qu'elles aient été, sont autant d'îlots de pureté, en qui rayonne un idéal. Tous ceux-là sont nos anciens élèves, à nous autres les professeurs. Et, à des degrés divers, jusqu'aux hommes les plus enfoncés dans le confort matériel ou le désir de ce confort, tous participent à leur manière de ce feu nourricier. Tous les hommes, par leurs meilleurs côtés, sont redevables aux professeurs.

Extrait de *Nous autres professeurs,* Fayard, 1969.

Discussion

Portrait du professeur : à accepter ? rajuster ? refuser ?

« Aimer l'enseignement avec passion. »

« Les conditions matérielles et morales. »

« La classe se met à exister comme une personne. »

« Le professeur doit parler et diriger. »

« Il s'identifie avec le cours à faire. »

« Un effort pour se mettre à la portée des étudiants. »

« Une heure réservée à la connaissance, à la vérité, à l'intelligence. »

« Un trésor que l'on n'a jamais fini d'inventorier. »

« Une heure d'effort, d'aspiration, de conquête. »

« Quelques instants de grâce. »

« Un secret entre le maître et ses élèves. »

« Voir un inspecteur s'installer en tiers. »

« Nos travers. »

« Le contact avec les étudiants. »

> « Mythe né de leur manque de maturité. »

> « Refuser, de façon systématique, tout dialogue individuel. »

> « Tenir en respect les admirations abusives, qui tournent à l'emprise illégitime. »

> « Dans l'enseignement supérieur, les enthousiasmes idéologiques ou politiques. »

> « La démagogie : émouvoir, faire rire, simplifier, servir les modes intellectuelles du jour et se donner des allures modernes. »

> « L'auditoire réagit, content : on l'a flatté et trompé. »

> « Rien de plus triste qu'un professeur qui veut *faire jeune*. »

« Tout ce que nous faisons, nous le faisons pour la culture. »

> « A quoi bon la culture ? »

> « Culture et éducation sont synonymes. »

> « Simplement, il ne faut pas être trop pressé. »

> « Vivre avec le maximum de joie. »

« Des êtres sans tache, pleins de probité, respectueux des joies de l'esprit, innocents dans un monde sans innocence. »

« Les souvenirs des classes ou des lectures éveillent une fidélité attendrie. »

« Tous les hommes, par leurs meilleurs côtés, sont redevables aux professeurs. »

Qu'est-ce qui fait un mauvais professeur ? un bon ?

Quelles sont les conditions de vie d'un professeur de secondaire ou d'université ? Expliquez à un Français la place matérielle et morale du professeur dans la société américaine.

Qu'est-ce qui fait des études réussies ? (les étudiants ? le professeur ? les cours ? l'institution ?)

Evoquez pour un Français ce que c'est que d'être élève ou étudiant dans votre situation.

« En français, Jackson, en français. »

7
Travail, loisir et société de consommation

Jacques Ellul

La Machine est un objet neutre dont l'homme est le maître

Il est redoutable de s'attaquer à ce lieu commun, car il représente la base, la fondation, la pierre d'angle de toute la construction dans laquelle l'homme moyen à la suite des socio-penseurs (catégorie optimiste) prétend faire entrer la technique, ses pompes et ses œuvres, l'humaniser, et, par là, se rassurer. Or, si nous effritons si peu que ce soit ce moellon, l'édifice risque de nous tomber sur la tête, et comme il est construit d'arguments aussi gros que l'Arc de triomphe, on n'en sortira pas sans mal. Evidemment, l'on peut garder son sang froid en considérant que ce lieu commun est inattaquable, ferme comme granit. Car enfin, quoi de plus certain ? Je suis dans une auto; elle ne marche pas sans moi; je suis le maître de la faire aller à droite ou à gauche, de l'arrêter ou de la pousser à la limite de ses possibilités; et, suivant la belle et satisfaisante comparaison (et surtout originale) de l'auteur bien connu qui a élucidé ce problème, « L'homme est à la machine comme l'âme est au corps ». L'idée de machines qui prendraient leur auto-nomie par rapport à l'homme, de ces robots qui deviendraient capables de conscience, ce n'est que science-fiction, et n'a aucune chance de se réaliser. Rappelons-nous l'espèce de crainte superstitieuse qui a saisi le bon peuple lorsqu'il fut question de machine à penser. Quoi ! L'homme se voyait dépouillé de ce qu'il tenait pour sa plus haute prérogative, sa fonction éminente, qui le distinguait de l'animal ! Etre dépouillé par une machine ! Mais ce n'était là que cauchemar de primaires prêts à s'alerter. Car on sait maintenant que la machine ne pense pas. Elle résoud des problèmes, elle traite des textes, elle calcule des probabilités, mais seulement à partir de l'énoncé qui lui est proposé par l'homme, à partir du programme établi par l'homme. Or, ce qui est l'opération intelligente, décisive, c'est justement de *voir* le problème, de poser correctement l'énoncé, de faire un programme de travail exact : le reste n'est plus qu'opération mécanique, et la machine n'entre en jeu qu'après la pensée, et au service de l'homme qui est le roi. Et, bien entendu, c'est encore plus évident si nous pensons à la neutralité morale ! Comment donc la machine pourrait-elle être orientée d'elle-même vers le bien ou vers le mal ? Comment la machine pourrait-elle décider du bien ou du mal ? Elle n'est rien de plus qu'un outil, et l'homme qui s'en sert, le fait pour le bien ou pour le mal suivant ce qu'il est lui-même ! Est-il nécessaire de s'étendre sur ce qui paraît être raison convaincante, explication satisfaisante, mais qui n'est que truisme superficiel, ne tenant aucun compte d'une *autre* réalité.

La réalité c'est d'abord le fait qu'il n'y a pas *une* machine, mais des centaines qui entourent l'homme et créent autour de lui un monde nouveau. Si l'homme peut prétendre être maître d'une machine, et même de chacune des machines considérées successivement, peut-il prétendre être le maître de l'ensemble technique dont chaque machine est une pièce ? Le conducteur d'auto a un accélérateur, un débrayage, un frein, un volant, etc. à sa disposition. Il peut se dire qu'il est maître de l'un et de l'autre de ces instruments; mais le problème n'est pas là : il s'agit d'être maître de la *combinaison* entre ces éléments, c'est seulement en manipulant l'un par rapport à l'autre que l'on conduit l'auto. Il en est de même pour[1] la société technicienne : ce n'est pas une machine plus une, plus une, etc., c'est de leur combinaison qu'il s'agit. Or, cette combinaison, ce complexe mécanique et technique, qui le possède ? Lorsqu'un ouvrier est obligé de fournir tel rythme de travail et tel horaire à cause de la machine, peut-on dire qu'il en est le maître ? Peut-être pas ! Mais le patron... le patron ? S'il a adopté cette machine, c'est parce qu'elle est le dernier mot du progrès technique. Il n'est pas davantage maître de la choisir ni d'en modifier l'usage : cet usage est dicté par la structure interne de sa société et par l'apport en matière première venant d'autres machines et par l'appel d'emploi de la machine qui suit. L'enchevêtrement de toutes les machines, celles des usines et celles des transports, celles des bureaux et celles des distractions, celles de la nourriture, celles de l'hygiène et celles de l'information, fait que l'ensemble de la société en est modifié, que l'échelle des valeurs, les processus de jugements, les modes de vie, les comportements en sont modifiés, et qu'il n'est aucun centre exact où l'homme puisse prétendre se saisir en toute indépendance de la machine (laquelle ?) pour l'utiliser à son gré ! De toute façon, si l'homme utilise la machine, c'est à l'intérieur d'une société déjà modifiée, transformée par la machine, indépendamment de la volonté, de la décision de l'homme. Qui plus est, prenons au moins conscience de ce que l'homme lui-même est déjà modifié par la machine. Ce ne sont pas seulement les formes sociales et les institutions et les rapports sociaux : l'homme dans sa vie affective, dans ses intentions et ses projets,

---

[1] **Il en est de même pour** La même chose est vraie pour.

loisir personnel sur le loisir massif et le loisir actif sur le loisir passif. Ainsi, au-delà du chaos du loisir individualiste, ou de l'ordre mort du loisir totalitaire, se développerait l'ordre vivant qui unit les personnes.

Soumis au vrai, le loisir ne cessera d'être le domaine de l'à peu près et du faux semblant, un ersatz de liberté, que s'il s'engage tant soit peu dans le réel. La corvée de travail industriel assurant un strict minimum vital à l'ensemble des citoyens, ils pourraient consacrer l'essentiel de leur temps à des activités dont les produits seraient négociés au marché libre. Ainsi se reconstitueraient des métiers où les travailleurs pourraient satisfaire leur besoin d'exercer leurs mains et leur esprit : une agriculture, un artisanat, un commerce. Le loisir ne serait plus un vain jeu, il participerait du sérieux du gagne-pain, mais le travailleur n'y risquerait que de perdre le superflu. Alors il ne serait plus question de loisir, ni de travail : leur dichotomie serait abolie. Le dimanche deviendrait enfin quotidien. Mais la route est infinie, qui ramène jusqu'à ce jardin où l'homme vivrait enfin de ses jeux. Et surtout il faut décider de la prendre.

Extrait de *Dimanche et lundi,* Denoël, 1966.

Paul Feldheim

Problèmes actuels de la sociologie des loisirs

*Quelques grands thèmes de recherche sociologique
en relation avec la civilisation des loisirs*

Il serait impossible de dresser une liste complète des études qu'il conviendrait, au moment présent, d'entreprendre ou de continuer dans le domaine du loisir, ou encore de leur attribuer un ordre prioritaire. La définition d'une politique ne peut venir que de synthèses d'études parcellaires et limitées. Celles-ci s'inscriront généralement dans le cadre de sociologies spécialisées faisant appel à la collaboration de spécialistes d'autres sciences sociales.

Avec l'éducateur et le pédagogue, le sociologue s'interroge sur l'influence de l'éducation sur la consommation et la propension à la consommation de loisirs d'essence culturelle, sur les plans tant quantitatif que qualitatif.

Comment convient-il de former les jeunes en vue d'une utilisation équilibrée et utile, autant à la société qu'individuellement, des temps de non-travail ? Problème encore que celui de la formation des animateurs de loisir : leur faut-il une formation supplétive ou plutôt une formation spécifique ? Dans tous les domaines (sports, culture populaire, etc.) ou dans certains seulement (sport, par exemple) ?

Avec le psychologue, la recherche portera peut-être sur la part qu'il convient de réserver aux diverses activités de loisir pour assurer l'équilibre physique et mental de l'homme dans la société de demain, ou encore sur les facteurs psycho-sociologiques du conditionnement du loisir : facteurs historiques, traditionnels, sociaux, professionnels, etc.

La collaboration du juriste et du criminologiste s'avérera nécessaire pour étudier les problèmes de délinquance, en forte augmentation, et le rôle sur celle-ci des moyens de diffusion, de l'élévation du niveau de vie, des conditions matérielles de la vie moderne. Comment organiser le contrôle social sur les activités de loisir : censure ou éducation ? Quels critères retenir pour définir le loisir de qualité ? Les problèmes de droit qui se posent sont nombreux et rejoignent les préoccupations de l'homme politique. Quels doivent être les rôles respectifs de l'Etat et des pouvoirs subordonnés dans l'organisation de l'infrastructure des loisirs ? Faut-il le planifier et dans quelle mesure ? Ou bien est-ce à l'initiative privée de s'en charger ? Comment susciter de nouvelles initiatives là où la carence est manifeste ?

De son côté, l'économiste s'intéressera aux conséquences socio-économiques des transformations dans les habitudes de consommation: le loisir peut-il devenir, par le biais du perfectionnement de l'homme, un facteur de croissance économique ? Quelles seront les répercussions de la civilisation du loisir sur les structures de l'emploi, sera-t-elle génératrice d'emplois nouveaux ? La part relative du travail féminin s'en trouvera-t-elle accrue[1] ? Quelle sera l'influence des besoins de loisirs sur les structures des budgets familiaux, ne deviendront-ils pas des sources d'inflation ?

Quelle est l'influence de l'appartenance à un groupe socio-professionnel sur l'utilisation du temps libre, comment évoluent les divers systèmes de valeurs de ces groupes, quels sont les facteurs d'évolution dont ils ont conscience, quels sont ceux qu'ils subissent sans s'en rendre compte ? La typologie des activités de loisir pourrait-elle servir de base à la définition de nouveaux critères pour l'élaboration d'une théorie de la stratification sociale ?

Enfin, il faut mentionner l'immense champ d'investigation que représente le domaine des communications.

Pour terminer, on posera un dernier thème : par le biais de certains types de loisirs, pourrait-on agir sur les motivations et le comportement des populations dans les pays en voie de développement, de manière à les assister dans leur évolution.

Ainsi, la civilisation des loisirs offre à la sociologie des perspectives considérables, mais son rôle doit aller au-delà de la recherche de l'amélioration de la connaissance de la société : elle doit devenir un instrument actif dans la transformation de la société en aidant ceux qui ont la charge, au sens le plus large, d'administrer les collectivités, à choisir de meilleures politiques.

Extrait de *La Civilisation des loisirs,* Marabout, 1967.

---

[1] **s'en trouver (accru)**   Etre par ce fait (accru).

A. *Durtroit*

« Nous, on a... »

Entendant sans cesse parler de « bourgeois » et de « société de consommation », je voudrais faire une petite mise au point.

Professeurs débutants, nous avons dû accepter, à notre arrivée à Rennes,
l'H.L.M. auquel nous avions droit.

C'est là, au milieu d'ouvriers, que j'ai fait la découverte de cette fameuse
« société de consommation ». Jamais je n'avais autant entendu parler de
« télé » et de « bagnoles ». Mon fils, âgé de 7 ans, a fait parmi des enfants
d'ouvriers connaissance de la plus basse vanité humaine. Pour la première
fois, il a ressenti l'humiliation infligée par ces « nous, on a », comme il les
appellera désormais.

Voici, dès sa première prise de contact, l'interrogatoire auquel il fut
soumis[1] :

« Qu'est-ce que t'as comme bagnole ?

— Une Ami 6. Pas moi, c'est à papa.

— Ah ! quelle camelote ! « Nous, on a » une 403. Ça, c'est fort, ça roule.
Mon père, il roule à 150, on sème les autres ! T'as vu, l'autre soir, à la
télé, la même avec le type ?

— Nous n'avons pas la télévision.

— Oh ! mince alors, ils n'ont pas la télé ! Hein ! vous entendez, il a pas
la télé, alors ça ! c'est de la m.... »

Ce fut un tollé général et un coup de poing !

Au moment des vacances ?

« Ousque tu vas en vacances ?

— Nous restons à la maison.

— Ah ! mince de vacances ! « Nous, on a » une tente et on va en
Espagne. T'est pas verni, non ! T'as pas de tente ? »

Dans ma famille bourgeoise (oh ! horreur) et catholique (j'ose l'avouer),
on habituait les enfants à avoir des goûts simples. On nous donnait des

---

[1] Remarquer dans le dialogue le mélange des langues — parlée : **nous, on a, t'as,
ousque** (où est-ce que), **télé** (télévision); familière : **camelote, type, mince alors;**
populaire : **bagnole, môme;** argotique : **semer, verni;** vulgaire : **de la m...** (merde).

« principes » stricts : ne jamais faire étalage de ce que l'on a. On ne doit jamais éclabousser et blesser les autres, on ne se vante pas, il ne faut pas se réjouir d'avoir ce que d'autres n'ont pas. Au contraire.

Eh bien ! je trouve que cette civilisation « bourgeoise » avait de bons côtés...

Lettre à *L'Express,* 26 août 1968.

Bernard Cazes

Le Malaise dans la consommation

Considérés comme concept purement descriptif, les mots « société de consommation » ne soulèvent pas de problème particulier, pas plus que ceux d' « ère de la consommation de masse » utilisés par W.-W. Rostow pour désigner une phase particulière — la plus récente — des sociétés industrielles, repérable à l'aide d'un critère quantitatif tel que le volume de biens et services consommés par habitant. Mais c'est évidemment comme concept critique que l'expression a acquis sa notoriété, sans qu'il soit d'ailleurs facile de retrouver de façon précise l'auteur qui l'a lancée.

Si maintenant on essaie de regarder quelle est la cible que vise cette critique, la multiplicité des intentions ne peut manquer d'apparaître. J'en vois au moins quatre, que j'ai présentées dans le tableau ci-contre, où figurent sous la rubrique « excès » les divers courants de pensée qui sous-tendent la dénonciation de la société de consommation, et sous la rubrique « antidote » les implications positives de chacun de ces courants....

Quatre formes d' « excès »

1. Goût exagéré des richesses et des plaisirs. L' « avoir » préféré à l' « être ».
2. Inégalités choquantes, luxe insultant, entre classes ou entre nations.
3. Consommation ostentatoire, soit des riches, soit des catégories pauvres.
4. Négligence des besoins plus essentiels.

Leur contraire ou leur antidote

1. L'homme frugal, qui recherche les « vraies richesses » et sait « maîtriser ses besoins ».

2. Egalitarisme, redistribution internationale des richesses.
3. Consommation ostentatoire des riches appelle la taxation ou l'inter-
    diction des consommations somptuaires. Chez les pauvres : meilleure
    information du consommateur, réglementation des ventes à domicile.
4. Recherche d'une structure de satisfactions mieux équilibrée. Par exem-
    ple : « *Le niveau de la consommation n'est pas tout. Trois autres con-
    ditions paraissent tout aussi importantes : la sécurité vis-à-vis de l'avenir,
    un accroissement du temps libre et une élévation générale du niveau de
    culture, enfin une participation réelle à la vie sociale qui permette à
    l'homme d'être, dans ses activités, un véritable créateur.* »

Ces quatre aspects ne sont pas tous également pertinents pour une discussion de la société de consommation. Le premier reflète primordialement
un jugement moral sur un type de comportement humain, plutôt qu'une
analyse d'un système social (on peut d'ailleurs noter que dans la liste des
sept péchés capitaux il n'y en a finalement que deux — l'avarice et la
colère — qui soient inutilisables pour caractériser l'homme asservi à la
consommation). Le second aspect est important par lui-même plus que par
référence à la société de consommation, puisque le fait pour une société de
penser d'abord à elle n'est pas forcément le signe qu'elle est « de consommation ». En fait, il me semble que ce sont les catégories 3 et 4 qui sont les
plus directement liées au sujet, et c'est d'elles seulement qu'il s'agira par la
suite.

Les critiques sociales auxquelles elles correspondent peuvent se ramener
à deux propositions apparemment contradictoires, qui sont les suivantes :
•   Ce que nous prenons pour une société de consommation est en réalité
une société de producteurs, où la consommation est à la remorque de la
production et où le consommateur est doté d'une souveraineté illusoire.
•   La consommation tient une place abusive dans l'existence humaine
(« je dépense, donc je suis ») et en constitue une fausse finalité.

...Qu'elles soient ou non de consommation, les sociétés d'aujourd'hui ne
comptent pas uniquement sur les prophètes ou sur les romanciers pour
mieux se connaître. Elles essaient de décrire leur état et leur trajectoire en
termes quantitatifs qui autorisent une certaine comparabilité dans le temps
et dans l'espace. Jusqu'à une date toute récente, les points de repère utilisés
étaient d'ordre économique et décrivaient le circuit que parcouraient les
biens et les services produits et utilisés par les agents économiques. Une fois
passé le stade d'émerveillement devant le caractère opératoire de cette
comptabilité économique d'une nation, on s'est aperçu qu'elle renseignait
beaucoup plus sur les ressources utilisées que sur ce que l'on en avait tiré.
Tel pays dépensait plus pour la santé, l'éducation, la prévoyance sociale, les
transferts de revenus, mais rien ne permettait de dire si ses habitants étaient

en meilleure santé, mieux instruits, mieux protégés contre les aléas personnels, ou disposaient de chances de promotion plus grandes.

D'où l'idée d'essayer de projeter un peu plus de lumière sur tous ces domaines en élaborant des indicateurs sociaux qui traduisent de façon plus significative le degré d'évolution des problèmes sociaux d'une nation, et fassent ainsi contrepoids à l'euphorie trompeuse que peuvent susciter de bonnes performances économiques envisagées isolément du contexte d'ensemble.

Il serait naïf de croire qu'une meilleure prise de conscience de tels problèmes débarrassera automatiquement la civilisation du XXe siècle du « malaise » que Freud avait diagnostiqué il y a une quarantaine d'années. Mais les chances me paraissent encore plus réduites si l'on cède à la tentation obscurantiste du mépris de la raison ou à la nostalgie de la fraternité tribale.

La Nef 37, avril–août 1969.

Michèle Kespi

Les Visiteurs
sans bagages

Nancy a vingt-trois ans. A New York où elle vit elle est secrétaire d'un médecin. A Paris depuis quarante-huit heures, Nancy est arrivée par un des douze charters qui atterrissent chaque jour à Orly depuis le début de juin. Je l'ai rencontrée au coin de la rue Saint-André-des-Arts et de la rue de l'Ancienne-Comédie, là où les beatniks, assis sur les trottoirs, jouent de la guitare et échangent les bonnes adresses. Malgré son Lewi's, ses mocassins et sa veste en daim, sa valise de toile, Nancy n'est pas une beatnik. Elle est venue là, en descendant du Boeing, directement ou presque, parce que le seul quartier de Paris dont elle avait entendu parler, c'était Saint-Germain. *« Je ne sais pas où je coucherai ce soir »* dit-elle. Ce n'est pas un défi; c'est une simple constatation, sans agressivité, sans malice, sans amertume. *« J'ai déjà visité plusieurs foyers. Dans l'un, 24, rue Bonaparte, la nuit est à 10 F. Je veux passer quinze jours à Paris : c'est trop cher. Je ne connais personne; je n'ai que l'adresse d'un médecin français que m'a donnée mon employeur américain. Heureusement. »*

Nancy n'est pas la seule dans ce cas. Chaque année, 20 000 étudiants étrangers environ arrivent à Paris; la plupart viennent des Etats-Unis, du Canada et des pays scandinaves. Trois fois sur quatre, ils débarquent les mains dans les poches ou presque. Une vague adresse d'une vague connaissance sur un morceau de papier. C'est souvent ainsi que commence à Paris leur quête d'un abri et d'une occupation pour l'été.

Ce qu'ils cherchent à Paris ? Ils ne le savent souvent pas eux-mêmes. Certains — comme cet étudiant en histoire — viennent ici comme ils feuilletteraient un album de photographies. Ils passent trois jours au Louvre, à Versailles, prennent des notes, noircissent des carnets et, après deux ou trois soirées rue de la Huchette, reprennent la route vers le Prado, le musée des Offices ou la National Gallery.[1]

---

[1] **le Prado, le musée des Offices, la National Gallery** Grands musées de Madrid, Florence, Londres.

D'autres, de très loin les plus nombreux, viennent à Paris pour le simple plaisir d'être à Paris. Ils viennent regarder de plus près une France de cartes postales : cette jeune Canadienne, ne sachant où dormir, n'avait qu'une idée en tête : « *Où est le Moulin Rouge ?* ». D'autres choisissent des pèlerinages différents : j'ai rencontré, dans les petites rues de la Montagne Sainte-Geneviève, rue Gay-Lussac,[2] des groupes d'étudiants américains scrutant le macadam comme s'ils s'attendaient à voir surgir, à la tombée de la nuit, l'ombre des C.R.S.[3] de l'année dernière. Il y a un an, le nombre des visiteurs de juillet s'était considérablement accru : Paris, ce n'était pas seulement le quartier Latin, le boulevard Saint-Michel, Saint-Germain-des-Prés; c'était aussi autre chose. On venait respirer un parfum de révolution. Les temps ont changé.

Une fois épuisées les joies du tourisme, les jeunes étrangers trouvent toujours que « *Paris, c'est beau* » mais ils commencent aussi à penser que « *c'est triste* ».

Les jeunes que j'ai rencontrés au « Danton », boulevard Saint-Germain, étaient tous des Américains. Ils ont fait connaissance à Paris. L'un d'eux m'a dit : « *Les Parisiens ont leurs occupations; il est difficile de les rencontrer. Alors, on se retrouve entre compatriotes.* »

Travailler, pour eux, est impossible : certes il n'est pas difficile de faire des craies sur le boulevard Saint-Michel en attendant que les pièces tombent. Mais pour ceux qui cherchent un vrai travail, avec un vrai salaire, il y a le problème du contrat de travail : « *Pour travailler en France, il faut un permis de travail; pour avoir un permis, il faut un engagement signé de l'employeur; on n'en sort pas[4]* », m'a expliqué un de ces Américains, qui avait épuisé son pécule. Ce à quoi un autre, plus expérimenté, lui a répliqué qu'il fallait « *être fou pour essayer de travailler en France pendant les vacances* »... Alors, les jeunes étrangers, regroupés entre eux, traînent dans Paris; souvent ils en ont une image neuve. Le plus surprenant est leur réaction devant la police, un an après les orages de Mai, même au quartier Latin où le képi n'est pas rare : « *Vos policiers, ils n'ont rien de redoutable* », m'a dit une jeune Américaine qui a vu les « *cops* » (les flics, en argot américain) en action à Harlem et dans plusieurs universités.

Tous ne s'attardent pas à ces constatations. Un étudiant rencontré à la fontaine Saint-Michel a glissé sa tête par la fenêtre de la camionnette où il habite pour nous préciser qu'il n'était pas venu à Paris pour se pencher sur des problèmes sociaux, politiques ou autres : « *I travel in an innocent way...* ». Et il est parti retrouver des amis au « Départ », un café voisin.

[2] **petites rues de la Montagne Sainte-Geneviève, rue Gay-Lussac** Lieux de manifestations en mai '68.

[3] **C.R.S.** Compagnies Républicaines de Sécurité, police appelée en cas de manifestation.

[4] **on n'en sort pas** C'est un cercle vicieux.

Des amis français ? Hélas, non. Des Canadiens comme lui. Rencontrés ici. C'est si difficile de rencontrer des Français...

Le Nouvel Observateur, 21 juillet 1969.

Monique Mounier

La Langue n'est pas tout

L'équivalent de la population de Bordeaux (400 000 habitants) passera une partie de l'été outre-Manche et outre-Rhin. Le nombre des transhumants studieux augmente, chaque année, de 10 %. Cette saison, 300 000 jeunes Français de 10 à 20 ans en Angleterre, et 100 000 en Allemagne, sont censés s'initier sur place aux finesses de l'accent et du verbe irrégulier.

Cela laisse présager, au moment des retours, qui ont commencé dès jeudi, une forte dépression dans les climats familiaux. « Mon fils était à Brighton, mais Brighton, c'est Deauville.[1] Il n'a pas dû prononcer plus de dix phrases d'anglais pendant un mois. » « Moi, le mien pourrait sans doute réciter par cœur la liste des pubs de Londres, marijuana et Beatles inclus... » Là, c'est un père qui se lamente : de la langue de Gœthe, son fils n'a retenu que les jurons. Ici, une mère qui ironise : « De son séjour en Bavière, ma fille aura tiré un unique bénéfice : l'habitude de cirer elle-même ses souliers. » Suivent, pêle-mêle, les récriminations sur la nourriture, le manque d'encadrement,[2] l'excès d'encadrement, etc.

C'est qu'il y a, entre parents et enfants, un divorce fondamental sur l'intérêt des séjours linguistiques. Les premiers, en assumant ces séjours, ont conscience de faire un investissement qui doit normalement rapporter une place de premier en langue vivante pour toute l'année à venir. Les seconds s'en soucient comme d'une guigne. Ils n'oublient pas, eux, qu'ils sont en vacances.

Les organisateurs ne sont pas loin de leur donner raison. D'abord, affirment-ils, les parents choisissent trop hâtivement. Il existe une infinité de solutions — une liste de 47 organismes spécialisés, rien que pour l'Angleterre, précise M. Pierre Bergasse, de l'Office britannique du tourisme, qui va du children's village au camp de voile, en passant par la formule la plus répandue : hébergement familial avec cours le matin et loisirs dûment encadrés — c'est à eux qu'il appartient d'opter pour l'une ou l'autre formule,

---

[1] **Deauville**   Grande station balnéaire française.
[2] **encadrement**   Surveillance.

en fonction non seulement des résultats qu'ils souhaitent obtenir, mais aussi du caractère, des facultés d'adaptation de leurs enfants.

Ensuite, assurent ces mêmes responsables, la langue n'est pas tout. En tout cas, « pas un but en soi, affirme M. Robert Clément, directeur de la section parisienne de l'Office franco-allemand, mais un moyen d'animation qui soutient les autres activités et leur donne leur plein sens éducatif ».

Les enfants ont peut-être raison quand, à la grammaire d'un pays, ils préfèrent son paysage quotidien, et l'anglais tel qu'on le vit à l'anglais tel qu'on le parle.

L'Express, 4 août 1969.

Discussion générale

Travail, loisir et société de consommation

Quel travail chercherez-vous dans la vie ? Pourquoi ?

Est-ce que vos études vous préparent à l'ère technologique ?

La technologie est-elle un bien ou un mal ?

La femme est-elle libérée par ses gadgets et ses appareils ménagers ?

Quels sont les bons côtés de la civilisation « bourgeoise » évoquée par Durtroit ?

Quelle est la moralité de l'anecdote qu'il raconte ?

La société américaine est-elle une « société de consommation » ?

Faut-il employer le terme de façon descriptive ou critique ?

Quelle est la situation de l'ouvrier américain ? Expliquer à un Français.

Y a-t-il de l'aliénation aux Etats-Unis ?

Comment peut-on tenir compte du facteur humain quand il s'agit du marché et des débouchés ?

Le socialisme a-t-il un rôle à jouer en Amérique ?

Comment l'Américain prend-il ses loisirs ?

  Expliquer à un Français. (Tout Français a droit à quatre semaines de congés payés par an.)

  « Le loisir n'est pas le laisser-aller, bien au contraire. »

  Que faites-vous de votre loisir ?

  Préférez-vous des vacances improvisées ou organisées ?

  Si vous disposiez d'une heure (un jour, un mois, un été) et d'assez d'argent, qu'en feriez-vous ?

  Où et comment les Américains voyagent-ils ?

Avez-vous beaucoup voyagé ? Souhaitez-vous le faire ?

  Quel profit comptez-vous en tirer ?

Y a-t-il des endroits que vous éviteriez ? Pour quelles raisons ? (linguistiques ? politiques ? d'autres raisons encore ?)

Croyez-vous que dimanche devienne quotidien un jour ?

  Le souhaitez-vous ?

8

Le Style est l'homme même

Henri Agel

Rio Bravo ou le sublime du western

A qui veut prendre de la condition humaine l'image la plus noble et la plus savoureuse, la saisie la plus austère et la plus fraternelle, on doit conseiller d'aller revoir *Rio Bravo*. A lui seul, ce film est la preuve éclatante de la splendeur d'un genre qui peut condenser les lignes de force les plus vigoureuses de l'épopée, du divertissement adulte, de la tragédie et de la méditation morale. A cet égard, *Rio Bravo* est inséparable de tous les jalons, brillant d'une si belle scintillation, et qui vont des films de Thomas Ince aux films de John Huston (quand ils sont réussis). Leur caractère commun est peut-être cette harmonie tout américaine entre le tragique et l'humour qui fait de la vie humaine un jeu à assumer avec le plus de rigueur possible. Les aventuriers chevaleresques du western me rappellent souvent ces chevaliers aventureux du cycle de Charlemagne ou de Guillaume d'Orange qui rivalisent de verdeur et de gaillardise dans leurs performances guerrières. C'est bien entre les hommes de l'Ouest américain et ceux de notre Moyen Age que circule cette belle sève à la fois drue et crépitante, dont les éclats sont aussi irrépressibles que des éclats de rire....

...Chacun est nécessaire aux autres. Et dans les deux sens. Car le shérif ne se sent pleinement exister lui aussi que grâce à cette justification d'eux-mêmes, constamment sollicitée par les autres. Est-ce aller trop loin que de voir dans ce western — je dis dans ce *western* — l'expression dynamique et inversée de la philosophie sartrienne de *Huis-clos*. Si autrui nous refuse la consécration de notre être, nous ne nous sentons plus exister. En revanche, l'échange de ces consécrations crée la dilatation et l'harmonie, comme on l'a vu....

Comment ne pas retrouver dans tout cela la dominante hawksienne — celle qui fait le prix d'une œuvre encore insuffisamment appréciée dans sa totalité ? Les admirateurs du cinéaste ont souvent remarqué combien comédie, épopée, poème s'unissent dans son abondante production, pour faire entendre un appel calme et lucide aux réserves d'humanité qu'il y a dans l'homme. Aspect sophocléen de Hawks... et pourquoi non ? Il y a chez l'auteur des *Trachiniennes* cette intuition d'une conscience sans cesse menacée par la régression vers l'infra-humain. Or que nous dit d'autre le cinéaste de *Scarface, Le Grand sommeil, Chérie je me sens rajeunir, Le Trésor des Pharaons* ? Tout comme Sophocle, il sent que la force, les armes, l'exercice du pouvoir, contiennent une tentation monstrueuse et que l'homme est toujours à refaire contre toutes ces menaces. Hawks et Ray se rejoindraient, comme beaucoup de grands réalisateurs américains, dans cette dénonciation solennelle de la violence. L'homme qui a régressé vers le bestial ou en est resté à ce stade — le gangster, le despote de l'Egypte ou des grands espaces de l'Ouest — se coupe de la communauté humaine. Au contraire, les héros de *Rio Bravo* et de *Hatari* puisent dans la découverte chaque jour réinventée de leur solidarité la conscience d'être des hommes. Il me semble que la phrase : être nécessaire aux autres ou être responsable — je ne sais plus au juste — revient deux fois dans le dialogue. Mais c'est le développement de l'action qui dit cette responsabilité. *Rio Bravo,* un film pour Saint-Exupéry ? En tout cas un film singulièrement moderne puisque son action dramatique nous laisse entendre à la fois que rien n'est jamais perdu — tant qu'il y a de la vie, il y a l'espoir —, mais aussi que rien n'est jamais gagné définitivement. J'aime ce sens de la précarité de toute conquête. ...chez Hawks cette impression d'une vie en train de se faire, d'une durée qui refuse l'épopée et les poncifs du genre épique — puisqu'elle est livrée aux incertitudes et aux glissements du hasard — cette impression est soutenue par une sensibilité morale des plus vigilantes. Puisque rien n'est jamais acquis, veillez et agissez. Rien de chrétien certes dans cette attitude inspirée par les lois de la jungle et soucieuse d'un humanisme à hauteur d'homme. Mais la convergence de ces idées-forces : une liberté à regagner, une solidarité à maintenir, un capital spirituel à refaire quotidiennement, n'est-elle pas, en un sens, parallèle aux enseignements de la sagesse pré-chrétienne qui se rapprochent le plus du christianisme ? Ne nions point toutefois que ce film — comme tous ceux de Hawks — est plus véritablement stoïcien que spiritualiste. Ici, comme chez Epictète et chez Corneille, l'honneur est plus important que la vie. Ce stoïcisme atteint par moments un point de perfection dans le dandysme de Colorado (Baudelaire faisait de son dandy un disciple du Portique). Le jeu de la vie et de la mort l'amuse plus que tout autre chose. Mais les autres aussi jouent leur vie, l'engagent dans cet enjeu contre tout ce qui est bas et vil, et l'essentiel est de ne pas faillir dans cette tâche. Huston n'est pas si loin. La morale des *Insurgés* sera celle de *Rio Bravo* et de *Hatari*.

Mais c'est ce qui fait la grandeur et la vérité du film : ce stoïcisme est aussi dans la mise en scène. Si Hawks avait fait un western fordien, « construit », emphatique, claironnant, toute son ambition morale était compromise. C'est dans la mesure où se laissent discerner l'économie des moyens plastiques, l'appauvrissement judicieux du décor extérieur, le fléchissement voulu d'un rythme où les paliers ordinaires sont remplacés par une sinusoïde, et aussi le comportement parfois gauche et embarrassé des protagonistes, c'est donc dans cette mesure même que sont sauvegardées la pudeur et la quotidienneté de l'histoire et qu'on peut dire l'écriture de *Rio Bravo* « stoïcienne » avec élégance et avec goût. C'est une vertu du Portique et aussi des religions orientales — tout comme de la tradition chrétienne — que la patience. Toutefois elle change de signification en changeant de ciel et d'époque. Dans *Rio Bravo,* la patience est plutôt hindoue ou japonaise. Je veux dire que cette lutte contre le temps, contre l'érosion de l'énergie et de l'attention que doivent soutenir Chance et ses camarades, est à base d'intelligence, de self-contrôle, de ténacité. Si le tempo du film est lent, c'est que la lenteur est le propre de la stratégie qui permettra aux justiciers de déjouer la férocité et le machiavélisme des Burdette. Un western lent mais non pas de cette lenteur appliquée, pesante et pour tout dire théâtrale, qui est celle du film de Zinnemann déjà nommé. Non : la lenteur de ce drame est celle de la détermination mûrie et soupesée. Athéniens, les hommes de *Rio Bravo* ? Je verrais volontiers, en Howard Hawks, un héritier de cet atticisme du muscle défini par Périclès dans le beau discours que lui prête Thucydide : « Pour nous, la parole n'est pas nuisible à l'action; ce qui l'est, c'est de ne pas se renseigner par la parole avant de se lancer dans l'action. Voici donc en quoi nous nous distinguons : nous savons à la fois apporter de l'audace et de la réflexion dans nos entreprises. Les autres, l'ignorance les rend hardis; la réflexion, indécis. Or ceux-là doivent être jugés les plus valeureux qui, tout en connaissant exactement les difficultés et les agréments de la vie, ne se détournent pas des dangers ». Peut-on mieux définir le comportement du héros « moderne » des westerns — le héros classique était soit un superman mythique, soit un sportif tout en réflexes — et en particulier du héros de *Rio Bravo* ? Cette lenteur, qui sait d'ailleurs se détendre comme un ressort en actes foudroyants, cette lenteur noble et tout humaniste n'a rien d'alourdissant pour celui qui la dégage. Elle est — c'est encore l'atticisme de Hawks qui se manifeste ici — liée à une sorte d'élégance musculaire et morale qui fait se rejoindre dans une sorte de syncrétisme mythologique l'aristocrate anglais, le chevalier de la Table Ronde, le détective privé de Dashiell Hammet, le westernien. Mais cette élégance n'est pas dans son essence d'ordre plastique. Elle vient du détachement que garde chacun en face de la minute de vérité. Il y a de la corrida dans les sanglantes rencontres de *Rio Bravo.* Mais ce qui manque au sublime rituel du peuple espagnol comme à la tragédie grecque — ce qui est l'apport des temps modernes —, Hawks nous l'offre ici avec une savante profusion, pour en faire la racine de ce détachement et sa fleur la plus nuancée : le sens de l'humour présent, dans le regard que l'auteur pose sur ses personnages, présent aussi en eux aux moments où ils devraient être — ou d'autres seraient à leur place — les plus violemment pris par leur combat. Au fond, c'est peut-être seulement dans la tragédie que l'humour acquiert sa plénitude....

On a dit avec juste raison que John Wayne — en tout cas avant *Alamo* — est une des rares vedettes du cinéma qui ne se prennent pas trop au sérieux. Cette distanciation qu'il crée sans se forcer entre lui-même et son rôle est bien en accord avec le ton du film. Cet Ulysse qui marque une belle cinquantaine est souvent en posture délicate devant la jeune personne qui unit les charmes conjugués de Nausicaa, Circé, Calypso — et peut-être en germe — de Pénélope. Il devient lourd, un peu niais, bêtement masculin devant la grâce antique et moderne de Feathers. Le jeu qu'ils jouent jusqu'à la fin — refus de s'avouer leurs vrais sentiments, jeu de feintes et de dérobades provoquant la poursuite et l'aveu du partenaire — est un plaisant marivaudage auquel ne manque pas même le déguisement final (la jeune femme remet son costume d'entraîneuse). John Wayne mime ici, en forçant à peine, la parodie du Samson westernien traditionnel capté par une Dalila qui pourrait dire : « Ton amour m'a refait une virginité. » Ce jeu de cache-cache, où l'on joue aussi avec le spectateur qui accepte de se laisser mystifier, rejoint la fantaisie héroïque dont nous parlions. Mais, au fait, quel est le titre du *Cid* ? Tragi-comédie. Le génie naissant de Corneille — déjà bien affirmé dans quelques pièces romanesques — ne l'attirait-il point vers le mélange des genres ou plus exactement vers le dosage ? Il y a dans la conquête de cette unité, où se fondront les disparates des tons et des styles, une discipline souple et flexible à observer. Je ne sais pas si Hawks la maintient de bout en bout, mais je suis comblé par ce film qui me donne l'idée la plus exaltante de ce que peut être un aristocrate américain. Wyler est un grand bourgeois, Ford un roturier, Cecil B. De Mille un parvenu (d'ailleurs génial à ses heures). Mais Hawks est avec Orson Welles et George Cukor un des très rares seigneurs de la forêt hollywoodienne. L'aristocratie de Hawks est profondément liée à son classicisme : il ne « daigne », il se refuse au spectacle, à l'effet, au suspense éprouvé. Au tape à l'œil, à la coquetterie, à l'académisme — tous trois toujours menaçants dans le western, comme dans le film noir — il préfère l'élégance dépouillée. Le style — je veux dire le grand style — de *Rio Bravo,* comme celui de *Scarface,* a la noblesse épurée du yogi.

Extrait de *Romance américaine,* Editions du Cerf, 1963.

Juliette Minces

Un Ouvrier parle

Notre problème, c'est de mettre des ronds de côté. L'ouvrier français, en général, vit au jour le jour. A part son travail, il n'a rien d'autre entre les mains. Alors, qu'est-ce que c'est que cette existence ? Il faut se battre avec les armes qu'on a, et comme on n'en a pas d'autres, il faut essayer de vendre son travail au meilleur prix. Mais la classe ouvrière est prise dans un étau. En ce qui nous concerne, on a beaucoup souffert de la répression patronale. Elle est insidieuse, elle est silencieuse. Comment dire ? Moi, j'ai été sensibilisé au mouvement étudiant, justement à partir du moment où ils ont parlé de la recherche de l'amélioration des rapports humains dans l'Université. Je crois qu'ils ont parlé de démocratie directe, ou globale. Moi, j'ai bien compris ça, parce que dans l'usine, l'ouvrier, l'ouvrier qualifié ou non — l'homme qui travaille, en un mot — ce n'est rien d'autre qu'un appendice de sa machine ou de l'appareil qu'il est chargé de contrôler.

Il y a des mecs qui disent que la classe ouvrière est embourgeoisée. Ils parlent comme ça, mais la classe ouvrière n'a jamais, jamais été embourgeoisée. C'est très net. Seulement elle ne veut pas se lancer dans une aventure, sachant très bien que ça peut être une provocation. Et en mai, ce n'était pas si clair que ça. Parce que le mouvement étudiant, il ne faut pas qu'ils l'oublient les mecs, il a un caractère provocateur, sous certains aspects. Il faudrait faire gaffe. Le coup de l'incendie de la Bourse, par exemple. C'est spectaculaire mais en fait, ça ne prouve absolument rien du tout. C'est de la connerie. Et ça ressemble bien à une provocation. En tous cas, c'est comme ça qu'on l'a ressenti. Il faut faire attention à ça, parce que toutes ces outrances, je veux bien; ils sont jeunes les mecs, je les comprends, et au fond, c'est très bien d'être comme ça, mais nous, les ouvriers, on sait très bien qu'en définitive et au bout du compte c'est nous qui nous farcirons les autres. Seulement ce ne sera jamais quand nous, nous l'aurons décidé. C'est ça le problème, et les mecs dans les boîtes le savent bien. Il n'y a pas besoin de leur faire un dessin. Ils savent bien que pour le patron, l'industriel — il faut se mettre dans la peau de l'industriel — ce qui compte, c'est l'argent qu'il a investi, les moyens de production dont il dispose, et ensuite seulement il y a le facteur humain. Mais le facteur humain, c'est un facteur

200

qui vient se greffer là-dessus. Ce n'est pas le facteur essentiel. C'est-à-dire que le travail, la production n'est pas conçue dans l'intérêt national; elle n'est pas conçue dans l'intérêt de l'homme — enfin, c'est connu ça, ce n'est pas tout neuf —; la production n'est pas mise au profit de l'homme, elle est mise au profit du revenu, du capital quoi. C'est ça la répression. D'ailleurs sans arrêt tu entends parler de rentabilité : « Rentable; il n'est pas rentable; c'est lent; il faut maintenir les cadences, il faut être compétitif. » A l'usine, c'est rien que ça qui les intéresse, les marchés, les débouchés. C'est pas humain, tout ça. C'est possible qu'en régime socialiste aussi ça soit inhumain, pour autre chose. Mais là c'est inhumain dès le départ. Tu le sens; déjà, quand tu arrives dans une boîte, c'est inhumain, parce que tu n'as pas la liberté de parler; aussitôt que tu parles, on te regarde de travers. Tu ne peux pas savoir ! Une bricole, un rien; tu es toujours supervisé par un œil. C'est pour ça qu'il faut se battre. Mais peut-être que ça n'est pas l'apanage des capitalistes. Peut-être que c'est aussi socialiste. Peut-être que c'est l'apanage du technocrate, quoi; de l'homme tel qu'on pourra le fabriquer dans l'avenir. Et cet homme, il faut le combattre; c'est un danger ce mec-là; si tu aimes mieux, il est anti-homme, ce gars. C'est pour ça, quand il y a des gars, soit des étudiants, soit les autres, qui parlent de la classe ouvrière, de la démocratie, il faudrait qu'ils se méfient vachement de ce qu'ils disent. C'est pas si facile que ça. Il faut vraiment le sentir ce truc-là, il faut avoir une sacrée expérience pour le comprendre.

En quelques mots, on peut dire que les événements de mai, ça n'a jamais fait que concrétiser, et en quelques jours réaliser ce qu'il y a longtemps que nous on sentait. C'est qu'on ne se bat pas seulement pour le pain. Ce n'est pas que le pain qui compte dans la vie d'un homme. Il arrive même un jour où le mec ne se bat plus parce qu'il a faim. Moi je n'ai pas faim. On a passé le moment où on se bagarrait parce qu'on avait la fringale. C'est pas ça du tout. C'est parce qu'on voudrait qu'il y ait d'autres rapports dans la vie, qu'on vive autrement que dans cette espèce de guerre latente dans laquelle on est toujours les vaincus; tout en sachant qu'on représente dans le revenu national — mettons — une part énorme. C'est pour ça qu'on est entré dans la grève....

Le problème étudiant, c'est toute la vie. Il s'agit même de l'avenir de l'homme ! Est-ce que l'homme deviendra un robot abruti ou est-ce que l'homme deviendra, sera une fois dans sa vie étudiant ? Et est-ce que les étudiants deviendront des intellectuels médiocres parmi une armée de crétins ? C'est aussi un problème qui se pose. Eux aussi sont aliénés, parce qu'on ne peut pas vivre, on ne peut pas se développer tout seul, tout ça est lié. On se développe les uns par rapport aux autres, c'est une lutte d'idées permanente et un échange. Et s'il n'y a plus cet échange-là, l'humanité va se casser la gueule. Et si on va plus loin encore, si on va au-delà de cette histoire de grèves, cette aliénation débouche sur les crises sociales. C'est ça qui s'est passé. C'est assez simple dans le fond. Et la réaction des ouvriers face au mouvement étudiant, c'est ça. Et ça ira de plus en plus dans cette direction. Elle sera de plus en plus favorable aux étudiants. Automatiquement.

Seulement, en partant de là, il ne faut pas que les étudiants s'imaginent que les mecs vont foncer tête baissée. Parce que, ce que les étudiants sentent déjà, les ouvriers ne le sentent pas encore. Les étudiants, eux, sentent sur le plan culturel l'aliénation que veut leur faire subir le régime actuel, et c'est sûrement aussi ce qui se passe dans les pays socialistes. Là, ils subissent aussi une aliénation, mais peut-être qu'ils ne peuvent même pas le formuler, et c'est pire encore. Ici, en France, l'aliénation les mène à la spécialisation et à la sclérose des cerveaux, parce qu'il n'y a pas d'échanges. Alors pour les mecs, c'est fini. On va les caser, on va les foutre dans un casier, chacun dans son petit casier; tous ces casiers-là vont être synchronisés et ils vont devenir aussi des robots. On va leur fabriquer des loisirs, on va leur fabriquer des baraques, on va leur fabriquer des bonnes femmes, on va tout leur fabriquer et les mecs deviendront de misérables cons, quoi.

On aborde en réalité la question de l'avenir de toute la classe ouvrière. Les problèmes que les étudiants ont soulevés sont des problèmes que les ouvriers se sont posés depuis longtemps. Mais les étudiants leur ont ouvert les fenêtres; c'est justement là que ça devient dangereux, parce que les types commencent alors à voir la vie sous un autre jour. Il a fallu le mouvement étudiant pour que les types sentent vraiment concrètement ce qu'ils avaient déjà à l'avance senti confusément. Parce qu'il n'y a pas que les questions économiques qui jouent. Et même si ces grèves n'étaient pas révolutionnaires, elles n'ont pourtant pas eu lieu seulement pour des revendications de salaire. L'avenir de l'humanité, ce n'est pas borné qu'à des questions économiques. C'est plus profond que ça. Sans ça, comment pourrait-on expliquer le mouvement de grève ?

Et la preuve qu'il n'y avait pas que des revendications économiques, c'est qu'on ne fait pas grève au mois de mai. Ce n'est pas du tout le moment. Ce n'est pas le mois propice. Mais vu l'ampleur du mouvement, comme il n'y avait jamais eu de grèves comme ça, il faut bien l'avouer, bien des mecs se sont dit — c'est exactement ce que je me suis dit, moi — « Bien, puisque c'est comme ça, on va en profiter aussi pour demander de la rallonge ». Parce qu'à la télévision, on avait vu les autres complètement désemparés, alors les gars se sont dit : « Merde, c'est pas le moment d'hésiter, il n'y a jamais eu un coup pareil, c'est l'occasion unique de leur demander de la rallonge ». Que pouvait-on faire d'autre ? Ils ne s'attendaient pas à ça et nous non plus. Mais mai n'est pas le mois où les gars font grève. Parce que le mois de mai, c'est deux mois avant les vacances. On fait plutôt grève à l'automne. En mai, les gars, ils ont gagné quelques ronds et ils se sont tapé près d'un an enfermés entre quatre murs. Alors j'aime autant dire que les vacances, ils y tiennent. Pour qu'il y ait un motif de grève au mois de mai, on peut dire qu'il fallait quelque chose de sérieux. Et attention ! Ils n'ont pas débrayé pour avoir de l'augmentation, parce qu'on ne débraie pas pour avoir de l'augmentation en mai. Ce n'est pas possible. A ce moment-là, la prime de vacances est déjà terminée — les vacances partent justement de ce mois-là — c'est-à-dire que tu es payé sur l'année que tu viens de faire, les douze mois, quoi, et ça s'arrête précisément en mai. Donc, c'est terminé. Les mecs connaissent déjà le montant de leur prime et la date de leurs vacances. Alors on ne s'amuse pas à faire une grève à ce moment-là. Et puis il y a autre chose. D'abord les types, soit qu'ils partent en vacances, soit qu'ils profitent des vacances pour foutre le camp de la boîte....

...moi j'ai toujours été contre le centralisme démocratique. Ça c'est un truc que je ne peux pas blairer. Pour arriver à la participation, le peuple, si on peut dire — parce que si on imagine toute la jeunesse étudiante, on peut dire le peuple — c'est un peu utopique peut-être, c'est un peu lointain, tout ça, mais même sans aller si loin, il doit pouvoir s'exprimer. Quand je parle du peuple, pour moi, il s'agit des travailleurs. Je suis peut-être vache, mais tout le reste, ça ne compte pas. Participation, ça veut dire démocratie directe, c'est-à-dire discussion continuelle, à tous les échelons. Il faut que ce soit le peuple qui dirige, qui oriente l'histoire. Encore que ce ne soit pas lui qui l'écrive, pour l'instant. Mais c'est lui qui compte le plus. Seulement s'ils n'ont plus la possibilité d'orienter l'histoire, ça change tout. Pour l'orienter, il faut qu'il y ait participation. La vraie. C'est-à-dire la démocratie directe, ou globale. Discussions à tous les niveaux. Permises pour tous. Pas de dirigeants inamovibles. Pas de chapelles, pas de machins comme ça. Pas de superchefs, pas de race des chefs. Parce que ça mène où, la race des chefs ? Ça mène à des conneries. Mais dès l'instant où le peuple est majeur, il n'y a plus de ça. Il faut aller vers un peuple majeur. Il faut aller vers un peuple étudiant pour que le peuple soit majeur.

Seulement même dans les pays socialistes, j'ai l'impression que c'est pas ça. Il faudrait voir d'un peu plus près. C'est peut-être autre chose. Ça prend peut-être une autre gueule; mais il ne semble pas que la classe ouvrière participe tellement non plus, là-bas. Il y a aussi de l'aliénation. L'aliénation socialiste, en somme. Mais ça mène peut-être au même résultat. Alors, le rôle de la classe ouvrière, là-dedans, c'est difficile à dire. Tout ce qu'on peut dire, c'est qu'on ne peut rien faire sans la classe ouvrière. D'ailleurs, ç'a été si on peut dire le grand dada des démagogues, depuis de Gaulle, en passant par tout ce qu'on voudra, en passant par les pays socialistes d'ailleurs, avec Staline et les autres, quoi. Ils se sont toujours appuyés sur la classe ouvrière, ou ont prétexté s'appuyer sur elle, parce qu'en définitive, on sait très bien qu'on ne peut rien faire sans elle. Seulement, le problème c'est que la classe ouvrière ne décide rien du tout. De toute façon, des mouvements comme ceux de mai-juin, ce sont des mouvements qui convergent peut-être, mais qui ne sont sûrement pas prévus à l'avance, et où la classe ouvrière ne décide rien du tout. Ça ne se produit jamais comme ça d'ailleurs. C'est pour ça qu'on ne peut jamais prévoir à l'avance le moment où tous les mouvements convergeront pour que nous arrivions à nous farcir les autres. De toute façon, ce n'est pas comme ça qu'il faut poser le problème. On le voit bien d'ailleurs. Je ne sais pas comment dire, mais moi je comprends bien ça. Pour moi, c'est simple. Et c'est pour ça qu'il y a un désarroi dans le milieu ouvrier. Les gars, on leur a toujours montré le socialisme comme quelque chose qui résoudrait la situation de l'ouvrier, la condition de l'homme en général. D'un seul coup, les mecs se sont aperçus que les pays socialistes se sont foutus dans une impasse et que dans le fond, à part le mot de socialisme, ils ont adopté exactement les mêmes méthodes que la bourgeoisie. Peut-être pas exactement. Mais ça ressemble. D'ailleurs l'histoire de la Tchécoslovaquie l'a bien mis en évidence. Mais nous, on savait ça depuis longtemps déjà. On en parlait, entre nous. Et puis, il y a longtemps que la masse des ouvriers voit, par exemple, que le parti communiste manque de dynamisme. C'est emmerdant de dire ça. Parce qu'on ne doit pas le renier. Il ne faut pas trop renier. Mais il y a longtemps qu'on s'aperçoit que les mecs manquent d'imagination. C'est pas nouveau, ça. Il n'y a qu'à voir comment il a réagi aux événements de mai. En plus, il faut dire que dans le parti communiste, les ouvriers se font rares, à la direction comme à la base. C'est maintenant un parti qui comporte beaucoup de fonctionnaires. Ça, tout le monde le sait. Je ne voudrais pas qu'on me taxe d'anticommunisme, si je dis ça. Oh ! Et puis je m'en fous. Qu'on dise ce qu'on voudra. C'est ce que je pense. Parce que, dans le parti communiste, les ouvriers, enfin ce que j'entends par là, c'est-à-dire ceux qui travaillent de leurs mains, ils sont assez rares. Il y a plutôt des fonctionnaires. Des mecs comme ça quoi. Et ça aussi, ça a provoqué chez nous un certain choc. Chez moi en tout cas. Parce que j'ai été du Parti pendant une quinzaine d'années. Je n'ai jamais été aveugle, mais j'étais quand même au Parti. Et ça m'a posé quelques problèmes. Et je suis sûr que je ne suis pas le seul. Sûrement qu'on doit même être nombreux. Mais on y était, parce que la classe ouvrière faisait confiance aux communistes. C'était clair. Et qu'est-ce qui s'est passé ? Le parti communiste, par un système bien organisé, bien cloisonné, a évincé beaucoup de ses ouvriers, tous ceux qui étaient vraiment d'origine prolétarienne. C'est forcé ça. Parce que l'ouvrier est aliéné, parce qu'il n'a pas de préparation par la culture, il n'est pas préparé aux tâches de responsabilités non plus. Et automatiquement ça se répercutera partout. Y compris dans les partis politiques. Et dans un parti, il se retrouvera donc aussi aliéné qu'ailleurs. Surtout si à l'intérieur de ce parti, on ne le forme pas, on ne le cultive pas. Il est donc éliminé par les lois de la nature, en quelque sorte. Il sera saqué à chaque fois. Saqué, ce n'est peut-être pas le mot qui

convient. Mais ça revient au même. Parce qu'il se retrouvera dans la même position qu'avant, en bas de l'échelle.

C'est pour ça que le mouvement étudiant, pour moi ça représente l'espérance, parce que le mouvement étudiant, ça brise cette chose-là. Peut-être que les étudiants ne s'en rendent même pas compte. Mais moi j'ai confiance, parce que le jour où les étudiants seront toute la jeunesse, on pourra aller vers la démocratie réelle.

Extrait d'*Un Ouvrier parle,* Seuil, 1969.

Pierre Billard

Ce qui fait pleurer la France

« Depuis quarante-deux ans que je suis dans le métier, c'est la première fois que j'ai essuyé une larme. » C'est M. André Pontet, directeur du cinéma Rio, à Nancy, qui parle, après la projection de « Mourir d'aimer », le film qu'André Cayatte a consacré à l'affaire Russier. Depuis le 27 janvier, date de la première, M. Pontet pleure d'ailleurs d'un œil, mais rit de l'autre : son cinéma ne désemplit pas.

En trois semaines, « Mourir d'aimer » a réalisé 220 000 entrées en exclusivité à Paris. De Dijon à Marseille, d'Epinal à Bordeaux, de Lille à Saint-Etienne, partout ce sont des assistances records. Du Nord au Midi, une longue file d'attente, patiente et résolue, campe aux portes des cinémas; 700 000 Français ont déjà vu le film, déposant aux guichets beaucoup plus que les 4 millions qu'il a coûté; 700 000 Français qui sont ressortis du cinéma les yeux rougis et le mouchoir à la main.

Qu'est-ce qui fait ainsi pleurer la France ? D'abord, ce que la sincérité d'André Cayatte et le talent bouleversant d'Annie Girardot ont insufflé d'émotion au film. Mais, au-delà, beaucoup plus : la véridique et pitoyable histoire d'un couple maudit, l'injustice du sort et l'iniquité de la justice, la survivance des passions en un siècle technologique, l'exaltation de l'amour et la condamnation de la société, ces deux éternels ennemis dont l'affrontement engendre toute tragédie. L'affaire Russier et son double mythologique « Mourir d'aimer » se sont lovés, sans qu'on y prenne garde, au nœud même des problèmes de notre temps. Ils expriment et exaltent en même temps ce juste dosage de vague à l'âme et de révolte au cœur qui caractérisent la sensibilité française contemporaine. Plus encore que le destin tragique de Gabrielle Russier, ce qui fait pleurer la France, devant le miroir ainsi tendu, c'est elle-même.

Les réactions des spectateurs interviewés à la sortie des salles en témoignent clairement. Tous, ou presque, ont un mot pour Gabrielle Russier : généralement de solidarité, de pitié ou d'admiration, parfois, mais très rarement, de blâme. Ensuite, et comme sans y penser, dans le même mouvement de la phrase, on passe à ce qui concerne, ce qui trouble, ce que vit le spectateur lui-même. Et d'abord la gêne quasi générale, qu'exprime par exemple M. Marius Giuliani, 35 ans, instituteur, à la sortie d'un cinéma de Nice : « Comment a-t-on pu accepter cela ? Il aurait fallu faire quelque chose pour empêcher le crime. Ma femme et moi avons ressenti un profond malaise, une angoisse pendant tout le film. Nous sommes tous coupables de la mort de Gabrielle Russier. »

Le film de Cayatte — et c'est sa plus singulière vertu — incite en vérité le spectateur à se remettre lui-même en cause. C'est le cas notamment des parents, qui condamnent généralement le comportement des parents du jeune Christian Rossi, mais pour se demander tout de suite après : « Et nous, qu'aurions-nous fait à leur place ? » Ainsi M. Jean Malaussena, 46 ans, père de deux étudiants : « C'est un très beau film. Cela dit, il faut se mettre à la place du père. Je me suis demandé comment j'aurais réagi. Honnêtement, je n'ai pas pu trouver de réponse. » Ou M. et Mme Campos, 60 ans, trois enfants : « Nous sommes du côté de Gabrielle Russier. Il y a eu une terrible injustice. Mais quand on se met à la place des parents... il faut les comprendre. Il est si facile de critiquer. »

Les parents, donc, s'interrogent; les enfants s'enthousiasment. Les jeunes, eux, se sentent à peu près unanimement solidaires de l'amour de Gabrielle Russier et Christian Rossi. Mais la signification de l'événement évoqué varie beaucoup suivant les sensibilités ou les expériences. Deux lycéennes de 15 ans, Danielle et Janine, affirment : « Nous sommes écœurées par l'attitude des parents. Des faits comme celui-là sont courants dans les lycées, mais on n'en parle jamais. » Pour Jacques B., 26 ans, interne des hôpitaux de Paris : « Ce film, c'est tout le problème de mai 1968. Ce qui m'a intéressé, c'est son côté politique. » Mais pour Jean Bernois, 25 ans : « C'est une histoire d'amour gâchée par la bêtise des gens. Lorsqu'on aime quelqu'un, on va jusqu'au bout, ce n'est pas une question d'époque. »

Si chacun retrouve dans le film le reflet tragique de ses angoisses ou de ses aspirations, c'est d'abord que l'affaire Russier condense toute une problématique de notre temps et rassemble en une pelote singulièrement compacte les fils embrouillés de notre crise de société.

Lorsque, un jour de 1968, le jeune professeur de 31 ans Gabrielle Russier, divorcée, deux enfants, et son élève à la précoce maturité, Christian Rossi, 17 ans, s'aperçoivent qu'ils s'aiment, et s'abandonnent à cet amour, nul signe du destin ne vient frapper les trois coups du malheur. Et pourtant, en moins de deux ans, quel formidable gâchis ! Les parents Rossi, enseignants eux-mêmes, communistes puis gauchistes, actifs contestataires de mai 1968, tentent d'arracher à tout prix leur fils à la sorcière qui l'a détourné, envoûté, ensorcelé. La police est mise en branle, les psychiatres protègent Christian à coups de tranquillisants, tandis que Gabrielle connaît l'humiliation et l'érosion morale de la détention préventive. Les autorités académiques veulent se séparer de la brebis galeuse. Les autorités judiciaires font appel contre une condamnation à leurs yeux trop clémente. « Juger, disait Malraux, c'est de toute façon ne pas comprendre, puisque, si l'on comprenait, on ne pourrait plus juger. » Le 1er septembre 1969, la petite Antigone d'Aix, nourrie d'Eluard et de Camus, ouvre le gaz. Injustice est faite.

Comme pour se venger d'avoir été réduit à la figuration dans cette tragédie, le Destin justement surgit au moment où le rideau se baisse. La famille Russier partage au Père-Lachaise un monument funéraire avec une branche collatérale, les Rossi. Ce sont ces deux noms — malgré tout réunis — Rossi-Russier, qui figurent ainsi sur la tombe de Gabrielle, réconciliation, illusoire celle-là, de Montaigu et de Capulet sur la tombe de Juliette.

On découvre alors que « l'affaire Russier » ébranle trois piliers de la société : la famille, l'enseignement, la justice. Les règles, les valeurs, les lois exposent soudain leur rouille et leur patine. L'autorité parentale, soit : mais peut-elle s'exercer avec la rigueur de la vengeance poursuivant le crime ? On s'aperçoit que les idées contestataires sont plus aisées à définir qu'à vivre. Que les lois traitent du citoyen mineur avec une constante ambiguïté : le mineur existe pénalement, et peut donc être condamné, mais n'existe pas civilement, et ne peut agir en justice. Lorsque les parents Rossi intenteront un procès à l'auteur d'un livre sur l'affaire, ils le feront au nom de leur fils et pour la défense de ses intérêts. Or ce livre a été écrit avec l'accord du fils et sur la base de son témoignage. Il l'écrit aux juges. Sa lettre est mise au panier. Elle n'existe pas, puisque lui, légalement, n'existe pas.

On s'aperçoit que le Code civil reste d'une fondamentale misogynie en ces temps d'émancipation de la femme. Un vieillard peut partir avec une jeune fille de 15 ans, pourvu qu'elle soit consentante. Si une femme de 21 ans fait une fugue avec un jeune homme de 18 ans moins un jour, il y a détournement de mineur. On s'aperçoit que, sommés d'établir les contacts les plus profonds avec leurs élèves, les enseignants (qu'un magistrat qualifiera de « fonctionnaires d'autorité ») sont l'objet de tabous persistants; coiffeuse ou dactylo, Gabrielle Russier n'eût sans doute pas fait scandale. On s'aperçoit que les normes et les mœurs divergent selon les individus, les groupes sociaux, les générations, et que, si Gabrielle Russier est morte, c'est tout le corps social sans doute qui est malade. Et la mort de Gabrielle devient le remords du pays.

C'est l'irrésistible ascension de Gabrielle Russier au ciel des mythologies. Répondant à une question provoquée, dans sa conférence de presse du 22 septembre 1969, le président de la République salue « la victime raisonnable ». Mais déjà, sur la porte de l'appartement de Gabrielle, des lycéens ont

inscrit « Z » (elle vit); « Gatito immortelle ». Gatito (le petit chat),
c'est le premier des surnoms qui vont nourrir sa légende. Dans les journaux,
témoignages et éditoriaux prolifèrent. Dans « Le Monde », Gilbert Ces-
bron, évoquant Ionesco, écrit : « Je songe à l'étroit cercueil de Gabrielle
Russier. Lui aussi s'est mis à grandir de jour en jour, jusqu'à atteindre la
place Vendôme et l'Elysée. Et il me semble — comment s'en débarrasser ?
— que chacun cherche à repasser à un autre cet insupportable fardeau. »
Pierre Daninos proclame : « Je connais les assassins de Gabrielle Russier.
Il s'agit d'une toute-puissante société au capital de 1970 années d'ère
judéo-chrétienne et de 650 millions d'âmes versées dans la bonne conscience. »

Dans une lettre signée, entre autres personnes, par deux membres de
l'Institut et trois prix Nobel, Jean Diedisheim demande au garde des
Sceaux l'ouverture d'une enquête (qui sera refusée). Le procès en réhabili-
tation de Gabrielle Russier est ouvert devant l'opinion publique. Six peintres
organisent au musée d'Art moderne l'exposition « Qui tue ? » accusant la
société pour sa responsabilité dans la mort de la jeune femme comme pour
sa faculté à opérer autour du cadavre une grande réconciliation récupéra-
trice.

Des livres paraissent : « Vous avez tué Gabrielle Russier », « Plaidoyer
pour une âme ». Gabrielle resurgit inopinément au détour des Mémoires
d'une droguée en prison, dans « Satan qui vous aime beaucoup ». C'est
tout juste si, dans ce concert de témoignages, reconstitutions, évocations,
accusations, on remarque la voix grêle de Gabrielle Russier elle-même.
Ses « Lettres de prison » tracent d'elle un portrait inachevé et brouillé par
l'épreuve, où l'on voit littéralement se fêler une âme fière et vulnérable.

Voilà donc Gabrielle Russier élevée au rang du mythe. Même les juges en
conviennent. Dans les attendus d'un jugement du tribunal de Paris statuant
sur l'interdiction du livre « Vous avez tué Gabrielle Russier », ils affirment
que « la défunte est elle-même considérée, dans un certain courant de
pensée, comme l'héroïne d'une histoire exemplaire ». Ultime avatar, le
mythe se fait complainte. Sur une musique de Jean-Marie Bourgeois et
des paroles de Marc Rivière, Serge Reggiani interpelle « Gabrielle ».

Cette histoire exemplaire, Cayatte la filme. Charles Aznavour la chante.
Voici, sur les ondes et sur les écrans, « Mourir d'aimer »...

D'André Cayatte, 61 ans, on dit souvent, parce qu'il fut avocat, que ses
films sont des plaidoiries, et à plusieurs reprises déjà (« Justice est faite »,
« Nous sommes tous des assassins », « Le Dossier noir »), il a plaidé contre la justice. Mais, pour « Mourir d'aimer », il se fait surtout enquêteur,
journaliste. Approuvé dans sa démarche par Christian Rossi et par les
parents de Gabrielle, aidé par Me Albert Naud, qui devait défendre celle-ci
en appel et qui lui fournit un dossier précieux, il demande à Pierre Dumayet
de collaborer au scénario. Pierre Dumayet va notamment interviewer tous

les témoins du drame, y compris le procureur général Marcel Caleb, qui requit contre Gabrielle Russier, et qui le reçoit cinq heures durant. Ainsi le scénario peut-il se nourrir de détails, de répliques, d'anecdotes qui contribuent à la plus minutieuse reconstitution possible de la réalité.

Les témoignages ainsi recueillis ont aussi un autre but. Ils pourront être cités par la défense si le film, un jour, doit être attaqué en justice. Mais, pour écarter cette menace, décoller du fait divers, élargir la portée du film du plan des individus à celui des institutions, le film change les noms des protagonistes, le lieu de l'action (Rouen au lieu de Marseille) et certains détails biographiques d'importance secondaire. Le couple Rossi-Russier devient le couple Le Guen-Guénot. Gabrielle Russier, alias Danielle Guénot, alias Annie Girardot, est donc mythifiée au double sens du terme : au sens populaire de « fiction », « invention », et au sens sociologique d'histoire vraie, exemplaire et signifiante, de révélation primordiale. Seul de juge d'instruction Bernard Palanque se laisse piéger à cette élémentaire ambiguïté. Dans le film, il se reconnaît à la fois trop et pas assez et reproche au juge du film de n'être pas un valable sosie.

Pour convaincre, Cayatte a un bon dossier. Pour émouvoir, il a Annie Girardot. Quand elle apprend que l'on va tirer un film de l'affaire Russier, elle guette son téléphone. Elle sait qu'on va l'appeler. Et Cayatte avoue qu'il n'a jamais pu imaginer quelqu'un d'autre dans le rôle, « parce qu'elle est la femme qu'elle est : à la fois effrontée et pudique, prompte au défi comme à la panique, ayant une horreur profonde du mensonge et de la bêtise ». Etre elle-même : c'est justement, à l'écran, le suprême talent d'Annie Girardot. Elle va le mettre au service de Gabrielle. Non sans angoisse. Des gens désapprouvent l'entreprise et le font savoir. Dans une lettre ouverte, François Truffaut accuse Cayatte de détrousser des cadavres encore tièdes et cite le dernier poème de Maïakovski au moment de son suicide : « Et surtout pas de cancans, le défunt avait horreur de ça... »

Annie Girardot est paniquée lorsqu'elle va présenter le film à Marseille : si les amis, les élèves de Gabrielle Russier sont dans la salle, que vont-ils dire ? Rien. A la sortie, cinq jeunes gens s'approchent d'Annie Girardot, l'embrassent, et s'éloignent sans un mot. Une lettre mettra un terme définitif à l'angoisse de l'actrice. Les parents Russier lui écrivent : « Merci, vous nous avez presque rendu notre fille. »

André Cayatte et Annie Girardot ont tourné le film en leur âme et conscience. Cette honnêteté, cet engagement moral, s'ajoutant aux vertus propres du drame et à l'importance des problèmes soulevés, font que le film agit sur le public comme un véritable psychodrame. La tragédie grecque, déjà, représentait les problèmes de la Cité pour aider le groupe social à s'en libérer par la crainte, la pitié, l'émotion qui constituent pour l'âme une « purgation » (la catharsis d'Aristote). Le fait divers, c'est aujourd'hui la petite monnaie de la tragédie. La solitude individuelle, l'émiettement du corps social propres à la vie moderne ont beaucoup développé le besoin de communication. C'est être moins malheureux que de n'être pas seul malheureux.

Le formidable succès des émissions de Mme Soleil ou de Ménie Grégoire (qui, scientifiquement, ne peuvent certes pas être mises sur le même plan) témoigne du besoin du public de se confier, de se confesser, et plus encore d'écouter la confession d'autrui. On se projette dans le malheur d'autrui. Ce rendez-vous avec un événement étranger est, à sa façon, un rendez-vous avec soi-même et avec un monde qui, paradoxalement, révèle son humanité en révélant sa douleur. Ce n'est sans doute pas par hasard si, ces derniers temps, certains des plus grands succès de l'édition comme du cinéma sont des témoignages vécus : « Piaf », « Papillon », « L'Astragale », « Z », « L'Aveu ». Et, aujourd'hui, « Mourir d'aimer ». Pour définir ses psychodrames radiophoniques, Ménie Grégoire prétend qu'elle « aide les malheureux à transformer leur tragédie personnelle en drame de l'époque ». C'est aussi ce que font les spectateurs devant les écrans de « Mourir d'aimer ». Ils se débattaient, solitaires, dans leurs difficultés. Ils découvrent qu'ils sont atteints par le mal du siècle. Cela les rassure. Et cela les attendrit.

C'est cela, aussi, « Mourir d'aimer » : le « Bonjour tendresse » d'une jeune génération que l'on croyait cynique parce qu'elle est sans hypocrisie, violente parce qu'elle est révoltée et qui remet l'amour au premier rang des valeurs humaines. A Paris, à Bordeaux, à Nancy, on estime que le public de « Mourir d'aimer » compte 80 % de jeunes de moins de 25 ans. Une élève infirmière de 23 ans, au cinéma Bretagne, affirme : « Je suis venue parce que j'ai compris que ce serait une histoire d'amour. On a trop tendance à tout dépoétiser actuellement. » Une autre jeune fille, au cinéma George-V : « Je suis venue à cause du titre et de l'affiche avec la rose et Annie Girardot. » Pour certains, l'important est la rose, la passion sans compromis, la tragédie de l'amour fou. Ils s'aimaient. La société les sépare. Puis la mort. On pleure toujours sur la tombe de Roméo et Juliette.

Lorsque, en 1966, « Un homme et une femme » connut un succès considérable, on avait déjà pu noter l'affluence des jeunes spectateurs. L'amour reste une valeur respectée deux ans après Mai, comme deux ans avant Mai. Et le plus désuet des romans d'amour, « Love Story », d'Erich Segal, figure dans le peloton de tête des livres depuis vingt semaines. Aux Etats-Unis, on en a vendu 5 millions d'exemplaires. Le film qui en a été tiré a déjà réalisé, dans 167 salles américaines, 12 millions de dollars de recettes en deux mois. Un succès identique est escompté en Europe.

Même sur le plus contestataire des campus, celui de Berkeley, Erich Segal a été stupéfait de trouver un accueil chaleureux et ému auprès des étudiants. « Des sentiments vrais, honnêtes, sincères, vécus sans hypocrisie ni contraintes, mais c'est l'une de nos revendications essentielles ! » lui ont dit ses interlocuteurs. Le mouvement hippie, le « flower power », les grandes fêtes de Woodstock proclamaient à leur manière cette libération des sentiments.

Ce sont les sociologues que ce retour à la tendresse surprend le moins. Ils ont décrit déjà le cheminement vers l'abstraction, la matérialité, la déshumanisation, la rationalisation désenchantée qu'implique le développement technologique. « L'homme, dit Jean Fourastié, semble s'acheminer vers une véritable amputation de ses facultés instinctives, rituelles et sentimentales. » La foule solitaire souffre de carence affective. Albert Camus annonçait déjà « la duperie de ce siècle qui fait mine de courir après l'empire de la raison alors qu'il ne cherche que les raisons d'aimer qu'il a perdues ». « Mourir d'aimer » vient aussi, en ces temps de béton et d'électron, de rendement et de management, ranimer la flamme nécessaire du sentiment.

En même temps qu'il psychanalyse le public, « Mourir d'aimer » psychanalyse la nation. Consacrant un long article aux relations politiques franco-allemandes, le magazine « Der Spiegel » l'intitule « Mourir d'aimer » et explique : « Les Français échappent aux conséquences du film par une fuite dans le sentiment... Les Français se sentent impuissants dans un monde hostile... Ils voient les dangers des contraintes sociales qui conduisent à la mort des êtres comme Gabrielle Russier, mais en même temps ils veulent conserver ces contraintes. » Et c'est vrai que le premier personnage de l'Etat, qui, face à un scandale, peut agir, entreprendre, décider, s'est réfugié, pour traduire son émotion, dans les vers d'Eluard : « Comprenne qui voudra — Moi mon remords ce fut — la malheureuse qui resta — sur le pavé. » Un poème. Un remords. C'est beaucoup pour un homme. Peu pour un homme d'Etat.

Mais l'émotion sans l'action n'est-elle pas justement la caractéristique de la formidable majorité silencieuse de réformateurs-conservateurs qui fait la France d'aujourd'hui ? Pierre Thibon, dans « Le Figaro » du 8 février, rendait compte des résultats contradictoires d'une spectrographie du Français moyen par la Sofres, et constatait que « le Français se prononce pour les réformes à condition qu'elles ne bouleversent pas ses habitudes ». Il souhaite l'intégration européenne, la réforme régionale, l'industrialisation et en accepte les bénéfices, mais répugne aux mutations qui en sont la condition. L'affaire Russier laisse entrevoir tout ce qu'il faut changer dans nos mœurs, nos relations familiales, notre système d'éducation, notre droit et nos lois pour que s'instaure une société plus humaine, où l'on pourrait vivre pour aimer.

Dans sa vraie générosité, la France s'indigne contre ceux, individus et institutions, qui ont tué Gabrielle Russier. Mais elle n'est pas prête encore à nommer, à définir, à légaliser, à institutionnaliser la nouvelle morale qu'implique cette indignation. Pas prête à couper le cordon ombilical qui la relie aux traditions sécurisantes, aux us de Monsieur Jadis, à la justice de papa. Selon le mot de Valéry, elle « entre dans l'avenir à reculons », tout embrumée de nostalgies. Et, en attendant des réformes plus drastiques, ou des révoltes colériques, elle s'achète une bonne conscience pour le prix d'un billet de cinéma.

L'Express, 15 février 1971.

Vocabulaire

Abréviations

adj.	adjectif	*n.*	nom
adv.	adverbe	*pl.*	pluriel
conj.	conjonction	*p.p.*	participe passé
f.	féminin	*pr.*	pronominal
i.	intransitif	*prép.*	préposition
interj.	interjection	*pron.*	pronom
invar.	invariable	*t.*	transitif
m.	masculin	*v.*	verbe

arg.	argotique	*pop.*	populaire
fam.	familier	*vulg.*	vulgaire
fig.	figuré		

A

abaissement (*n.m.*) lowering

abîme (*n.m.*) gulf

abord (*n.m.*) approach

aborder (*v.t.*) to make up

aboutir (à) (*v.i.*) to converge on, culminate in

abri (*n.m.*) shelter

abrutir (*v.t.*) to brutalize; to stun

abstenir (s') (*v.pr.*) to abstain, refrain (**de,** from)

accabler (*v.t.*) to overpower

accéder (à) (*v.i.*) to have access (to); to comply (with)

accession (*n.f.*) accession, adherence

accoster (*v.t.*) to approach

accroître (*v.t.*) to increase

accru *p.p.:* **accroître**

accueillir (*v.t.*) to welcome; to receive

acheminer (s') (*v.pr.*) to make one's way

acquérir (*v.t.*) to acquire

actuel (*adj.*) present, current

adjoint (*adj. et n.m.*)   assistant
adoucir (*v.t.*)   to mitigate
affable (*adj.*)   kindly
affaiblissement (*n.m.*)   weakening
affectif (*adj.*)   emotional
affiche (*n.f.*)   poster
affinement (*n.m.*)   refinement
affolant (*adj.*)   bewildering, frightful
affrontement (*n.m.*)   confrontation
agacer (*v.t.*)   to irritate
âge (*n.m.*)   age
  d'un certain —   middle-aged
  le troisième —   old age
agrémenter (*v.t.*)   to ornament
agripper (s') (*v.t.*)   to grab hold (**à,** of)
aguicher (*v.t.*)   to entice
ahuri (*adj.*)   dazed
aigu (*adj.*)   keen
aiguillon (*n.m.*)   incentive
aile (*n.f.*)   wing
aîné (*adj. et n.m.*)   elder, senior
aise (*n.f.*)   ease, comfort
aisé (*adj.*)   well-to-do
ajourner (*v.t.*)   to delay, postpone
ajouter (*v.t.*)   to add
aléa (*n.m.*)   risk, chance
aliéné (*adj.*)   alienated
allègrement (*adv.*)   briskly
allégresse (*n.f.*)   cheerfulness
allié (*adj.*) allied; (*n.m.*) ally
allier (*v.t.*)   to link, join
allocation de salaire unique (*n.f.*) family allowance where only one spouse works
allumette (*n.f.*)   match
alourdir (*v.t.*)   to weigh down
altesse (*n.f.*)   highness (title)
amadouer (*v.t.*)   to coax
amande (*n.f.*)   almond
amant (*n.m.*)   lover
ambiant (*adj.*)   surrounding
aménagement (*n.m.*)   equipping
amende (*n.f.*)   fine
amender (s') (*v.pr.*)   to improve one's conduct

amener (*v.t.*)   to bring; to lead someone
amenuiser (s') (*v.pr.*)   to grow thin
américaniser (s') (*v.pr.*)   to become Americanized
amerloque (*n.m.*) (*fam.*)   American (slightly derogatory)
amertume (*n.f.*)   bitterness
ameuter (*v.t.*)   to stir up
ampleur (*n.f.*)   extension, breadth
ananas (*n.m.*)   pineapple
ancien (*adj.*)   former
ancienneté (*n.f.*)   seniority
ancrer (*v.t.*)   to anchor
anéantissement (*n.m.*)   annihilation
angoisse (*n.f.*)   anguish
animation (*n.f.*)   liveliness
annulation (*n.f.*)   cancellation
anomalie (*n.f.*)   deviation
anonymat (*n.m.*)   anonymity
anonyme (*adj.*)   anonymous
apaisement (*n.m.*)   appeasement
apanage (*n.m.*)   perquisite
apercevoir de (s') (*v.pr.*)   to realize; to notice
apologue (*n.m.*)   allegory, fable
appareil (*n.m.*)   apparatus; appliance
appartenance (*n.f.*)   appurtenance, belonging
appauvrissement (*n.m*)   impoverishment
appel (*n.m.*)   call, summons
apport (*n.m.*)   contribution
apprivoiser (*v.t.*)   to tame
approbation (*n.f.*)   approval
appui (*n.m.*)   support, aid
arable (*adj.*)   tillable
ardu (*adj.*)   difficult; steep
arracher (*v.t.*)   to tear out
  s'— (*v.pr.*)   to break away (**à,** from)
arranger (s') (*v.pr.*)   to manage (**à, pour,** to)
arrière-pensée (*n.f.*)   ulterior motive
arrière-petite-fille (*n.f.*)   great-granddaughter

arriver (*v.i.*) to occur; to achieve (à)

arrondissement (*n.m.*) city district

arroser (*v.t.*) to water, sprinkle

artisanat (*n.m.*) artisan trade

aspirateur (*n.m.*) vacuum cleaner

aspirer (*v.t.*) to vacuum

assener (*v.t.*) to strike

asservir (*v.t.*) to subdue; to enslave

asservissement (*n.m.*) subservience

assez: en avoir — (*fam.*) to be fed up

assiette (*n.f.*) dish, plate

assommer (*v.t.*) to stun; (*fam.*) to pester

assorti (*adj.*) matched; paired

âtre (*n.m.*) hearth

attendre à (s') (*v.pr.*) to expect

attendri (*adj.*) compassionate

attendrir (*v.t.*) to mollify; to inspire sympathy

atterrir (*v.i.*) to land

aubaine (*n.f.*) windfall, lucky break

auberge (*n.f.*) inn

— espagnole where you only get out what you put into it

au-delà de (*prép.*) beyond; above

au-dessus de (*prép.*) above (and beyond)

auditoire (*n.m.*) audience

augurer (*v.t.*) to forecast

aune (*n.f.*) measuring stick

auparavant (*adv.*) previously

austère (*adj.*) stern

autant (faire qqch.) one might as well . . . ; why not . . . ?

autocar (*n.m.*) motor coach

autodiscipline (*n.f.*) self-government

autoritaire (*adj.*) authoritarian

autrefois (*adv.*) formerly

autrichien (*n.m.*) Austrian

autrui (*pron.*) others

avant-garde (*n.f.*) vanguard

avarice (*n.f.*) stinginess

avatar (*n.m.*) transformation

avérer (*v.t.*) to prove

s'— (*v.pr.*) to prove to be

avertir (*v.t.*) to warn; to notify

aveu (*n.m.*) admission

avis (*n.m.*) opinion

avoir à (*v.i.*) to have to

avoisinant (*adj.*) neighboring

avouer (*v.t.*) to admit

B

bac (*n.m.*) (*langue parlée*) **baccalauréat**

baccalauréat (*n.m.*) secondary school diploma (more advanced and selective than U.S.)

bacille (*n.m.*) bacillus

bafouer (*v.t.*) to scoff at

bagage (*n.m.*) (*fam.*) experience, background

bagarre (*n.f.*) brawl

bagnole (*n.f.*) (*pop.*) jalopy

baguette (*n.f.*) rod; baton

baie (*n.f.*) bay

balancer (*v.t.*) (*fam.*) to throw, toss; to "lay on"; (*v.i.*) to balance

balayer (*v.t.*) to sweep, sweep away

balbutier (*v.t.*) to stammer

ballot (*n.m.*) (*fam.*) sucker

balnéaire (*adj.*) seaside, as a resort

bande dessinée (*n.f.*) comic strip

banlieue (*n.f.*) suburb

banlieusard (*n.m.*) suburbanite

baraque (*n.f.*) (*fam.*) hovel

barbouiller (*v.t.*) to smear

barbu (*adj.*) bearded

bâton (*n.m.*) stick, rod

battre (*v.t.*) to beat

bavoir (*n.m.*) bib

béatification (*n.f.*) blissful happiness

bébé (*n.m.*) baby

bénévole (*adj.*) charity

besogne (*n.f.*) work, labor

bêtifier (*v.i.*) to play the fool

béton (*n.m.*) concrete

beuglement (*n.m.*)   bellow
biais (*n.m.*)   slant
bicot (*n.m.*) (*arg.*)   Arab (derogatory)
bidonville (*n.m.*)   shanty town
bien-être (*n.m.*)   well-being
bienséance (*n.f.*)   propriety
bienveillant (*adj.*)   benevolent, well-meaning
bigoudi (*n.m.*)   hair-curler
bilan (*n.m.*)   balance sheet, overall picture
bimbeloterie (*n.f.*)   toy trade
biner (*v.t.*)   to hoe
bistrot (*n.m.*)   pub
bizutage (*n.m.*)   hazing
blairer (*v.t.*) (*arg.*)   to stand; to stomach
blâme (*n.m.*)   censure; disapproval
blanc d'Espagne (*n.m.*)   whitewash
bloc: au — (*arg.*)   in the "clink"
bloquer (*v.t.*)   to hinder, prevent
blouson noir (*n.m.*)   delinquent
bocal (*n.m.*)   glass container
boîte (*n.f.*) (*fam.*)   nightclub; place of work
bolide (*n.m.*) (*fam.*)   thunderbolt (for automobile)
bon marché (*adj.*)   inexpensive
bonté (*n.f.*)   kindness
bord (*n.m.*)   border; shore
borner (*v.t.*)   to limit
bouillabaisse (*n.f.*)   fish chowder
bouillon (*n.m.*)   broth
boulet: traîner le — (*fam.*)   to be tied down with ball and chain
bouleverser (*v.t.*)   to overthrow, upset
bouquin (*n.m.*)   book
bourrer (*v.t.*) (*fam.*)   to stuff
boursier (*n.m.*)   scholarship-holder
bousculer (*v.t.*)   to upset
bouton (*n.m.*)   button; pimple
brancher (*v.t.*)   to connect; to plug in
braquer (*v.t*)   to aim
bras (*n.m.*)   arm
brassage (*n.m.*)   handling; brewing

brassée (*n.f.*)   armful; stroke
brebis galeuse (*n.f.*)   black sheep
bredouiller (*v.t. et i.*)   to stammer
bref (*adv.*)   in short
bricolage (*n.m.*)   tinkering
bricole (*n.f.*) (*fam.*)   trifle
bricoler (*v.i.*)   to putter, tinker
brider (*v.t.*)   to restrain
brin (*n.m.*)   bit
brosser (*v.t.*)   to brush
brouiller (se) (*v.pr.*)   to have a falling out
brûler (*v.t.*)   to burn
brut (*adj.*)   natural
bucolique (*adj.*)   pastoral
buis (*n.m.*)   box-wood
bulbe (*n.m.*)   bulb
buter (*v.t.*) (*fam.*)   to bump against

C

ça (*pron.*) (*langue parlée, abréviation de* **cela**)   that
cabane (*n.f.*)   hutch
cabas (*n.m.*)   basket
cache-cache (*n.m.*)   hide-and-seek
cacochyme (*adj.*)   dyseptic
cadence (*n.f.*)   rate, rhythm
cadre (*n.m.*)   executive
caisse de retraite (*n.f*)   retirement fund
caissière (*n.f.*)   teller
caleçon (*n.m.*)   briefs
camé (*arg.*)   doped, "high"
camelote (*n.f.*) (*fam.*)   junk
camionnette (*n.f.*)   delivery truck
camoufler (*v.t.*)   camouflage
camp (*n.m.*)   camp
caoutchouc (*n.f.*)   rubber
car (autocar) (*n.m.*)   bus
carence (*n.f.*)   lack, deficiency
carré (*n.m.*)   square
carrefour (*n.m.*)   crossroads
casanier (*n.m.*)   stay-at-home
caserne (*n.f.*)   barracks

casier (*n.m.*) compartment, pigeon-hole

cauchemar (*n.m.*) nightmare

cauchemardesque (*adj.*) nightmarish

cause: en désespoir de — in desperation

causer (*v.t.*) to chat

causette (*n.f.*) (*fam.*) chat

censé (*adj.*) considered, reputed

centaine (*n.f.*) about a hundred

centième (*n.m.*) hundredth

cercueil (*n.m.*) coffin

cerner (*v.t.*) to hem in

certes (*adv.*) surely

chahut (*n.m.*) (*fam.*) razzing (of a teacher)

chaise percée (*n.f.*) commode (toilet)

chaleureux (*adj.*) warm; hearty

chalouper (*v.i.*) (*fam.*) to dance around

chameau (*n.m.*) camel

champ (*n.m.*) field

chanceler (*v.i.*) to stagger

chanter (*v.i.*) to sing; (*fam.*) to suit, please

chapelle (*n.f.*) chapel

charbon (*n.m.*) coal

charger (se) (*v.pr.*) to take charge (**de,** of)

charte (*n.f.*) charter

châtain (*adj.*) chestnut-brown

chauve (*adj.*) bald

chef-d'œuvre (*n.m.*) masterpiece

cheminement (*n.m.*) approach; progress

chevalier (*n.m.*) knight; adventurer

chèvre: ni — ni choux neither fish nor fowl

chevronné (*adj.*) certified; experienced

chez (*prép.*) to, at; with (person)

chômage (*n.m.*) unemployment

choquer (*v.t.*) to shock

chut (*interj.*) hush!

cible (*n.f.*) target

cinéaste (*n.m.*) film maker

cinglant (*adj.*) scathing

circonvenir (*v.t.*) to circumvent

circulation (*n.f.*) traffic

cirer (*v.t.*) to wax, polish

citadin (*n.m.*) city dweller

civilisateur (*adj.*) civilizing

clairon (*n.m.*) bugle

claironnant (*adj.*) brassy

clapier (*n.m.*) hutch

clef (*n.f.*) key

clin d'œil (*n.m.*) wink

cloison (*n.f.*) partition

cloisonner (*v.t.*) to partition off

clôture (*n.f.*) enclosure, closing

cocasse (*adj.*) funny

cochon (*n.m.*) pig

code civil (*n.m.*) civil law

cœur: faire mal au — (*langue parlée*) to sicken, disgust

cogner (*v.t.*) to hit, beat

col (*n.m.*) collar; neck

colère (*n.f.*) anger

colérique (*adj.*) choleric

colis (*n.m.*) parcel

colle (*n.f.*) (*fam.*) oral quiz

coller (*v.t.*) (*fam.*) to work, fit right

colon (*n.m.*) colonist

combler (*v.t.*) to fill up

comité (*n.m.*) committee

comme: c'est tout — (*langue parlée*) it's the same thing

commode (*adj.*) convenient

complaisant (*adj.*) obliging

complexe (*adj.*) complicated

complice (*n.m.*) accomplice

componction (*n.f.*) remorse; gravity

comportement (*n.m.*) behavior

compromettre (*v.t.*) to imperil; to implicate

comptabilité (*n.f.*) accounts

compte (*n.m.*) count

compteur (*n.m.*) counter; trip-recorder

con (*vulg.*) (*adj.*) half-assed, full of shit; (*n.m.*) twerp, asshole

concevoir (*v.t.*) to conceive

concours (*n.m.*) competition for a limited number of openings

conçu (*p.p.: concevoir*)

conférencier (*n.m.*) lecturer

confiance (*n.f.*) confidence

congés payés (*n.m.pl.*) paid vacation

conjoint (*n.m.*) spouse

connaissance de cause (*n.f.*) full knowledge

connaître (*v.t.*) to know; to perceive

connerie (*n.f.*) (*vulg.*) a half-assed thing to do

connivence (*n.f.*) secret cooperation

conseil (*n.m.*) piece of advice

conservateur (*adj.*) conservative

constamment (*adv.*) constantly

constatation (*n.f.*) statement of a fact

constater (*v.t.*) to recognize as fact

contingence (*n.f.*) contingency

contraindre (*v.t.*) to constrain

contrarier (*v.t.*) to annoy

contrat (*n.m.*) contract

contrecarrer (*v.t.*) to counteract

contre-courant: à — against the grain

contrepoids (*n.m.*) counterweight

contrevenir (*v.i.*) to infringe (à, upon)

convenable (*adj.*) proper, fitting

convive (*n.m.*) guest

cooptation (*n.f.*) co-option

copain (*n.m.*) (*fam.*) pal

coque (*n.f.*) hull

coquetterie (*n.f.*) coquetry; stylishness

corrida (*Spanish*) (*n.f.*) bullfight

corriger (*v.t.*) to correct

cortège (*n.m.*) procession

corvée (*n.f.*) drudgery, chore

costaud (*n.m.*) (*pop.*) tough guy, strongman

côté: mettre de — to put to one side

cotelette (*n.f.*) cutlet

cotisation (*n.f.*) contribution

coucher (de soleil) (*n.m.*) sunset

coudée (*n.f.*) cubit; elbowroom

coudre (*v.t.*) to sew

couler (*v.t.*) to sink

coulisse (*n.f.*) (theater) wings, backstage

coup (*n.m.*) (*fam.*) "bit"

coupe: cours de — sewing class

cour d'appel (*n.f.*) court of appeals

courbe (*adj.*) curved

courgette (*n.f.*) squash

course (*n.f.*) race

coût (*n.m.*) cost

coûteux (*adj.*) expensive

coutumier (*adj.*) customary, usual

couver (*v.t.*) to hatch; to mother

couvercle (*n.m.*) cover

couverture (*n.f.*) blanket

couveuse (*n.f.*) incubator

cracher (*v.t.*) to spit

craie (*n.f.*) chalk

crainte (*n.f.*) fear

craintif (*adj.*) fearful

créateur (*adj.*) creative

crèche (*n.f.*) state-run nursery

crépiter (*v.i.*) to crackle

crépuscule (*n.m.*) dusk

crétin (*adj.*) idiotic; (*n.m.*) idiot

creux (*adj.*) hollow; slack

crever (se) (*v.pr.*) (*arg.*) to overwork oneself

crevette (*n.f.*) shrimp

crise (*n.f.*) crisis

critère (*n.m.*) criterion, standard

croire (se) (*v.pr.*) to see oneself as

croisade (*n.f.*) crusade

croisée (*n.f.*) intersection

croiser (*v.t.*) to run into (someone)

croissance (*n.f.*) growth

croulant (*n.m.*) (*arg.*) old fogey

crouler (*v.i.*) to disintegrate

croûte (*n.f.*) crust

aller à la — (*fam.*) to bring home the bacon

C.R.S. (Compagnies Républicaines de Sécurité) (*n.f.pl.*) riot police, with reputation for brutality

cuir (*n.m.*)   leather
cul (*n.m.*) (*vulg.*)   ass
culpabiliser (se) (*v.pr.*)   to feel guilty
culte (*n.m.*)   worship
curé (*n.m.*)   vicar
cuvée (*n.f.*)   vintage
cycle (*n.m.*)   course of study; cycle
cynique (*adj.*)   cynical
cynisme (*n.m.*)   cynicism

D

dactylo (*n.f.*)   secretary
dada (*n.m.*)   hobby, hobbyhorse, pet subject
dadais (*n.m.*) (*fam.*)   goof, ninny
daigner (*v.t.*)   to condescend
daim (*n.m.*)   suede
déboire (*n.m.*)   disappointment
déboiser (*v.t.*)   to deforest
débordement (*n.m.*)   overflowing
débouché (*n.m.*)   opening; opportunity
debout (*adv.*)   upright
débrayage (*n.m.*) (*fam.*)   work stoppage
débrayer (*v.i.*) (*fam.*)   to go on strike
débris (*n.m.pl.*)   remains
débrouiller (se) (*v.pr.*) (*fam.*)   to shift for oneself
début (*n.m.*)   beginning
décalage (*n.m.*)   lag; disparity
décapotable (*adj.*)   convertible
décence (*n.f.*)   propriety
déchéance (*n.f.*)   deterioration, decadence
déchirer (*v.t.*)   to rip, tear
déchoir (*v.i.*)   to fall
déclencher (*v.t.*)   to release
décoller (*v.i.*)   to take off (aviation)
décor (*n.m.*)   decoration; scenery
décrocher (*v.t.*)   to take down; (*pop.*) to wangle
décrypter (*v.t.*)   to decipher

déculpabiliser (*v.t.*)   to clear one's conscience
décupler (*v.t.*)   to increase tenfold
dedans (*adv.*)   inside
dédouaner (*v.t.*)   to clear through customs
   se — (*v.pr.*) (*fam.*)   to get oneself out of a jam
défi (*n.m.*)   challenge
défier (se) (*v.pr.*)   to distrust
défilé (*n.m.*)   procession, parade
définitive: en —   finally
défouler (se) (*v.pr.*) (*fam.*)   to unwind, get rid of one's inhibitions
dégager (*v.t.*)   to release; to relieve
dégénérer (*v.i.*)   to degenerate
dégivrer (*v.t.*)   to defrost
dégonfler (se) (*v.pr.*) (*pop.*)   to back down, "turn chicken"
dégringolade (*n.f.*)   slump
dehors (*adv.*)   outside
déjouer (*v.t.*)   to thwart, frustrate
délabrement (*n.m.*)   breakdown; ruin
délaisser (*v.t.*)   to abandon
délavé (*adj.*)   diluted
délié (*adj.*)   subtle; nimble
délier (*v.t.*)   to untie
délinquance (*n.f.*)   delinquence
délivrance (*n.f.*)   delivery; rescue
déluge (*n.m.*)   flood
démagogie (*n.f.*)   crowd-pleasing, rabble-rousing
demander (se) (*v.pr.*)   to wonder
démarche (*n.f.*)   step; proceeding
démarrage (*n.m.*)   getting started, getting going
démarrer (*v.i.*)   to start off
démembrer (*v.t.*)   to dismember
déménager (*v.i.*)   to move out, away
démentir (*v.t.*)   to belie
démesuré (*adj.*)   out of proportion, excessive
demeurer: il n'en demeure pas moins que   it is nonetheless true that
demi-mot: à —   at once
démission (*n.f.*)   resignation

démographie (*n.f.*)   demography
démontrer (*v.t.*)   to demonstrate
démultiplier (*v.t.*)   to reduce
dénicher (*v.t.*)   (*fam.*)   to oust; to discover
dénommé (*adj.*)   named; specified
dénonciation (*n.f.*)   denouncement
denrée (*n.f.*)   commodity
dénuer (*v.t.*)   to deprive (**de,** of)
dépensier (*adj.*)   extravagant
déployer (*v.t.*)   to unfold
dépoétiser (*v.t.*)   to take the poetry out, make prosaic
dépositaire (*n.m.*)   trustee; agent
dépotoir (*n.m.*)   dump
dépouiller (*v.t.*)   to skin, deprive; to analyze
dépourvu (*adj.*)   destitute
déranger (*v.t.*)   to disturb
dérision (*n.f.*)   mockery
dérisoire (*adj.*)   ridiculous
dernier-né (*n.m.*)   most recent
dérobade (*n.f.*)   avoidance (**devant,** of)
dérouler (se) (*v pr.*)   to take place
déroutant (*adj.*)   misleading
dès que (*conj.*)   as soon as
désabuser (*v.t.*)   to disillusion
désapprendre (*v.t.*)   to forget how to
désarroi (*n.m.*)   disarray, dismay
descendre (*v.i.*)   to descend; to stop at
déséquilibre (*n.m.*)   lack of balance
déshérité (*adj.*)   disinherited
désinvolte (*adj.*)   casual
désinvolture (*n.f.*)   unself-consciousness, indifference
désœuvré (*adj.*)   idle
désordonnée (*adj.*)   disorderly, reckless
désormais (*adv.*)   henceforth
dessein (*n.m.*)   plan, scheme
dessin (*n.m.*)   design
dessiner (*v.t.*)   to draw, sketch
dessus (*adv.*)   upon
désuet (*adj.*)   out-of-date
détendre (se) (*v.pr.*)   to relax

détenir (*v.t.*)   to hold; to detain
détente (*n.f.*)   relaxation
détonateur (*n.m.*)   detonator
détonner (*v.i.*)   to clash
détraquer (*v.t.*)   to upset; to derange
détritus (*n.m.*)   rubbish
détrousser (*v.t.*)   to rob
devise (*n.f.*)   motto
devoir (*n.m.*)   duty
devoir (se) (*v.pr.*)   to owe it to oneself (**de,** to)
dévorer (*v.t.*)   to devour
dévot (*adj.*)   devout; (*n.m.*) devout person
dévoyer (*v.t.*)   to lead astray
diagnostiquer (*v.t.*)   to diagnose
dichotomie (*n.f.*)   division into two parts
dicton (*n.m.*)   saying
différencier (*v.t.*)   to distinguish
diffuser (*v.t.*)   to diffuse; to broadcast
digestif (*n.m.*)   after-dinner drink
digne (*adj.*)   worthy
dilatation (*n.f.*)   expansion
dilection (*n.f.*)   loving-kindness
disparition (*n.f.*)   disappearance
disponible (*adj.*)   available
disserter (*v.i.*)   to discourse (**sur,** on)
dissimuler (*v.t.*)   to conceal
dissiper (se) (*v.pr.*)   to clear up
distanciation (*n.f.*)   distancing
distordu (*adj.; p.p.:* **distordre**) distorted, disturbed
distorsion (*n.f.*)   distortion
divertir (se) (*v.pr.*)   to enjoy oneself
divertissement (*n.m.*)   amusement
domicile: à —   at home; home delivery
dortoir (*n.m.*)   ward; several beds in one room, barracks style
dosage (*n.m.*)   proportioning
doter (*v.t.*)   to endow (**de,** with)
douteux (*adj.*)   questionable
dresser (*v.t.*)   to draw up

droit (*n.m.*) right
dru (*adj.*) dense
duc (*n.m.*) duke (title)
duper (*v.t.*) to fool
dur (*adj.*) hard, harsh
  avoir la vie —e to be long-lived,
  hard to kill

E

éblouir (*v.t.*) to dazzle
ébranler (*v.t.*) to shake
écart (*n.m.*) divergence
écarter (*v.t.*) to brush aside
échappement (*n.m.*) exhaust
échéance (*n.f.*) maturity, term
échecs (*n.m.pl.*) chess
échelle (*n.f.*) ladder; scale
échelon (*n.m.*) stage; level
échouer (*v.i.*) to fail
éclabousser (*v.t.*) to splash
éclaboussure (*n.f.*) splash
éclair (*n.m.*) flash of lightning
éclaircie (*n.f.*) break; bright period
éclairer (*v.t.*) to illuminate
éclat (*n.m.*) brilliance
éclatant (*adj.*) brilliant, illustrious
écœurer (*v.t.*) to dishearten, sicken
école maternelle (*n.f.*) nursery
  school
écolière (*n.f.*) schoolgirl
écran (*n.m.*) screen
écraser (*v.t.*) to crush
éduquer (*v.t.*) to bring up; to train
effacer (*v.t.*) to rub out
  s'— (*v.pr.*) to remain in the
  background
effaroucher (*v.t.*) to frighten
effectivement (*adv.*) actually, indeed
efforcer (s') (*v.pr.*) to attempt,
  make an effort (**de,** to)
effranger (*v.t.*) to fray
effriter (*v.t.*) to disintegrate
égard: à l'— de with respect to

égaré (*adj.*) stray; bewildered
égorger (*v.t.*) to cut the throat of
égout (*n.m.*) drain; sewer
élan (*n.m.*) impulse
élargissement (*n.m.*) widening
élever (s') (*v.pr.*) to rise; to amount
  (**à,** to)
éloge (*n.m.*) praise
éloigner (s') (*v.pr.*) to get farther
  away
élucider (*v.t.*) to clear up
Elysée (*n.m.*) place of residence
  and offices of the President of
  France
émailler (*v.t.*) to enamel
émaner (*v.i.*) to emanate (**de,** from)
emballé (*p.p.:* **emballer**) (*fam.*) enthusiastic
embaucher (*v.t.*) to hire
embêter (*v.t.*) (*fam.*) to annoy
embouteillage (*n.m.*) traffic jam
embrouiller (*v.t.*) to entangle
embrumé (*adj.*) clouded; envel-
  oped
émerveiller (*v.t.*) to amaze
émeute (*n.f.*) riot
émiettement (*n.m.*) fragmentation
éminent (*adj.*) prominent
émis (*p.p.:* **émettre**) broadcast
emmener (*v.t.*) to lead away
emmerder (*v.t.*) (*vulg.*) to be a
  pain in the ass
émouvoir (*v.t.*) to touch, affect
emparer (s') (*v.pr.*) to seize hold
  (**de,** of)
empêcher (*v.t.*) to prevent
empiler (*v.t.*) to pile up
emprise (*n.f.*) hold (**sur,** over)
**E.N.A. = Ecole Nationale d'Admi-
  nistration**
encadrement (*n.m.*) framing
encaisser (*v.t.*) (*fam.*) to swallow,
  put up with
encastrer (*v.t.*) to embed
enceinte (*adj.*) pregnant; (*n.f.*)
  enclosure
enchevêtrement (*n.m.*) interlacing,
  tangle

enclin (*adj.*) inclined (**à,** to)
endosser (*v.t.*) to put on; to assume
enfer (*n.m.*) hell
enfoncer (*v.t.*) to drive in
enfourcher (*v.t.*) to mount
enfourner (*v.t.*) to place (usually in an oven)
engendrer (*v.t.*) to breed; to produce
englober (*v.t.*) to embrace
enhardir (**s'**) (*v.pr.*) to grow bold
enjeu (*n.m.*) stake
enlisement (*n.m.*) floundering
énoncé (*n.m.*) terms, utterance
énoncer (*v.t.*) to express
enquête (*n.f.*) investigation
enragé (*n.m.*) violent activist during events of May 1968
ensablé (*p.p.:* **ensabler**) (*fam.*) stuck
enseignant (*n.m.*) teacher
ensemble: grand — apartment house complex
ensevelir (*v.t.*) to shroud; to bury
ensommeillé (*adj.*) sleepy
ensorceler (*v.t.*) to cast a spell on
entamer (*v.t.*) to enter into
entasser (*v.t.*) to heap up
entendre parler (*v.i.*) to hear (**de,** of, about)
entente (*n.f.*) meaning
enthousiaste (*adj.*) enthusiastic
entourer (*v.t.*) to surround
entraide (*n.f.*) mutual help
entraîneuse (*n.f.*) (*fam.*) "hostess," B-girl
entraver (*v.t.*) to hamper, hinder
entrecoupé (*adj.*) interrupted, broken
entreprenant (*adj.*) enterprising
entre-temps (*adv. et n.m.*) meanwhile, meantime
envergure (*n.f.*) spread; scope
envers: à l'— upside down
envier (*v.t.*) to envy
envisager (*v.t.*) to foresee, plan on
envoler (**s'**) (*v.pr.*) to fly away
envoûter (*v.t.*) to bewitch

épanouir (**s'**) (*v.pr.*) to blossom
épanouissement (*n.m.*) blossoming
épargner (*v.t.*) to save; to spare
épaule (*n.f.*) shoulder
épave (*n.f.*) wreck
épicier (*n.m.*) grocer
épique (*adj.*) epic
épopée (*n.f.*) epic
époustouflant (*adj.*) (*fam.*) astounding
épouvante (*n.f.*) terror
époux (*n.m.*) husband
épreuve (*n.f.*) test, ordeal
épuiser (*v.t.*) to exhaust
équité (*n.f.*) fairness
équivoque (*adj.*) ambiguous
ère (*n.f.*) era
ersatz (*n.m.invar.*) substitute
escalader (*v.t.*) to climb
escargot (*n.m.*) snail
esclave (*n.*) slave
espace (*n.m.*) space
esprit (*n.m.*) spirit
esquisse (*n.f.*) sketch
essence (*n.f.*) essential element; gasoline
essouffler (**s'**) (*v.pr.*) to get out of breath
essuyer (*v.t.*) to wipe (away)
étalage (*n.m.*) display, show
étaler (**s'**) (*v.pr.*) to spread (**sur,** over)
étalon (*n.m.*) standard
étau (*n.m.*) vise; strangle hold
éteindre (**s'**) (*v.pr.*) to go out, die down
éthique (*n.f.*) ethics
étinceler (*v.i.*) to sparkle, glitter
étouffer (*v.t. et i.*) to choke; to smother
étranger (*adj.*) foreign; (*n.m.*) foreigner
être: en — à to be at such and such a stage
étroit (*adj.*) narrow
étymologie (*n.f.*) etymology
euphorie (*n.f.*) euphoria; bliss
euthanasie (*n.f.*) mercy killing

éveil (*n.m.*) awakening; alert
éveiller (*v.t.*) to awaken
événements de mai political turmoil in May 1968
évincer (*v.t.*) to evict
exacerber (*v.t.*) to aggravate
exactitude (*n.f.*) accuracy
exalter (s') (*v.pr.*) to grow excited
excédent (*n.m.*) excess
excroissance (*n.f.*) protuberance
exécutant (*n.m.*) performer
exigence (*n.f.*) requirement
exporter (*v.t.*) to export (**de,** from)
extenuer (s') (*v.pr.*) to tire oneself out

F

fâcheux (*adj.*) awkward; unfortunate
façon (*n.f.*) manner
façonner (*v.t.*) to fashion
facultatif (*adj.*) optional
faculté (*n.f.*) school (within a university)
fade (*adj.*) flat; insipid
faille (*n.f.*) fault
faillir (*v.i.*) to fail
   avoir failli faire qqch. to have almost done something
faillite (*n.f.*) failure
faix (*n.m.*) burden
fanfaronnade (*n.f.*) bragging
farcir (se) (*v.t.*) (*arg.*) to stomach
fardeau (*n.m.*) burden
farniente (*n.m.invar.*) blissful ease
farouche (*adj.*) fierce
fastidieux (*adj.*) tedious
faune (*n.m.*) faun
   vieux — (*fam.*) old goat
fausser (*v.t.*) to distort
faut: il s'en — far from it
fécondité (*n.f.*) fertility
féerique (*adj.*) fairy
feint (*adj.*) feigned
fêler (*v.t.*) to crack

féliciter (se) (*v.pr.*) to congratulate oneself (**de,** on)
féodal (*adj.*) feudal
féru (*adj.*) set (**de,** on)
fétichisme (*n.m.*) fetishism
feu (*n.m.*) fire
   faire la part du — to give the devil his due
   — d'artifice fireworks
   — nourricier flame of inspiration
   — rouge red light
feuilleter (*v.t.*) to flip through
ficelle (*n.f.*) string
fiche (*n.f.*) card; form
fier à (se) (*v.pr.*) to trust in; to judge by
fièvre (*n.f.*) fever
fil (*n.m.*) thread
filet (*n.m.*) net; bag
fille-mère (*n.f.*) unwed mother
fils à papa (*n.m.*) (*fam.*) rich brat
finir par (*v.i.*) to do finally, in the end
flair (*n.m.*) (*fam.*) a good nose for something
flanc (*n.m.*) flank
flanquer (*v.t.*) (*fam.*) to throw
flatter (*v.t.*) to flatter
fléau (*n.m.*) disaster
fléchissement (*n.m.*) bending; yielding
flic (*n.m.*) (*arg.*) cop, "fuzz"
flingue (*n.m.*) (*arg.*) gun; "rod"
flirt (*n.m.*) boyfriend; girlfriend
fluctuant (*adj.*) wavering
foncer (*v.t.*) to darken; (*v.i.*) (*fam.*) to rush
fonctionnaire (n.m.) civil servant
fondement (*n.m.*) foundation, cornerstone
fondre (*v.i.*) to dissolve
fontaine (*n.f.*) fountain
for intérieur (*n.m.*) heart of hearts
force: à — de (*prép.*) by dint of
forêt (*n.f.*) forest
forfait (*n.m.*) contract; forfeit
fort (*adj.*) strong; (*adv.*) very
fou (*adj.*) insane

foudroyant (*adj.*)   overwhelming
fougueux (*adj.*)   high-spirited
fouiller (*v.t. et i.*)   to rummage; to search
fouler (*v.t.*)   to trample
fourchette: avoir un bon coup de — (*fam.*)   to be a hearty eater, really put it away
fourrure (*n.f.*)   fur
foutre (*v.t.*) (*vulg.*)   to throw the hell out
  — le camp (*vulg.*)   to get the hell out
  s'en — (*v.i.*) (*vulg.*)   not to give a good Goddamn
foutu (*p.p.:* **foutre**) (*vulg.*)   screwed
foyer (*n.m.*)   home; hostel
fraise (*n.f.*)   strawberry
framboisier (*n.m.*)   raspberry bush
franchir (*v.t.*)   to cross
franchise (*n.f.*)   frankness; freedom
franc-maçonnerie (*n.f.*)   Freemasonry; "mafia"
franc-tireur (*n.m.*)   independent agent; vanguard
trapper (*v.t.*)   to strike; to knock
frayeur (*n.f.*)   fright
fringale (*n.f.*)   ravenous hunger
fromage (*n.m.*)   cheese
froncer les sourcils   to frown
frotter (se) (*v.pr.*)   to rub; to polish
fugue (*n.f.*) (*fam.*)   escapade
fulgurant (*adj.*)   flashing, brilliant
furoncle (*n.m.*)   boil
fusée (*n.f.*)   rocket

G

gâcher (*v.t.*)   to ruin
gâchis (*n.m.*)   mess
gaffe (*n.f.*) (*fam.*)   blunder
  faire — (*arg.*)   to watch out
gage (*n.m.*)   pawn; token
gagne-pain (*n.m.invar.*)   breadwinner
gagner (*v.t.*)   to earn

gaillardise (*n.f.*)   risqué speech, stories
gainer (*v.t.*)   to cover
gains d'activité (*n.m.pl.*)   earnings while active
galeuse: brebis galeuse   black sheep
galeux (*adj.*)   mangy
galvaudeux (*n.m.*)   tramp
garde des Sceaux (*n.m.*)   Minister of Justice
garde-fou (*n.m.*)   railing
garder (*v.t.*)   to keep
garderie (*n.f.*)   day-nursery
gare (*n.f.*)   station
garer (*v.t.*)   to park
gars (*n.m.*) (*pop.*)   guy
gâter (*v.t.*)   to spoil; to pamper
gaufre (*n.f.*)   honeycomb
gaz (*n.m.*)   gas
gêne: sans —   free and easy
gêné (*adj.; p.p.:* **gêner**)   ill at ease, embarrassed
générateur (*adj.*)   productive, a source of
générique (*adj.*)   generic
génial (*adj.*)   clever
génie (*n.m.*)   genius
gentiment (*adv.*)   kindly
gérer (*v.t.*)   to manage
germer (*v.i.*)   to germinate
gérontologue (*n.m.*)   geriatrist
gestion (*n.f.*)   administration
gicler (*v.i.*)   to spurt
gifle (*n.f.*)   slap
gigot (*n.m.*)   leg of mutton
gisement (*n.m.*)   deposit
glaise (*n.f.*)   clay
glissement (*n.m.*)   slipping, falling away
goinfre (*n.m.*) (*fam.*)   guzzler, heavy eater
gosse (*n.m.*) (*fam.*)   kid
goudronner (*v.t.*)   to tar
gourmandise (*n.f.*)   gluttony
gourme: jeter sa — (*fig.*)   to sow one's wild oats
goutte (*n.f.*)   drop
grabataire (*n.m.*)   bedridden person
grand-chose (*n.m.*)   much

granit (*n.m.*) granite
gratuit (*adj.*) free; unmotivated
gré (*n.m.*) will
greffer (*v.t.*) to graft
grêle (*adj.*) high-pitched
grève: faire la — to go on strike
grignoter (*v.t.*) to nibble at; to encroach (**sur,** on)
grillade (*n.f.*) steak
grogner (*v.t. et i.*) to grumble
grossièreté (*n.f.*) rudeness
grossir (*v.i.*) to increase
grosso modo in general
guetter (*v.t.*) to watch for
gueule (*n.f.*) (*pop.*) face, "puss"; appearance
guichet (*n.m.*) box office
guigne (*n.f.*) (*fam.*) jinx, bad luck
guise: à sa — in one's own way

herbe (*n.f.*) grass
en — unripe
héritier (*n.m.*) heir
héros (*n.m.*) hero
heurter (se) (*v.pr.*) to collide; to clash
hiérarchique (*adj.*) hierarchical
hindou (*adj.*) Hindu
hirsute (*adj.*) unkempt
H.L.M. (Habitation à Loyer Modéré) State subsidized low-cost housing
homologue (*n.m.*) opposite number
horaire (*n.m.*) schedule
hormis (*prép.*) except
hospice (*n.m.*) rest home
hublot (*n.m.*) porthole
humour (*n.m.*) humor
hurler (*v.t. et i.*) to howl

H

habileté (*n.f.*) cleverness
habitude (*n.f.*) habit
hâcher (*v.t.*) to chop
haie (*n.f.*) hedge; row
haleter (*v.i.*) to pant
halle (*n.f.*) market
hardiment (*adv.*) boldly
hargne (*n.f.*) ill temper
hâte: avoir — (*v.i.*) to be in a hurry (**de,** to)
hâtif (*adj.*) hasty
hâtivement (*adv.*) hastily
hauban (*n.m.*) rigging
haut: regarder de — to look down on
haut-parleur (*n.m.*) loudspeaker
havre (*n.m.*) harbor; haven
hebdomadaire (*n.m.*) weekly newspaper
hébergement (*n.m.*) lodging
HEC = Ecole des Hautes Etudes Commerciales
hectare (*n.m.*) 1000 square meters
hein (*interj.*) (*fam.*) eh? what?

I

idée reçue (*n.f.*) received idea, shibboleth
îlot (*n.m.*) islet
immeuble (*n.m.*) building, apartment building
imposture (*n.f.*) deception
impôt (*n.m.*) tax
imprévisible (*adj.*) unforeseeable
imprévu (*adj.*) unexpected
impuissant (*adj.*) powerless
inachevé (*adj.*) unfinished
inamovible (*adj.*) permanent
incendie (*n.m.*) fire, arson
incomber (*v.i.*) to rest (**à,** with); to fall (**à,** to)
incongru (*adj.*) improper
inconsciemment (*adv.*) unconsciously
inconvénient (*n.m.*) drawback
inculte (*adj.*) uncultivated
indécis (*adj.*) uncertain
indélébile (*adj.*) indelible
indice (*n.m.*) indication; index
indigène (*adj. et n.m.*) native
indigner (s') (*v.pr.*) to be indignant

indiscutable (*adj.*)   indisputable
inégalité (*n.f.*)   inequality
inespéré (*adj.*)   unhoped-for
infime (*adj.*)   lowly, tiny
infirme (*adj.*)   invalid, sickly
infliger (*v.t.*)   to inflict
informe (*adj.*)   formless
infrastructure (*n.f.*)   substructure
infuser (*v.t.*)   to instill
ingénieur (*n.m.*)   engineer
ingrat (*adj.*)   ungrateful;   (*n.m.*)
  ungrateful person
initiateur (*adj.*)   initiatory
inlassable (*adj.*)   untiring
inopinément (*adv.*)   unexpectedly
in petto   in one's heart of hearts,
  deep down inside
insalubre (*adj.*)   unhealthy
insérer (*v.t.*)   to insert (**dans,** into)
installer (s') (*v.pr.*)   to get settled
instaurer (*v.t.*)   to establish
Institut (*n.m.*)   grouping of France's
  most distinguished intellectuals
institutrice (*n.f.*)   elementary school
  teacher
insupportable (*adj.*)   unbearable
insurgé (*adj.*)   rebel
intenter (*v.t.*)   to bring; to enter
interdiction (*n.f.*)   prohibition
interne (*adj.*)   inner; (*n.m.*) boarder
interpeller (*v.t.*)   to summon
intimité (*n.f.*)   intimacy
intrinsèque (*adj.*)   intrinsic
inventorier (*v.t.*)   to inventory
investissement (*n.m.*)   investment
invoquer (*v.t.*)   to invoke
irrémédiable (*adj.*)   irreparable
ivraie (*n.f.*)   chaff
ivre (*adj.*)   drunk

J

jadis (*adv.*)   formerly, the past
jalon (*n.m.*)   marker, reference
  point

jardinet (*n.m.*)   small garden
jet (*n.m.*)   stream, spurt
jeter (*v.t.*)   to throw
joaillier (*n.m.*)   jeweler
jouet (*n.m.*)   toy
jupe (*n.f.*)   skirt
juridique (*adj.*)   legal
juriste (*n.m.*)   jurist
juron (*n.m.*)   swear word
juste (*adv.*)   precisely
justicier (*adj.*)   justiciary

K

képi (*n.m.*)   policeman's hat

L

labeur (*n.m.*)   work
lacérer (*v.t.*)   to lacerate
lâche (*adj.*)   slack; cowardly
lacis (*n.m.*)   network
laisse: en —   on a leash
laisser (se) (*v.pr.*)   to let oneself
laisser-aller (*n.m.invar.*)   abandon
lamenter (se) (*v.pr.*)   to lament
lampée (*n.f.*)   draught, glass
lancer (*v.t.*)   to promote, invent
lassitude (*n.f.*)   weariness
lavabo (*n.m.*)   washroom
lécher (*v.t.*)   to lick
légèreté (*n.f.*)   lightness
lendemain (*n.m.*)   day after
lenteur (*n.f.*)   sluggishness
lèpre (*n.f.*)   leprosy
léser (*v.t.*)   to injure
lessive (*n.f.*)   household washing
leurrer (se) (*v.pr.*)   to delude oneself
lever (*n.m.*)   rise
libéral (*adj.*)   private, capitalist (as
  in **libre entreprise**)

libérer (se) (*v.pr.*)   to free oneself (**de,** from)
libertaire (*adj.*)   libertarian
lien (*n.m.*)   bond
lier (*v.t.*)   to bind; to tie
lieu (*n.m.*)   place; spot
— **commun**   commonplace
ligue (*n.f.*)   league
limbes (*n.m.pl.*)   limbo
liséré (*n.m.*)   border
livrer (*v.t.*)   to deliver, give over
— **bataille**   to give battle
logéco (*n.m.*)   low cost housing
loger (*v.t.*)   to house
lointain (*adj.*)   distant
loisir (*n.m.*)   leisure
lorgnette (*n.f.*)   eyeglass
lors de (*adv.*)   at the time of
lot (*n.m.*)   share; fate
loto (*n.m.*)   bingo
louable (*adj.*)   praiseworthy
loup (*n.m.*)   wolf
lover (*v.i.*)   to coil
loyer (*n.m.*)   rent
lucidité (*n.f.*)   rationality
lutter (*v.i.*)   to fight

M

macadam (*n.m.*)   roadbed, pavement
mâcher (*v.t.*)   to chew
machin (*n.m.*) (*fam.*)   thing, whatchamacallit
machine ménagère (*n.f.*)   household appliance
macramé (*n.m.*)   knotted ornamental lacework
magie (*n.f.*)   magic
maigrir (*v.i.*)   to lose weight
main d'œuvre (*n.f.*)   manpower
mairie (*n.f.*)   town hall
maïs (*n.m.*)   corn
maître-nageur (*n.m.*)   lifeguard
maîtriser (*v.t.*)   to master

maladresse (*n.f.*)   clumsiness
malaise (*n.m.*)   discomfort
malchance (*n.f.*)   bad luck
malgré (*prép.*)   in spite of
malin (*adj.*)   mischievous, clever
malmener (*v.t.*)   to handle roughly
manchette (*n.f.*)   headline
manie (*n.f.*)   mania; fad
manier (*v.t.*)   to handle
manifestation (*n.f.*)   demonstration
manifestement (*adv.*)   obviously
manifester (*v.t.*)   to demonstrate
manque (*n.m.*)   want; lack
maquette (*n.f.*)   scale model
maquiller (*v.t.*)   to put make-up on
marchand (*n.m.*)   merchant
marche (*n.f.*)   walk; progress
marché: par-dessus le —   in addition
maréchal (*n.m.*)   blacksmith; Marshal (title)
marge (*n.f.*)   margin
marivaudage (*n.m.*)   witty and sophisticated conversation
marrant (*adj.*) (*arg.*)   funny, "a riot"
martinet (*n.m.*)   whip; switch
martyre (*n.m.*)   martyrdom
massacrant (*adj.*)   scathing
masse (*n.f.*)   mass; bulk
massif (*adj.*)   solid; massive
matière grise (*n.f.*)   brain cells, intelligence
matières premières (*n.f.pl.*)   raw materials
matraque (*n.f.*)   blackjack, nightstick
matriarcat (*n.m.*)   matriarchy
maudire (*v.t.*)   to curse
Me (Maître) (*n.m.*)   lawyer's title
mec (*n.m.*) (*pop.*)   guy
mécanographe (*n.f.*)   multicopier
méconnaître (*v.t.*)   to ignore, misconstrue
médiumnique (*adj.*)   of a spiritualistic medium
méfiance (*n.f.*)   distrust
mélange (*n.m.*)   mixture
mémoire (*n.m.*)   dissertation

mendier (*v.t.*) to beg for
mener (*v.t.*) to lead
 — à bien to complete success-
fully
mensuel (*adj.*) monthly
mentor (*n.m.*) trusted counselor
menu (*n.m.*) small detail
menuiserie (*n.f.*) carpentry
méprendre (se) (*v.pr.*) to be mis-
taken
mépriser (*v.t.*) to scorn
merde (*n.f.*) (*vulg.*) shit
mesquin (*adj.*) petty; shabby
messe (*n.f.*) mass
mesure: dans la — où to the extent
that
métier (*n.m.*) trade
mets (*n.m.pl.*) food
mettre (se) (*v.pr.*) to begin (**à,** to);
to dress (**en,** in)
meubles (*n.m.pl.*) furniture
meurtre (*n.m.*) murder
micro (*n.m.*) (*fam.*) mike
militer (*v.i.*) to militate
millénaire (*adj. et n.m.*) millenium;
a thousand years old
mimer (*v.t.*) to pantomime
minable (*adj.*) shabby; seedy
mince alors ! (*interj.*) (*fam.*) gosh!
darn!
ministère (*n.m.*) ministry; department
minoritaire (*n.f.*) in the minority
minutieux (*adj.*) thorough
miroir (*n.m*) mirror
mise (*n.f.*) placing, putting
 — au point focusing, adjustment
 — en demeure formal notice,
 summons
 — en scène staging (theater)
misogynie (*n.f.*) hatred of women
mite (*n.f.*) moth
mi-temps: à — part-time
mitoyen (*adj.*) common (usually,
a wall between two structures)
mitraillette (*n.f.*) machine-gun
mode (*n.m.*) method; (*n.f.*) fashion

modifier (*v.t.*) to modify
modiste (*n.f.*) milliner
modus vivendi (*n.m.invar.*) mode
of living
moellon (*n.m.*) rubble; stone wall
mœurs (*n.f.pl.*) customs; morals
moindre (*adj.*) lesser; the least
moins: on le serait à — at the very
most
moleskine (*n.f.*) imitation leather
molle (*f.*) (*m.* **mou**) (*adj.*) soft
môme (*n.m.*) (*pop.*) brat, kid
monôme (*n.m.*) street demonstration after exams
montant (*n.m.*) amount
montée (*n.f.*) climb; height
monter (une pièce) (*v.t.*) to stage
(a play)
moquette (*n.f.*) carpeting
moribond (*adj.*) dying
mou (*adj.*) soft
mouchoir (*n.m.*) handkerchief
moudre (*v.t.*) to grind
moulinet (*n.m.*) twirl
moyenne (*n.f.*) average
muer (se) (*v.pr.*) to change (**en,**
into)
muet (*adj.*) mute, silent
mûrir (*v.t. et i.*) to ripen, mature
mutisme (*n.m.*) silence
mythe (*n.m.*) myth

N

nageur: maître — lifeguard
naguère (*adv.*) recently
naïf (*adj.*) naive; unsophisticated
naître (*v.i.*) to be born
nappe (*n.f.*) tablecloth; cloth
navré (*adj.*) heartbroken
néanmoins (*adv.*) nevertheless
néant (*n.m.*) nothingness
néfaste (*adj.*) ill-fated; pernicious
négligé (*adj.*) neglected; very casual

nègre (*n.m.*)　African native; otherwise, "nigger"

nerf (*n.m.*)　nerve; energy

net (*adj.*)　clean; clear, obvious

net (*adv.*)　flatly, pointblank
　arrêter —　to stop short

Neuillyssois (*n.m.*)　resident of Neuilly (Paris suburb)

neutre (*adj.*)　neuter; neutral

névrosé (*adj. et n.m.*)　neurotic

nez: à vue de — (*fam.*)　at a rough estimate

niais (*adj.*)　silly

nid (*n.m.*)　nest

nier (*v.t.*)　to deny

nigaud (*adj.*)　foolish

niveau (*n.m.*)　level

nocif (*adj.*)　harmful

noircir (*v.t.*)　to blacken

nonagénaire (*adj.*)　ninety years old

nourricier: feu —　flame of inspiration

noyau (*n.m.*)　core; small group

nuance (*adj.*)　delicately shaded

nuire (*v.i.*)　to be harmful

nuisible (*adj.*)　injurious

nullement (*adv.*)　not at all

nuque (*n.f.*)　nape

on (**nous,** *langue parlée*)　we

onde (*n.f.*)　wave

ongle (*n.m.*)　fingernail

opiniâtreté (*n.f.*)　stubbornness

opprimé (*adj.*)　oppressed

opter (pour) (*v.i.*)　to choose

opulent (*adj.*)　wealthy

or (*conj.*)　now

orage (*n.m.*)　tempest

ordinateur (*n.m.*)　computer

ordonnance (*n.f.*)　order

ordures (*n.f.pl.*)　refuse; garbage

organisme (*n.m.*)　organization

orgueilleux (*adj.*)　conceited

oriental (*adj.*)　Eastern

original (*adj.*)　original; creative; odd

originel (*adj.*)　original; innate; fundamental

orner (*v.t.*)　to adorn

ostensible (*adj.*)　conspicuous

ouf (*interj.*)　whew!

ouï-dire (*n.m.*)　hearsay

ousque (*pop.*)　**où est-ce que**

outillage (*n.m.*)　equipment

outrance (*n.f.*)　excess

outre (*adv.*)　beyond

ouverture (*n.f.*)　opening

ouvrage (*n.m.*)　work

ouvriériste (*adj.*)　pro-working class

O

obéissance (*n.f.*)　obedience

obscurantiste (*adj.*)　obscurantist

obséquiosité (*n.f.*)　servile obedience

obstinément (*adv.*)　obstinately

occidental (*adj.*)　Western

occupé (*p.p.: occuper*)　busy

octroyer (*v.t.*)　to grant (**à,** to)

œuvre (*n.f.*)　work, production

œuvrer (*v.i.*)　to work

offusquer (s') (*v.pr.*)　to take offence (**de,** at)

oint (*n.m.*)　anointed

oiseux (*adj.*)　idle

oisif (*adj.*)　idle; useless

P

pâle (*adj.*)　pale

palier (*n.m.*)　landing; floor

palpable (*adj.*)　tangible

pancarte (*n.f.*)　poster

panier à salade (*n.m.*)　paddy wagon

panne (*n.f.*)　breakdown

panneau (*n.m.*)　sign

pantoufle (*n.f.*)　slipper

papiers gras (*n.m.*)　litter

parages (*n.m.pl.*)　the general area

paravent (*n.m.*)　folding screen

parcelle (*n.f.*)   parcel; plot
parcourir (*v.t.*)   to pass through; to wander
par-dessus (*prép.*)   over
parer (se) (*v.pr.*)   to show off
paresse (*n.f.*)   laziness
paresseux (*adj.*)   lazy
parfaire (*v.t.*)   to perfect
parité (*n.f.*)   equality
parmi (*prép.*)   among
paroisse (*n.f.*)   parish
paroxysme (*n.m.*)   climax
parquer (*v.t.*)   to coop up
parquet (*n.m.*)   floor
partenaire (*n.*)   partner
parterre (*n.m.*)   flower bed
parti (*n.m.*)   political party; side, in a discussion
participer (*v.i.*)   to participate (**à,** in)
particulier (*adj.*)   private; particular
partir: à — de (*prép.*)   from
partisan (*n.m.*)   follower
parvenir (à) (*v.i.*)   to succeed (in); to reach
parvenu (*n.m.*)   upstart
pas: presser le —   to step up the pace
pasteur (*n.m.*)   minister
pâté (de maisons) (*n.m.*)   block
patine (*n.f.*)   patina
patrie (*n.f.*)   fatherland
patrimoine (*n.m.*)   patrimony
patron (*n.m.*)   owner, boss
paupière (*n.f.*)   eyelid
pavillon (*n.m.*)   villa; private home
— haut   with flying colors, victorious
p.d.g. (président-directeur général) (*n.m.*)   president of a company
peau (*n.f.*)   skin
pécule (*n.m.*)   savings
pédanterie (*n.f.*)   pedantry
pédéraste (*n.m.*)   homosexual
peine: n'être pas la — (*langue parlée*)   not to be worth it
peintre (*n.m.*)   painter

péjoratif (*adj.*)   derogatory
pêle-mêle (*adv.*)   in confusion
pélerinage (*n.m.*)   pilgrimage
peloton (*n.m.*)   squad
pelouse (*n.f.*)   lawn
pénible (*adj.*)   difficult; painful
pension (*n.f.*)   pension; boarding house
pénurie (*n.f.*)   poverty
percer (*v.t.*)   to pierce
perdrix (*n.f.*)   partridge
Père Fouettard (*n.m.*) (*fam.*)   bogeyman
Père Lachaise (*n.m.*)   major Paris cemetery
péremptoire (*adj.*)   peremptory
pérennité (*n.f.*)   perenniality, continuity
périr (*v.i.*)   to perish
permettre (se) (*v.pr.*)   to allow oneself
péroraison (*n.f.*)   conclusion
perturber (*v.t.*)   to disturb
pesanteur (*n.f.*)   weight
peser (*v.t. et i.*)   to weigh, weigh down
peste (*n.f.*)   plague
pétard (*n.m.*)   shot; firecracker
pétrir (*v.t.*)   to knead
pétulant (*adj.*)   lively
peu: à — près (*adv.*)   nearly
— à — (*adv.*)   little by little
philatéliste (*n.m.*)   stamp collector
phoque (*n.m.*)   seal
piéger (*v.t.*)   to trap
pieux (*adj.*)   pious
pifomètre (*n.m.*) (*arg.*)   rough guess, "guesstimate" (**pif** = **nez**)
pimpant (*adj.*)   trim; smart
pire (*adj.*)   worse
piscine (*n.f.*)   swimming pool
pitoyable (*adj.*)   pitiful
place à (*n.f.*)   (make) room for
place Vendôme (*n.f.*)   site of Ministry of Justice
plafond (*n.m.*)   ceiling
plaidoirie (*n.f.*)   lawyer's speech
plaidoyer (*n.m.*)   lawyer's speech

plaindre (se) (*v.pr.*)   to complain
plan (*n.m.*)   scheme; plan
planifier (*v.t.*)   to plan
plastique (*adj.*)   plastic
platitude (*n.f.*)   banality
plénitude (*n.f.*)   fullness
poêle (*n.m.*)   stove
poignet (*n.m.*)   wrist
poil (*n.m.*)   hair; fur
poinçonneur (*n.m.*)   ticket puncher
poing (*n.m.*)   fist
pôle (*n.m.*)   pole
polémique (*n.f.*)   controversy
politicologue (*n.m.*)   political scientist
polycopier (*v.t.*)   to duplicate
polymorphe (*adj.*)   polymorphous
pompe (*n.f.*)   pomp, display
poncif (*adj.*)   conventional; (*n.m.*) cliché
populaire (*adj.*)   of the people
porno (*adj.*) (*fam.*)   pornographic, "skin"
portant: à bout —   pointblank
portée (*n.f.*)   import; level
portique (*n.m.*)   porch
porto (*n.m.*)   port wine
poste (*n.m.*)   item (in accounting)
postulant (*n.m.*)   applicant
poubelle (*n.f.*)   garbage can
poudrière (*n.f.*)   powder magazine
poupée (*n.f.*)   doll
pourpre (*adj.*)   royal purple
pourrissoir (*n.m.*)   rotting place
poursuite (*n.f.*)   pursuit
pourvu (*adj.*)   provided
pousse: va comme je te — (*fam.*) any old way
Pr (*n.m.*)   Professor (title)
précarité (*n.f.*)   precariousness
précepte (*n.m.*)   precept
prêcher (*v.t.*)   to preach
prédicateur (*n.m.*)   preacher
préjudiciable (*adj.*)   prejudicial
préjugé (*n.m.*)   preconceived notion
prendre: s'y — (*v.pr.*)   to go about it
prépondérant (*adj.*)   predominant

présager (*v.t.*)   to predict, foreshadow
pression (*n.f.*)   pressure
prétendre (*v.i.*)   to claim
prétendu (*adj.*)   alleged
prêter à (se) (*v.pr.*)   to lend itself (to)
prêtre (*n.m.*)   priest
prévoir (*v.t.*)   to foresee
prévoyance (*n.f.*)   foresight
primaire (*adj.*)   primary, elementary
prime (*adj.*)   first; (*n.f.*) bonus
primer (*v.t.*)   to surpass
primordial (*adj.*)   primeval
prioritaire (*adj.*)   priority
prise électrique (*n.f.*)   electric outlet
priver (*v.t.*)   to deprive
probité (*n.f.*)   honesty
procédé (*n.m.*)   device
procès (*n.m.*)   lawsuit
processus (*n.m.*)   process
procuration (*n.f.*)   power of attorney
produire (se) (*v.pr.*)   to be brought about
profane (*n.m.*)   layman
profession (*n.f.*)   declaration
progéniture (*n.f.*)   offspring
proie (*n.f.*)   prey
promiscuité (*n.f.*)   lack of privacy
prôner (*v.t.*)   to advocate
propension (*n.f.*)   propensity, penchant
propre (*n.m.*)   characteristic
propreté (*n.f.*)   cleanliness
propriétaire (*n.m.*)   owner
prouesse (*n.f.*)   prowess, feat
proviseur (*n.m.*)   headmaster, principal
provocateur (*adj.*)   provoking
prune (*n.f.*)   plum
psychose (*n.f.*)   psychosis
publicité (*n.f.*)   advertising
pucelle (*n.f.*)   virgin
pudeur (*n.f.*)   modesty
puériculture (*n.f.*)   childcare

puéril (*adj.*)   childish
puiser (*v.t.*)   to draw (**dans, on**)
puissamment (*adv.*)   powerfully
puissance (*n.f.*)   power; force
pyramide des âges (*n.f.*)   graph of population distribution by age

Q

quarantaine (*n.f.*)   about forty; quarantine
quasi (*adv.*)   almost
quatre: se mettre en — (*fam.*)   to go all out
québecois (*adj.*)   of or pertaining to Quebec
querelle (*n.f.*)   quarrel
quête (*n.f.*)   guest, search (**de,** for)
queue: faire la —   to wait in line
quiconque (*pron.*)   whoever
quincaillier (*n.m.*)   hardware dealer
quintal (*n.m.*)   weight of 100 kilograms
quitte (à)   even if
quitter (se) (*v.pr.*)   to separate
quolibet (*n.m.*)   jeer
quotidien (*adj.*)   daily

R

rabbin (*n.m.*)   rabbi
raccrocher (*v.t.*)   to put back
racine (*n.f.*)   root
rade: laisser en —   to abandon
railler (*v.t.*)   to laugh at
rajeunir (*v.i.*)   to grow young again
ralentir (*v.t.*)   to slacken; to slow down
rallonge (*n.f.*) (*arg.*)   raise in pay
rallumer (*v.t.*)   to rekindle
ramassage (*n.m.*)   collection
ramener (*v.t.*)   to bring back, bring down

ramper (*v.i.*)   to crawl; to slither
ramure (*n.f.*)   foliage
rancœur (*n.f.*)   rancor
rançon (*n.f.*)   ransom, the price one pays
rang (*n.m.*)   row; rank
râper (*v.t.*)   to grate
rapport (*n.m.*)   report; relation
rapporter (*v.t.*)   to bring or carry back; to report
raté (*adj.*) (*fam.*)   abortive; (*n.m.*) (*fam.*) failure; washout
rater (*v.t.*) (*fam.*)   to miss; to fail
ratisser (*v.t.*)   to rake
rattraper (*v.t.*)   to recapture
ravage (*n.m.*)   devastation
ravalement (*n.m.*)   scraping and cleaning
raviver (*v.t.*)   to brighten up; to rouse
rayer (*v.t.*)   to stripe; to streak
rayon (*n.m.*)   ray; shelf, department
réagir (*v.i.*)   to react (**à,** to)
réaliser (*v.t.*)   to carry out, to achieve; to realize
rebours: compte à —   countdown
rechigner (*v.i.*)   to look sullen
réclamer (*v.t.*)   to demand
   se — de (*v.pr.*)   to claim, make use of
réconcilier (se) (*v.pr.*)   to make up
reconnaissance (*n.f.*)   recognition; gratitude
recourir (*v.i.*)   to have recourse (**à,** to)
récrimination (*n.f.*)   countercharge
récriminer (*v.t.*)   to accuse in return
recrutement (*n.m.*)   recruitment
rectiligne (*adj.*)   rectilinear
recueillir (*v.t.*)   to gather
reculons: à — (*adv.*)   backwards
reddition (*n.f.*)   surrender
redevable (à) (*adj.*)   indebted (to)
redouter (*v.t.*)   to fear
redresser (*v.t.*)   to correct
réduire (*v.t.*)   to reduce
référer (se) (*v.pr.*)   to refer (**à,** to)

refermer: se — sur soi (*v.pr.*) to be closed to the outside
réfugier (se) (*v.pr.*) to take refuge
régime complémentaire (*n.m.*) additional old-age insurance
régir (*v.t.*) to govern
règlementaire (*adj.*) according to regulations
régner (*v.i.*) to reign
réinstaller: se — (*v.pr.*) to get settled again, somewhere else
rejoindre (*v.t.*) to rejoin
réjouir (se) (*v.pr.*) to take pleasure (**de,** in)
relâche (*n.m.*) interruption; respite
relève: prendre la — to relieve
relever (*v.t.*) to point out
relier (*v.t.*) to tie; to bind
reliure (*n.f.*) bookbinding
remettre (se) (*v.pr.*) to recover
remords (*n.m.*) remorse
remorque: à la — de in the wake of
rempart (*n.m.*) bulwark
rendre (*v.t.*) to render, return
  se — (*v.pr.*) to go
renfrogné (*adj.*) scowling
renier (*v.t.*) disavow
renoncer (à) (*v.i.*) to renounce; to waive
rénover (*v.t.*) to renovate
renseigner (*v.t.*) to inform, supply information
rentable (*adj.*) profitable
rente (*n.f.*) revenue
rentier (*n.m.*) stockholder
renvoi (*n.m.*) suspension from school
répandre (*v.t.*) to diffuse; to spread
répartir (*v.t.*) to distribute
repasser (*v.t.*) to press; to go over again
repère (*n.m.*) reference point
repérer (*v.t.*) to spot
replier: se — sur soi (*v.pr.*) to fall back on oneself
réplique (*n.f.*) reply; cue
repos (*n.m.*) rest
reposer (*v.i.*) to rest

reproche (*n.m.*) reproach
reprocher (*v.t.*) to blame
repu (*adj.*) full; satiated
répugnance (*n.f.*) aversion
requin (*n.m.*) shark
requinquer (*v.t.*) (*fam.*) to put straight
requis (*adj.*) required
réseau (*n.m.*) network
responsable (*adj.*) accountable
ressentir (*v.t.*) to feel deeply
ressort (*n.m.*) spring, springboard
restreindre (*v.t.*) to restrict
résumer (se) (*v.pr.*) to sum up
rétablir (*v.t.*) to restore
retenir (*v.t.*) to retain, make a note of
retournement (*n.m.*) turning
retraite (*n.f.*) retirement
retraité (*n.m.*) pensioner
retrancher (*v.t.*) to cut out, off, back
rétribuer (*v.t.*) to pay
réussi (*adj.*) successful
revaloriser (*v.t.*) to reevaluate
revanche (*n.f.*) revenge
  en — on the other hand
revendication (*n.f.*) claim
revendiquer (*v.t.*) to claim
rêverie (*n.f.*) dreaming; musing
revue (*n.f.*) magazine
rez-de-chaussée (*n.m.*) ground floor, street level
rigolo (*adj.*) (*fam.*) comical
rigueur (*n.f.*) strictness
risquer (*v.t.*) to risk
rivage (*n.m.*) shore
rive (*n.f.*) shore
riverain (*adj.*) one who lives along the edge or shore
riz (*n.m.*) rice
rocade (*n.f.*) strategic highway
romancier (*n.m.*) novelist
romanesque (*adj.*) as in a novel
romano (*n.m.*) (*fam.*) gypsy
rompre (*v.t.*) to break
rond (*n.m.*) (*arg.*) "dough," "bread"

ronger (*v.t.*)   to gnaw; to nibble
rosier (*n.m.*)   rosebush
roturier (*n.m.*)   commoner
rouage (*n.m.*)   gear, mechanism
rouiller (*v.t. et i.*)   to rust
roulotte (*n.f.*)   camper, trailer
ruban (*n.m.*)   ribbon
rubrique (*n.f.*)   heading
ruelle (*n.f.*)   alley
ruer (se) (*v.pr.*)   to dash
ruisseler (*v.i.*)   to stream; to drip

S

sable (*n.m.*)   sand
sacré (*adj.*) (*fam.*)   helluva
sagesse (*n.f.*)   wisdom
saigner (*v.t.*)   to bleed
sain (*adj.*)   healthy
saisie (*n.f.*)   seizure
salamalec (*n.m.*) (*fam.*)   excessive courtesy
salétranger (*n.m.*) (*fam.*)   damn foreigner
Saltpêtrière   important Paris hospital
saluer (*v.t.*)   to greet, hail
salut (*n.m.*)   salutation; salvation
sang-froid (*n.m.invar.*)   self-control
sanglant (*adj.*)   bloody
sans que (*conj.*)   without; unless
saoul (*adj.*)   drunk
saquer (*v.t.*) (*pop.*)   to fire (someone)
Sarcellois (*n.m.*)   resident of Sarcelles
saumon (*n.m.*)   salmon
sauvegarder (*v.t.*)   to protect
savant (*adj.*)   scholarly; (*n.m.*) scholar
savoureux (*adj.*)   tasty; savory
schématisme (*n.m.*)   overly schematic form of analysis
scintillement (*n.m.*)   glittering
sclérose (*n.f.*)   hardening of tissue
scorie (*n.f.*)   soot
scruter (*v.t.*)   to examine closely

séance (*n.f.*)   meeting, session
secouer (*v.t.*)   to shake
secours (*n.m.*)   assistance
sédentaire (*adj.*)   sedentary
séditieux (*adj.*)   rebellious
sein (*n.m.*)   bosom
séjour (*n.m.*)   sojourn
selon (*prép.*)   according to
semblant: faire —   to pretend (**de,** to)
semer (*v.t.*) (*arg.*)   to ditch
sensiblement (*adv.*)   perceptibly
sensoriel (*adj.*)   sensory
septennat (*n.m.*)   period of seven years
seuil (*n.m.*)   threshold
sève (*n.f.*)   sap; vigor
sexagénaire (*adj.*)   sixty years old
siècle (*n.m.*)   century
sien: y mettre du —   to do one's share
sifflet (*n.m.*)   whistle
singerie (*n.f.*)   imitation; antic
sinon (*conj.*)   otherwise; except
sinueux (*adj.*)   winding
sinusoïde (*n.f.*)   sinusoid (mathematical curve)
siroter (*v.t.*)   to sip
sitôt (*adv.*)   as soon
soi-disant (*adj.*)   so-called
soie (*n.f.*)   silk
soigneusement (*adv.*)   carefully
soin (*n.m.*)   care; treatment
soit... soit... (*conj.*)   either . . . or . . .
solennel (*adj.*)   solemn, lofty
solennité (*n.f.*)   solemnity
sombrer (*v.i.*)   to founder; to be wrecked
sommier (*n.m.*)   bedsprings
somptuaire (*adj.*)   sumptuary, concerning expenditures
songer (à) (*v.i.*)   to think (of)
sonnerie (*n.f.*)   chiming; ringing
sonore (*adj.*)   resonant
sort (*n.m.*)   fate
sortie (*n.f.*)   exit
sosie (*n.m.*)   double
sot (*adj.*)   foolish
sottise (*n.f.*)   foolishness

souci (*n.m.*)   care, concern
soudain (*adj.*)   sudden
soudeur (*n.m.*)   welder
souhaiter (*v.t.*)   to wish
souiller (*v.t.*)   to soil
soulever (*v.t.*)   to raise (a question, a point)
souligner (*v.t.*)   to underline
soupçonner (*v.t.*)   to suspect
soupeser (*v.t.*)   to feel the weight of
sournois (*adj.*)   sly; deceitful
souscrire à (se) (*v.t.*)   to agree with, subscribe to
sous-entendre (*v.t.*)   to understand; to imply
sous-entendu (*n.m.*)   implication
sous-tendre (*v.t.*)   to subtend (math.)
soutien-gorge (*n.m.*)   brassiere
spectacle (*n.m.*)   show
spectre (*n.m.*)   ghost
spirituel (*adj.*)   witty
sporadique (*adj.*)   intermittent
stade (*n.m.*)   stadium; stage (of a process)
stage (*n.m.*)   training period
stagner (*v.i.*)   to stagnate
station (*n.f.*)   resort
stocker (*v.t.*)   to stockpile
strapontin (*n.m.*)   folding seat, "back seat"
studio (*n.m.*)   efficiency apartment
subfiévreux (*adj.*)   feverish
subir (*v.t.*)   to undergo; to endure
subvenir (à) (*v.i.*)   to subsidize, underwrite
subvention (*n.f.*)   subsidy
Suède (*n.f.*)   Sweden
superflu (*adj.*)   superfluous
supplétif (*adj.*)   supplemental
suppliant (*n.m.*)   imploring
supprimer (se) (*v.pr.*)   to do away with oneself
suprématie (*n.f.*)   supremacy
surcroît: de —   in addition
surexcité (*adj.*)   hyperactive
surgir (*v.i.*)   to rise
surmenage (*n.m.*)   overwork
surprendre (*v.t.*)   to surprise
surréaliste (*adj.*)   surrealist

sursaut (*n.m.*)   start; jump
sursis (*n.m.*)   postponement, deferment
surveillance (*n.f.*)   supervision
survie (*n.f.*)   survival
susceptible de (*adj.*)   capable of; admitting of
susciter (*v.t.*)   to stir up; to create
sympathique (*adj.*)   likable; attractive
syncrétisme (*n.m.*)   union of different entities
syndicat (*n.m.*)   trade union

T

tablier (*n.m.*)   apron
tabou (*n.m.*)   taboo
tabouret (*n.m.*)   stool
tache (*n.f.*)   stain
taille (*n.f.*)   height; size
tailleur (*n.m.*)   tailor
tambour (*n.m.*)   drum
tandis que (*conj.*)   whereas, while
tanière (*n.f.*)   den; lair
tant bien que mal   as best one can
tape (*n.f.*)   pat; setback
tape-à-l'œil (*n.m.invar.*)   flashy, gaudy style
taper: se — qqch. (*v.pr.*) (*pop.*)   to set oneself up to
tapisser (*v.t.*)   to upholster; to paper (a room)
tardif (*adj.*)   late
tautologie (*n.f.*)   needless repetition
taux (*n.m.*)   rate
taxer (*v.t.*)   to accuse (**de,** of)
teinte (*n.f.*)   tint; hue
tel: rien de —   no such thing, nothing like it
télé (*n.f.*) (*langue parlée*)   television
témoignage (*n.m.*)   evidence; testimony
témoin (*n.m.*)   witness
ténacité (*n.f.*)   firmness; steadfastness
tendancieux (*adj.*)   tendentious

tenir compte de (*v.t.*) to take into account
tenir (à) (*v.i.*) to be anxious, insistent about
  s'en — là (*v.pr.*) to stop there, settle for that
tenter de (*v.t.*) to attempt (to)
tenture (*n.f.*) draperies
tenue (*n.f.*) holding; upseek; dress
terminale (*n.f.*) last year of lycée
terroir (*n.m.*) locale, one's own part of the country
thèse (*n.f.*) thesis
tiers (*n.m.*) third, third person
  — monde (*n.m.*) underdeveloped countries
tirage (*n.m.*) circulation
tiraillement (*n.m.*) ambivalence; friction
tissage (*n.m.*) weaving
titiller (*v.t.*) to titillate; to tickle
titre (*n.m.*) title; heading
toile (*n.f.*) canvas, painting
tollé général (*n.m.*) hue and cry
tondeuse (*n.f.*) shears; lawn mower
tondre (*v.t.*) to clip; to mow
tonte (*n.f.*) clipping; mowing
torchon (*n.m.*) duster; dishcloth
touche: mettre sur la — to put out of action (sports)
tour à tour (*adv.*) by turns
tour de force (*n.m.*) exploit
tourner (*v.t.*) to film
tout: en — et pour — all told, all in all
  — à coup all of a sudden
tracer (*v.i.*) to outline
traduction (*n.f.*) translation
traduire (*v.t.*) to translate
  se — (*v.pr.*) to be translated; to amount (**par**, to)
trahison (*n.f.*) betrayal
traîner (*v.t.*) to drag
trait (*n.m.*) characteristic; feature
traité (*n.m.*) treatise; treaty
trajectoire (*n.f.*) trajectory; path
trajet (*n.m.*) trip; crossing
trame (*n.f.*) conspiracy
trancher (*v.t.*) to sever

transfert (*n.m.*) transfer
transfuge (*n.m.*) turncoat
transhumance (*n.f.*) seasonal migration
transhumant (*adj.*) on the move
traquer (*v.t.*) to track down
travailliste (*n.m.*) member of Labour party
travers (*n.m.*) fault
travers: à — (*prép.*) through
trépidant (*adj.*) quivering
trésor (*n.m.*) treasure
tresse (*n.f.*) braid
tribu (*n.f.*) tribe
tromper (*v.t.*) to deceive, "cheat on"
trottoir (*n.m.*) sidewalk
trou: faire son — to make one's mark
trouille (*n.f.*) (*pop.*) scare, fright
troupe (*n.f.*) company; band
troupeau (*n.m.*) herd
truc (*n.m.*) (*fam.*) thing, watchamacallit
tsar (*n.m.*) czar
type (*n.m.*) (*fam.*) guy
typologie (*n.f.*) study of (human) types

U

ultime (*adj.*) ultimate; last
unir (s') (*v.pr.*) to unite
U.N.R. (Union pour la Nouvelle République) Gaullist party
uomo qualunque (*n.m.invar.*) the man in the street **(homme moyen)**
usage (*n.m.*) use
  à l'— de intended for
utopique (*adj.*) utopian

V

vacharde (*adj.*) (*pop.*) bovine, indolent
vache (*adj.*) (*pop.*) mean, nasty

vachement (*adv.*) (*arg.*) tremendously; terrifically

va-et-vient (*n.m.invar.*) coming and going

vaillamment (*adv.*) valiantly

vaincre (*v.t.*) to vanquish

vaisselle (*n.f.*) "the dishes"

valable (*adj.*) valid

valeur (*n.f.*) value

valeureux (*adj.*) valorous

valide (*adj.*) able-bodied

valoir (*v.t.*) to be worth; to fetch

valorisé (*adj.*) considered worthwhile

vannerie (*n.f.*) basket-making

vanter (*v.t.*) to praise

   se — (*v.pr.*) to boast

varlope (*n.f.*) trying- or jointing-plane

vedette (*n.f.*) movie star

végéter (*v.i.*) to vegetate; to lead a dull life

veiller (*v.i.*) to stay awake; to watch (**sur**, over)

vélo (*n.m.*) (*fam.*) bike

vénérer (*v.t.*) to revere

venir: en — à (*v.i.*) to come to

verdeur (*n.f.*) greenness

véridique (*adj.*) truthful

verni (*adj.*) (*pop.*) lucky, get all the breaks

verser (*v.t.*) to contribute

vertige (*n.m.*) dizziness

verve (*n.f.*) high spirits

vessie (*n.f.*) bladder

   prendre des —s pour des lanternes to think the moon is made of green cheese

vêtir (se) (*v.pr.*) to dress oneself

veule (*adj.*) dull; drab

veuve (*n.f.*) widow

vicier (*v.t.*) to spoil; to corrupt

vicinal (*adj.*) local

vide (*adj.*) empty; (*n.m.*) emptiness

vieillesse (*n.f.*) old age

vieillir (*v.i.*) to age, grow old

vierge (*adj.*) virgin

vif (*adj.*) alive; lively

vil (*adj.*) cheap; base

villégiature: en — in the country, on vacation

viol (*n.m.*) rape

virginolâtrie (*n.f.*) worship of virginity

virtuel (*adj.*) virtual

vis-à-vis (*n.m.*) person or thing opposite

   — de (*prép.*) with respect to

viser (à) (*v.t. et i.*) to aspire to; to aim at

vision (*n.f.*) vision; outlook

vitrine (*n.f.*) shop window

vitupérer (*v.t.*) to revile

vœu (*n.m.*) vow, wish

voie (*n.f.*) way; path

voile (*n.f.*) sail, sailing

voire (*adv.*) even; indeed

voisinage (*n.m.*) neighborhood

voiture-radio (*n.f.*) radio-car

volant (*n.m.*) steering wheel

volonté (*n.f.*) will; volition

volontiers (*adv.*) gladly

volubilité (*n.f.*) glibness

vouer (*v.t.*) to devote

vouloir dire (*v.t.*) to mean to say

W

w.-c. (*n.m.pl.*) water-closet; toilet

X

xénophobie (*n.f.*) fear or hatred of foreigners

Z

zèbre (*n.m.*) zebra

zèle (*n.m.*) enthusiasm

zut (*interj.*) (*fam.*) darn it!

(Acknowledgments continued from page iv.)

LIBRAIRIE ARTHEME FAYARD, PARIS. For "Nous autres professeurs," from *Nous autres professeurs* by Jacqueline de Romilly.

LIBRAIRIE ERNEST FLAMMARION, PARIS. For "Sarcellopolis," "Le Sociologue," from *Sarcellopolis* by Marc Bernard.

EDITIONS GALLIMARD, PARIS. For "Douce, trop douce Amérique," from *Douce, trop douce Amérique* by Jacques Lusseyran, © Editions Gallimard.

EDITIONS GERARD, BRUSSELS. For "Problèmes actuels de la sociologie des loisirs," from *La Civilisation des loisirs* by Paul Feldheim (Marabout).

LIBRAIRIE HACHETTE, EDITEUR, PARIS. For "Les Américains sont-ils adultes?" from *Les Américains sont-ils adultes?* by Alain Bosquet.

RENE JULLIARD, EDITEUR, PARIS. For "Chers Amerloques," from *Chers Amerloques* by Renée Pierre-Gosset, copyright 1965 Julliard.

EDITIONS PARTI PRIS, MONTREAL, QUEBEC. For "Nègres blancs d'Amérique," from *Nègres blancs d'Amérique* by Pierre Vallières.

EDITIONS PAYOT, PARIS. For "La Condition masculine," from *La Condition masculine* by Catherine Valabrègue.

PONT-NEUF, PARIS. For "Guide des chefs-d'œuvre en péril" from *Guide des chefs-d'œuvre en péril* by Pierre de Lagarde (Jean-Jacques Pauvert).

EDITIONS RENCONTRE, LAUSANNE. For "Les Français," "Fabrication du jeune Français," from *Les Français* by François Nourissier.

MARCELLE SEGAL and SCOOP, PARIS. For "Le Courrier du cœur" by Marcelle Ségal, from *Elle*.

EDITION SEGHERS, PARIS. For "La Question du Québec," from *La Question du Québec* by Marcel Rioux.

EVELYNE SULLEROT. For "Un Faux Matriarcat," from *Un Faux Matriarcat* by Evelyne Sullerot, from *La Nef* (Tallandier).

ILLUSTRATION CREDITS

pp. 9, 14: Bruno Barbey, Magnum Photos.

p. 24: Sempé cartoon. Reproduced by permission of Idéréa, Paris.

p. 41: Dennis Stock, Magnum Photos.

pp. 64–65: Courtesy of L. Vagenende, Paris.

p. 70: Roger-Viollet, Paris.

p. 71: Both, reprinted from Marana, *L'Espion dans les cours des princes chrétiens,* Erasme Kinkius, Cologne, 1739, Volumes I and V. General Research and Humanities Division, The New York Public Library, Astor, Lenox and Tilden Foundations.

p. 84: Sempé cartoon reprinted from Jean-Jacques Pauvert, editor, *En avant* © Editions Denoël, by permission of Idéréa, Paris.

p. 101: Robert Doisneau, Rapho-Guillumette Pictures.

pp. 108–09: Sempé cartoon. Reproduced by permission of Idéréa, Paris.

p. 125: Marc Riboud, Magnum Photos.

p. 129: Courtesy of J.-P. and B. Camelot, Paris.

pp. 132–33: Copyright by Yan-D. F. Photo supplied by Direction de la Documentation, Secrétariat Général du Gouvernement, Paris.

pp. 148, 156: Bruno Barbey, Magnum Photos.

p. 168: © Punch Publications.

pp. 174–75: Sempé cartoon reprinted from Jean-Jacques Pauvert, editor, *En avant* © Editions Denoël, by permission of Idéréa, Paris.

p. 180: Cartoon reprinted from Henri Kubnick, *Les Délices des grands ensembles,* Hachette. Photographie Hachette.

p. 182: Photo J. L. Swiners — Réalités.

p. 199: Black Star.

p. 205: Bruno Barbey, Magnum Photos.